O AMOR
E SEUS
LABIRINTOS

C837a   Costa, Gley P.
        O amor e seus labirintos / Gley P. Costa. – Porto Alegre : Artmed, 2007.
        176 p. ; 23 cm.

        ISBN 978-85-363-0829-6

        1. Psicanálise. 2. Psicologia – Terapia de casal. I. Título.

        CDU 159.964.2

Catalogação na publicação: Júlia Angst Coelho – CRB 10/1712

O AMOR E SEUS LABIRINTOS

GLEY P. COSTA
Médico, Psiquiatra e Psicanalista
Membro Titular da Associação Psicanalítica Internacional
Professor da Fundação Universitária Mário Martins

Reimpressão

2007

© Artmed Editora S.A., 2007

Capa
Paola Manica

Preparação do original
Rubia Minozzo

Leitura final
Carla Rosa Araujo

Supervisão editorial
Mônica Ballejo Canto

Projeto gráfico e editoração eletrônica
Armazém Digital Editoração Eletrônica – roberto vieira

Reservados todos os direitos de publicação, em língua portuguesa, à
ARTMED® EDITORA S.A.
Av. Jerônimo de Ornelas, 670 - Santana
90040-340 Porto Alegre RS
Fone (51) 3027-7000 Fax (51) 3027-7070

É proibida a duplicação ou reprodução deste volume, no todo ou em parte, sob quaisquer formas ou por quaisquer meios (eletrônico, mecânico, gravação, fotocópia, distribuição na Web e outros), sem permissão expressa da Editora.

SÃO PAULO
Av. Angélica, 1091 - Higienópolis
01227-100 São Paulo SP
Fone (11) 3665-1100 Fax (11) 3667-1333

SAC 0800 703-3444

IMPRESSO NO BRASIL
PRINTED IN BRAZIL

Dedico este livro à Patrícia Barros,
com a qual comparto um dos labirintos do amor,
o casamento, e aos casais que tiveram a confiança
de me revelar sua intimidade, conquistando com
este gesto minha admiração e meu respeito.

Agradeço à psicóloga Jane Fischer Barros,
mestre e doutoranda em educação pela UFRGS, pela
inestimável colaboração que prestou à realização
deste livro, em particular no trabalho de pesquisa
e na análise crítica dos textos.

Sumário

Prefácio 11
Apresentação 13
Introdução 17

1. História do casamento 21
2. Monogamia: quem inventou? 27
3. Por que casamos? 35
4. A data do casamento 41
5. Amor e sexo no casamento 45
6. A festa da meia-idade 55
7. Infidelidade passada a limpo 63
8. Bodas de sangue 73
9. Viuvez: um tema esquecido? 81
10. É possível ser feliz no casamento? 87
11. Perdoar é preciso? 91
12. O amor que não pode ser dito 95
13. Amor líquido 109
14. Amor virtual 115
15. Por que nos separamos? 121

16. Amor materno: mito e realidade 129
17. Casamento: é possível manter acesa a chama do amor? 139
18. Amor e dinheiro 153
19. Que é isto chamado amor? 163
20. O casamento tem futuro? 169

Prefácio

O psicanalista Gley P. Costa é um especialista em relacionamentos amorosos. Isto, no mundo de hoje, em que as pessoas estão afetivamente cada vez mais distantes dos outros – e de si mesmas – torna o seu trabalho fundamental para todos que não abrem mão do desejo ou da necessidade de sentir a satisfação de um contato amoroso bem-sucedido e gratificante com o outro, seja este sentimento o de um homem por uma mulher, ou vice-versa; entre amigos; entre mães e filhos. Gley é daqueles que acreditam que as diversas formas de amor valem a pena, como diz a canção de Milton Nascimento. E, mais ainda, busca explicar de maneira clara e acessível de onde vêm os conflitos amorosos da vida contemporânea, sem deixar de lado as pesquisas antropológicas que estudam a história destes relacionamentos. Ele analisa os seres humanos mais primitivos para mostrar, por exemplo, que não temos uma natureza monogâmica, mas sim culturas onde imperam, ao menos oficialmente, as monogamias. Discute assim, sem preconceitos, a infidelidade, o sexo e o amor no casamento, e como manter acesa a chama de uma longa união. Criativo, erudito, culto, sempre citando poetas, filósofos, escritores e compositores de maneira divertida, Gley vai transformando a leitura deste seu novo livro, *O amor e seus labirintos*, em um aprendizado prazeroso e tranquilizador, já que as aflições que todos nós sentimos são comuns à espécie humana. Logo, o que temos pela frente é apenas aprender a lidar com elas, embora nem sempre seja fácil. Atual, ao tratar dos "novos" amores, como os amores virtuais ou os amores líquidos, estes os que contrapõem a busca desenfreada por dinheiro à liquidez dos corações no mundo globalizado, Gley é bastante realista, embora trate de um tema tão associado ao romantismo. Ele não vê um mundo cor-de-rosa, como o dos amores românticos do século XVIII. Mas nem por isso perde a esperança no amor. Afinal, como especialista em tantos amores, ele bem sabe que, sem amor, é impossível viver plenamente.

Márcia Cezimbra
Jornalista e Psicanalista
Revista O Globo

Apresentação

Movido pelo sucesso alcançado pelo livro *A cena conjugal* (Artmed, 2000), decidi percorrer novamente este tema, procurando ampliar e dar a ele uma visão mais atualizada, como se fosse o segundo ato de uma peça de teatro, o qual mantém um vínculo com o primeiro, mas apresenta elementos novos, alguns surpreendentes, inesperados. É dessa forma que espero envolver o leitor nesta encenação do relacionamento conjugal, da qual participam todos: os que estão casados, os que foram casados, os que pretendem casar-se e, não desejando excluir ninguém, os que pensam em se descasar, pois somente considerando todas essas nuances é possível entender o casamento, homo e heterossexual.

A Apresentação de *A cena conjugal* teve a assinatura do psicanalista, escritor e professor de literatura Roberto Barbarena Graña, que incluiu a letra da canção *O casamento dos pequenos burgueses*, que diz:

> *Ele faz o noivo correto*
> *E ela faz que quase desmaia*
> *Vão viver sob o mesmo teto*
> *Até que a casa caia*
>
> *Ele é o empregado discreto*
> *Ela engoma o seu colarinho*
> *Vão viver sob o mesmo teto*
> *Até explodir o ninho*
>
> *Ele faz o macho irrequieto*
> *E ela faz crianças de monte*
> *Vão viver sob o mesmo teto*
> *Até secar a fonte*
>
> *Ele é o funcionário completo*
> *E ela aprende a fazer suspiros*
> *Vão viver sob o mesmo teto*
> *Até trocarem tiros*
>
> *Ele tem um caso secreto*
> *Ela diz que não sai dos trilhos*
> *Vão viver sob o mesmo teto*

Até casarem os filhos
Ele fala de cianureto
E ela sonha com formicida
Vão viver sob o mesmo teto
Até que alguém decida
Ele tem um velho projeto
Ela tem um monte de estrias
Vão viver sob o mesmo teto
Até o fim dos dias
Ele às vezes cede um afeto
Ela só se despe no escuro
Vão viver sob o mesmo teto
Até um breve futuro
Ela esquenta a papa do neto
Ele quase que fez fortuna
Vão viver sob o mesmo teto
Até que a morte os una

Nesta ocasião, ela é mais uma vez lembrada para homenagear o autor e testemunhar a grande revolução do casamento desde 1977, ano em que Chico Buarque escreveu esses versos. Naquela época, a composição era como um retrato sem retoque de um grande número de casamentos da classe média. De certa forma, não era dado ao indivíduo o direito de exigir da vida muito mais do que isso. Afinal, o casamento não era considerado um meio para obter prazer, mas uma missão a ser cumprida, que consistia, fundamentalmente, em gerar e criar filhos. A religião teve um papel relevante nesse processo de sacralização do casamento, equiparando-o à família e levando o sacrifício e a renúncia a significar seu maior ganho.

Quase 30 anos se passaram e os relacionamentos conjugais mudaram muito, quem sabe bem mais do que nos 100 ou 200 anos anteriores. Chico Buarque e todas pessoas da mesma faixa etária deste que é um dos maiores compositores de música popular brasileira puderam acompanhar essa radical e quase explosiva mudança que vai além do comportamento, abrangendo a maneira de pensar das pessoas.

A maioria dos autores aponta a descoberta da pílula anticoncepcional, a liberação sexual da mulher e sua independência econômica como os fatores que mais contribuíram para as mudanças sociais, culturais e até legais do casamento. Contudo, a mesma importância deve ser concedida a uma melhor diferenciação entre casamento e família, observada nos últimos anos. Embora seja comum o casamento gerar uma família, quando procria, nem sempre é assim. Uma família pode ter outra origem, e um casal pode decidir manter-se apenas como casal. Portanto, a relação entre ambos, apesar de freqüente, não é indispensável, e cada vez mais os indivíduos percebem a diferença, que começa pelo fato de a família ter funções, as quais constituem a "missão da família", e o relacionamento conjugal ser destituído de funções e, muito menos, de uma missão.

Quando isso ocorre, o relacionamento conjugal se confunde com a família e gera frustração aos cônjuges, que buscam obter no casamento as satisfações proporcionadas por uma relação amorosa e pela realização de suas fantasias sexuais. O amor, em princípio, não tem sexo, ao contrário do desejo, gerado pelas fantasias do indivíduo. Por essa razão, podem ser igualmente amorosas as relações homo ou heterossexuais. A família, como disse, consagra-se pelo desempenho de determinadas funções, as quais são conhecidas com o nome de "funções parentais", as quais não se vinculam, obrigatoriamente, ao sexo dos cônjuges, nem mesmo dependem da existência de um casal, homo ou heterossexual. Fundamentalmente, o que importa é que os filhos (biológicos, adotados ou de proveta) sintam-se amados, protegidos e que se lhes imponham os limites que lhes concedam segurança e uma identidade.

A diferenciação que constitui a pedra fundamental deste livro pode ser ilustrada graficamente com duas argolas entrelaçadas, como no desenho a seguir, em que uma das argolas representa o casal; e a outra, a família e, ao se aproximarem, criam uma área em que ambas se superpõem, mantendo uma parte, maior ou menor, representativa de sua individualidade. Evidentemente, vivem melhor e mais harmoniosamente as pessoas que conseguem estabelecer um entrelaçamento flexível das duas argolas, priorizando ora o casamento ora a família, não permitindo que a área de superposição sufoque demasiada ou permanentemente as áreas de individualidade.

A diferenciação entre casamento e família, que será desenvolvida no primeiro capítulo – "História do casamento" –, criou uma nova cena conjugal que, como disse inicialmente, tem uma relação com a anterior, mas que, por este acréscimo, impõe um novo título para abarcar os seguintes temas:

- temas tradicionais do casamento que se encontram em rápida e permanente atualização, abordados nos capítulos "Por que casamos?"; "Amor e sexo no casamento"; "Infidelidade passada a limpo"; "Bodas de sangue", sobre a patologia conjugal; "Amor e dinheiro"; "É possível ser feliz no casamento?" e "Por que nos separamos?";
- temas recentes, como é o caso de "O amor que não pode ser dito", sobre relacionamentos homossexuais; "Amor virtual", "Amor líquido", sobre as relações volúveis da modernidade; e "Monogamia: quem inventou?";
- temas que não são comuns nos tratados sobre o casamento, que se encontram nos capítulos "A data do casamento", "A festa da meia-idade" e "Viuvez: um tema esquecido?".

Tenho insistido, em todos os meus livros, com a relação com os filhos antes, durante e depois do processo de separação do casal, por considerá-la a parte mais

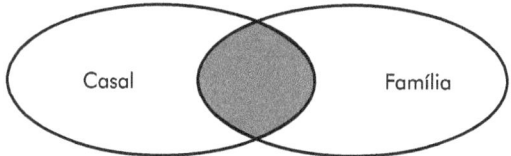

FIGURA 1 Argolas representando o casal e a família. A parte de fora da superposição representa a individualidade de cada uma destas instituições.

sensível e difícil de manejar, mas que pode oferecer menos sofrimento se for conduzida de forma adequada. Esse assunto se encontra enfocado no capítulo "Amor materno: mito e realidade?".

Como um psicanalista que também se dedica à terapia de casais, incluí um capítulo sobre este tema, cujo título é "Que é isto chamado amor?". Contudo, ao escrever o capítulo "Casamento: é possível manter acesa a chama do amor?", procurei proporcionar ao leitor subsídios para ele mesmo reavaliar seu casamento e realizar as modificações necessárias para mantê-lo e torná-lo mais enriquecedor.

Por último, apresento uma reflexão sobre o casamento do futuro, que, a considerar a rapidez com que tudo se desenvolve na sociedade contemporânea, pode ser o casamento dos próximos anos, propiciando-se, inclusive, àqueles que no final dos anos de 1970 ouviram Chico Buarque cantar *O casamento dos pequenos burgueses*. O título deste último capítulo, como o de vários outros, é uma instigação: "O casamento tem futuro?".

Ao procurar transmitir minha experiência e meus conhecimentos psicanalíticos através de uma publicação dirigida não só a especialistas, mas também ao grande público, obviamente, meu principal esforço foi no sentido de me fazer entender pelo leitor; contudo, minha maior expectativa é de que a leitura deste livro permita ao leitor entender-se melhor. O pouco que seja será suficiente para eu me considerar feliz, pois sei muito bem da dificuldade que representa compartilhar os sentimentos humanos com o respeito que eles merecem.

Introdução

Minha experiência no atendimento de casais, direta ou indiretamente, através dos meus pacientes casados, tem deixado cada vez mais evidente para mim que as pessoas, de maneira geral, subestimam os esforços que os cônjuges realizam visando a construir e a manter o casamento, como se uma proteção divina se encarregasse de sua sobrevivência. Observo que, identificados com esta conduta, a maioria dos indivíduos aceita as críticas que lhes são feitas quando tomam a iniciativa de uma separação, as quais desconhecem ou não levam em consideração o período durante o qual se esforçaram para preservar o relacionamento.

Recentemente, procurou-me um homem de 45 anos que, cerca de oito ou nove meses antes, havia-se separado de sua primeira esposa, com quem estivera casado durante 17 anos, período em que geraram três filhos. Embora estivesse seguro de que agira de uma forma bem pensada e responsável, sentia-se culpado pelo estado de depressão da ex-esposa, a qual se refletia nos filhos. Estava constrangido com os familiares e amigos que lhe acusavam de ter tomado uma decisão precipitada, pois tudo levava a crer que eles mantinham uma relação harmoniosa e alegre. Ele concordava com esta impressão, mas ela não espelhava a intimidade de sua vida conjugal nos últimos seis anos, durante os quais ele se empenhou de todas maneiras para conservar o casamento, abalado por um relacionamento extra-conjugal da esposa.

Pelo relato, ficou claro que tanto a depressão da ex-esposa quanto a crítica dos familiares e amigos, em grande parte com ela relacionada, haviam-se exacerbado quando, há dois meses, ele tornou público um relacionamento com uma mulher de 25 anos. Tudo indicava que a ex-esposa havia lhe subestimado desde o nascimento do terceiro filho, colocando-se acima dele tanto do ponto de vista cultural quanto emocional, justificando seu relacionamento extra-conjugal com o seu fraco desempenho sexual.

Em outras situações, é possível constatar o esforço da esposa para manter o casamento e, não raro, do esposo e da esposa, ambos movidos pelo desejo de poupar os filhos do sofrimento que uma separação, inevitavelmente, acarreta. Salvo nos casamentos marcados por um relacionamento francamente patológicos, a clínica de casais e de pacientes casados e separados não deixa dúvida de que a grande maioria das separações é antecedida por um período, por vezes prolongado, de idas e vindas visando a resgatar uma relação que se deteriorou com as mudanças e com o passar dos anos.

Na prática, o que ocorre é que as pessoas têm a tendência a subestimar a complexidade de uma relação conjugal, imputando as dificuldades exclusivamente à má vontade, à intolerância e à negligência dos cônjuges. Na verdade, o casamento é um grande sonho que todo indivíduo, desde a infância, almeja realizar. Prova disso é que a grande maioria das pessoas que se descasa volta a se casar, em muitos casos mais de uma vez, buscando ser feliz. Contudo, no caminho desse encontro com a felicidade conjugal, surgem inúmeros obstáculos impostos pelas vicissitudes da vida e por nossos próprios problemas emocionais, muitos dos quais desconhecemos, mas, mesmo que conheçamos, não conseguimos resolver. Os principais são aqueles que vêm à tona ou se exacerbam em função do próprio relacionamento, como é o caso, por exemplo, da competição, do ciúme e do medo de ser abandonado.

Porém, não é só isso. A partir da relação de nossos pais, a qual, inconscientemente, desejamos reproduzir ou modificar, carregamos uma fantasia individual de casamento, a qual gera expectativas em relação ao cônjuge, que, na maioria das vezes, a desconhece ou não se encontra capacitado para atender de uma forma satisfatória. Todo tratamento de casais deveria levar em consideração esse aspecto do casamento, pois é dele que surge grande parte dos conflitos que geram os desajustes que podem levar à separação. Quando conseguimos ajudar os cônjuges a identificar suas fantasias de casamento, as expectativas em relação ao outro tendem a se atenuar, levando o relacionamento a se tornar menos conflitante. Os casos mais difíceis são aqueles em que um dos cônjuges considera que o seu grande amor não é correspondido, justificando todas suas atitudes pela suposta frustração que lhe é imposta.

De qualquer forma, uma maior flexibilidade em relação ao casamento é indispensável no atual estágio da cultura ocidental que, com um certo exagero, prioriza nos relacionamentos o prazer, o qual, por séculos, foi sonegado aos cônjuges pela religião ao sacramentar o matrimônio, tornando-o um ato sacrifical visando à obtenção do perdão divino. A apropriação do casamento pela Igreja superpôs os conceitos de união conjugal e de família, mesmo tendo estatutos e desenvolvimentos próprios e podendo existir independentemente. Por essa razão, são comuns os casos em que, apesar de o casamento terminar pela separação do casal, a família preserva integralmente suas funções. O inverso também é verdadeiro, pois um homem e uma mulher podem estabelecer um vínculo matrimonial, mas decidirem não formar uma família; ou tendo constituído uma, vir a perdê-la, como um casal cujos dois filhos morreram em um acidente e eles continuaram juntos até o final de suas vidas.

Por outro lado, a reciprocidade tem-se tornado o grande baluarte do relacionamento conjugal, ficando para trás o tempo em que a mulher dependia material, afetiva e legalmente do marido. Até meados do século passado, a maioria das mulheres não trabalhava; depois, elas começaram a trabalhar para colaborar no orçamento doméstico e, atualmente, procuram desenvolver sua própria carreira, independentemente da condição financeira do marido. Estes casais são chamados "casais de dupla carreira", pois é imposta à mulher uma sobrecarga decorrente de seus indispensáveis cuidados da prole quando o casamento gera uma família. Contudo, tendo uma boa posição profissional, ela se sente mais segura para almejar no casamento sua felicidade e, não sendo possível, enfrentar uma separação. Por esta razão, muitas vezes ela prefere primeiro completar sua formação profissional e depois ter filhos, geralmente um ou dois, no máximo três.

Ao desfazer a confusão entre vínculo conjugal e família, a sociedade contemporânea abriu espaço para o justo reconhecimento de todas as relações estáveis, independentemente do sexo dos parceiros. O casamento representa uma forma de o indivíduo amar outra pessoa e realizar-se sexualmente, enquanto a família cumpre a indispensável e fundamental função de conferir àqueles que cria uma identidade. Sendo assim, se um par, formado por um homem e uma mulher ou por dois homens ou duas mulheres, for capaz de exercer as chamadas "funções parentais", a criança aos seus cuidados terá as condições mínimas para se desenvolver psicologicamente de forma satisfatória. Não são os genitais do pai e da mãe que definem essas funções, mas a forma de agir das pessoas que estiverem ocupando tais lugares, tendo presente que nada supera a importância do amor e do limite na educação de uma criança.

Neste segundo milênio da era cristã estamos testemunhando mais uma mudança da família, provavelmente a mais radical porque quebrou paradigmas seculares. A família nuclear, patriarcal, que vigorou até meados do século passado cedeu lugar a outro tipo de família que não é mais definida pela biologia, mas pelos papéis que cada um dos participantes desempenha, observando-se uma melhor distribuição do poder e, também, dos deveres. Trata-se de um processo evolutivo, ao qual não cabe tributar a responsabilidade dos graves problemas sociais, incluindo a violência, a delinqüência juvenil e a drogadição, que enchem de preocupação e tristeza os nossos dias. Essa correlação, bastante comum, encontra-se sustentada por uma idealização do modelo familiar fundado na repressão que vigorou, predominantemente, no século XIX e na primeira metade do século XX.

Na verdade, o ser humano sempre apresentou a tendência a idealizar o passado, em particular os pais com os quais se relacionou nos primeiros anos de vida e a família da qual fez parte. Estão aí as histórias infantis de pais-reis, mães-rainhas e casas-palácios para confirmarem essa tendência, tanto quanto a concepção da família celestial que, supostamente, um dia vai acolher-nos no céu iluminado, em oposição à terra escura, representando esta fantasia o retorno a um passado idealizado. No entanto, não podemos perder de vista que o modelo familiar que alguns lamentam que se encontre em processo de extinção, por sua hierarquização, pelo fato de se encontrar presa a valores morais rígidos e, principalmente, por seu caráter endogâmico, apresentava um potencial de repressão sexual e de violência em seus relacionamentos que não podemos subestimar.

Por enquanto, na falta de um melhor termo, costumam ser chamadas de "famílias reconstituídas" as novas unidades familiares que resultam de recasamentos. Contudo, não parece ser uma denominação adequada, na medida em que configura uma nova e diferente forma de estrutura familiar, apresentando em relação à tradicional não apenas as desvantagens de uma reconstituição, mas também as vantagens de uma experiência que, em sua complexidade, mobiliza uma surpreendente riqueza de sentimentos, podendo tornar as pessoas menos egoístas e mais humanas. As relações entre os integrantes das famílias reconstituídas costumam ser mais tolerantes e democráticas, abrindo caminho para uma melhor aceitação das diferenças, condição fundamental de convivência em grupo, incluindo a relação conjugal.

Quem sabe possamos dizer que o amor está na moda – não o amor cortês da Idade Média, que não chegava a se concretizar fisicamente, mas o amor ligado ao sexo. As pessoas não estão mais dispostas a abrir mão do prazer em seus relacionamentos afetivos, o que leva a crescer o número de casais que se separam quando se dão conta de que se uniram por outras razões que não a atração sexual, ou que esta diminuiu demasiadamente com o passar dos anos. Contudo, no "império do efêmero", como o filósofo francês Gilles Lipovetsky denominou a modernidade, o amor, ao se tornar moda, foi equiparado a uma mercadoria que todos desejam obter rapidamente e por um bom preço. As leis da sociedade de consumo – obsolescência, sedução e diversificação – abrangeram, inclusive, as relações amorosas, configurando os "amores líquidos" do mundo contemporâneo, os quais se caracterizam por duas atitudes opostas: busca incessante de relações e recusa de vínculos duradouros, tema que abordarei no Capítulo 13.

Através desta introdução, procurei abrir as portas para a leitura de um livro que retrata a experiência de um médico psicanalista que, sem negar as dificuldades das mais variadas formas de relacionamento humano, sempre encontrou uma esperança em todas as situações pessoais e profissionais que enfrentou ao longo de sua vida. Não obstante, o verbete esperança não se pode encontrar em nenhum dos mais variados dicionários de psicanálise. Da mesma forma, não costuma ser citado pelos psicanalistas em seus relatos clínicos, como se não reconhecessem essa capacidade humana que consiste em confiar nas pessoas, no futuro e em si próprio, provavelmente por considerá-la uma expressão do pensamento mágico, através do qual se procura negar a realidade.

Seguindo essa linha, Nietzsche dizia que a esperança é o pior dos males da humanidade por se opor à verdade, a qual – segundo o filósofo – é atingida mediante a descrença e o ceticismo, e não o desejo infantil de que algo aconteça de determinada forma. Não obstante, a sabedoria dos gregos antigos criou o mito conhecido como "caixa de Pandora", na qual Prometeu prendeu todos os males da humanidade, como a doença, a loucura, a guerra e a morte, tendo o cuidado de colocar junto a esperança, quem sabe para que o ser humano, diante de tantas mazelas, não desistisse viver. A *resiliência*, tão em voga nos nossos dias, sustenta-se no sentimento de esperança que, do meu ponto de vista, nasce das experiências benfazejas do indivíduo e, no caso específico de um analista, duma análise pessoal bem-sucedida: a única forma de ele acreditar na possibilidade de sucesso no trabalho que realiza.

História do casamento 1

Neste capítulo, procurarei traçar uma trajetória histórica e evolutiva do casamento desde a Antigüidade até os nossos dias, evidenciando suas lentas mudanças ao longo do tempo, decorrência dos aspectos emocionais e socioculturais envolvidos.

Na Idade Antiga (dos tempos mais remotos até a destruição do Império Romano do Ocidente, em 476 a.C.), o culto religioso não era público, mas professado no interior das casas em torno do fogo sagrado (*lar*). Não havia regras comuns nesses rituais, e cada família acreditava em vários deuses. A mulher passava do culto da família de origem, ou seja, do pai, para o culto da família do marido, ou seja, para o marido. Provavelmente, é essa a origem do acréscimo do nome da família do marido ao nome da mulher. A primeira instituição estabelecida por essa "religião doméstica" foi o casamento, que teve, por isso, um caráter religioso desde os primórdios da civilização.

Do ponto de vista prático, o casamento se assentava em um acordo formal entre o noivo e o pai da noiva, que incluía o pagamento de um dote por parte do pai. Esta forma de união conjugal não levava em consideração a vontade da noiva nem dependia do seu consentimento para ser celebrada. Em outras palavras, a mulher era dada pelo pai para o marido, representando, conseqüentemente, uma simples transferência de casa e, sem dúvida, de senhor. A cerimônia dessa doação consistia em um cortejo noturno, acompanhado por parentes e amigos, que ia de uma casa a outra, a pé ou em carros puxados por cavalos. As pinturas da época procuram representar esse cerimonial por uma porta de saída em que a noiva era entregue e uma porta de chegada em que ela era recebida, como se tudo se passasse, como se diz, "de porta a porta". O cortejo nupcial garantia a publicidade do casamento (representado, atualmente, pelos proclamas), e os participantes constituíam as suas testemunhas. Como agora, a noiva recebia dos pais o enxoval e dos parentes e amigos os presentes, como flores e objetos decorativos.

Nos fundamentos da Igreja, foram instituídos apenas seis sacramentos, aos quais, na Idade Média (que compreende o período que vai do final da Idade Antiga até a conquista de Constantinopla pelos muçulmanos, em 1453), foi incluído, não sem resistência, o casamento, a partir do Concílio de Florença, realizado em 1439, quando então o papa Eugênio IV conseguiu impor sua autoridade. Sob a égide da

Igreja, o casamento tornou-se indissolúvel, porque "o que Deus une, o homem não separa", e a poligamia e o concubinato foram proscritos. A infidelidade tornou-se pecado. No entanto, mesmo tendo-se tornado abençoado por Deus, o casamento preservava uma certa mácula, devido ao seu caráter sexual, engendrado pelo pecado original. Por isso, devia ser estabelecido em condições de pureza muito estritas, precavendo-se do incesto, mediante a proibição do casamento entre parentes por afinidade e consangüíneos, até ao sétimo grau.

O modelo conjugal cristão instituiu a liberdade e a igualdade no consentimento, mas não concedeu espaço para o desejo. O conceito de casal foi sobreposto pelo de família, estabelecendo que a relação sexual no casamento, única permitida, não podia visar ao prazer, mas apenas à procriação. A Igreja também subtraiu o direito ao erro e à mudança pela indissolubilidade do casamento. Evidentemente, essa evolução quanto ao consentimento levou alguns séculos para aplacar – e ainda não aplacou em diversas culturas – a influência dos pais. Manteve-se dominante a indissolubilidade do casamento, instituída para refletir a imagem de pureza da união de José com Maria e evitar a manipulação dos interesses econômicos, tão comum naquela época. A dominação da mulher, apesar de tudo, não diminuiu significativamente. Mesmo no final da Idade Média, a frase "sede submissos uns aos outros no temor de Cristo, as mulheres aos homens como ao Senhor", extraída do Novo Testamento, na prática, ainda vigorava.

A importância do amor no relacionamento conjugal durante a Idade Média era extremamente reduzida; a validade do sacramento do matrimônio residia na fidelidade e filhos em comum. O amor entre os cônjuges era considerado mais como resultado de uma vida em comum do que como base de um relacionamento conjugal, ou seja, a regra era "primeiro casa e depois ama", o oposto do que começou a predominar no limiar do ano 2000: "primeiro ama e depois casa". Para S. Jerônimo, amar-se ardentemente no casamento equivalia a um adultério. Era menos pecaminoso obter prazer sexual com uma prostituta do que com a própria mulher. O sentido original do ato do casamento era a formação de um casal, mas a Igreja o equiparou à formação de uma família, a qual deveria amar a Deus sobre todas as coisas.

Do período que foi da Renascença até a Idade Moderna, as mulheres começaram a casar com um pouco mais de idade. Na França, por exemplo, passou de 22 para 26 anos durante o período compreendido entre o começo do século XVII e a Revolução Francesa. No entanto, nos países de economia mais estável, como a Inglaterra e a Holanda, a idade média era mais baixa. As mulheres da aristocracia e da classe média casavam menos do que as da classe operária, e isso se devia à questão dos dotes, cada vez mais elevados. Em famílias cuja prole era muito grande, ocorria de haver condições econômicas para casar apenas uma ou duas filhas, enquanto as demais permaneciam solteiras. Consta que, no século XVIII, mais de um terço das filhas da aristocracia escocesa ficava sem casar. De maneira geral, as mulheres não contraíam matrimônio com homens de posição inferior à sua. Os aspectos sociais e econômicos predominavam na escolha do cônjuge e só em alguns casos o amor se sobrepunha a esses imperativos.

Enquanto a ética sexual da Idade Média se baseou na recusa do prazer e na obrigação da procriação no contexto do relacionamento conjugal, a partir de 1500, por dois séculos, houve uma promoção radical da castidade e do puritanismo em todas áreas da vida cotidiana, com fechamento dos bordéis e a proibição de todas as formas de exposição do corpo, até mesmo nos balneários. O pudor se tornou um símbolo de distinção social e moral, principalmente, na classe média. Estado, Igreja e médicos da época apossaram-se do corpo e da sexualidade, condenando o erotismo e restringindo o relacionamento sexual a uma finalidade exclusivamente conjugal e reprodutiva. A partir do Concílio de Trento (1563), a Igreja Católica empreendeu uma guerra sistemática a todas formas de relações sexuais fora do casamento.

A paixão sensual passou a ser censurada mais radicalmente, até mesmo dentro do casamento, pelo fato de enfraquecer o amor a Deus. O ato sexual, para que não se constituísse em um pecado mortal, deveria realizar-se, exclusivamente, em razão da reprodução. Além disso, difundiu-se a idéia de que o calor do excesso amoroso poderia gerar crianças com doenças e enfraquecer a descendência. Como conseqüência dessas restrições e do aumento da idade em que homens e mulheres passaram a se casar, houve um incremento da masturbação. No entanto, aos poucos, foi crescendo o que os ingleses chamavam de *bundling*, e os franceses, de *albergement*, que consistia em uma forma autorizada e controlada pelos pais de experiências amorosas pré-nupciais, nas quais a virgindade era respeitada. O resultado dessa prática foi a valorização do afeto e do erotismo como base do relacionamento conjugal, assim como o aumento das práticas sexuais antes do casamento, observadas no início do século XVIII.

Na área rural da França, cerca de 50% dos casamentos duravam menos de 15 anos e, mais de um terço, menos de 10 anos, por causa da morte de um dos cônjuges: as mulheres, em maior número, principalmente pelas complicações relacionadas à gravidez, parto e puerpério, e os homens pelas guerras e acidentes de trabalho. Os viúvos, homens e mulheres, antes dos 30 anos costumavam voltar a casar na mesma proporção, mas, após os 40, o número de mulheres diminuía muito, além de levar mais tempo do que os homens até alcançar um segundo casamento. Os homens tendiam a contrair segundas núpcias com mulheres mais jovens do que a do casamento anterior, e as mulheres, com homens mais velhos do que o primeiro marido.

No entanto, o segundo, terceiro ou quarto casamento não era bem-visto, nem pelas autoridades eclesiásticas, nem pela comunidade. A Igreja se opunha por causa da ressurreição – aqueles que se tivessem casado mais de uma vez ressuscitariam polígamos –, e as pessoas, de maneira geral, pela dificuldade até hoje observada de aceitar algo que não obedeça à tradição. A reação a esta desobediência se encontrava representada por uma manifestação popular, denominada na Itália de *mattinata*: desfiles barulhentos, organizados para perturbar os casais que não haviam-se casado dentro dos padrões socialmente estabelecidos. Entre esses desvios encontravam-se casar grávida, casar com pessoa cuja conduta era moralmente atacada, casar sem realizar a tradicional festa de casamento e casamentos com diferenças significativas de fortuna e, principalmente, de idade entre o marido e a mulher. A paz nupcial era reconquistada com o pagamento de um tributo, representado por dinheiro, comida e bebida oferecidos ao grupo responsável pela arruaça. Apoiadas pelas autoridades civis e religiosas, ao longo dos séculos XIV, XV e XVI, aos poucos, essas manigestações foram sofrendo um processo de policiamento, mas permaneceram de forma mais moderada em algumas comunidades até quase o século XX.

De acordo com os historiadores, o século XVIII representa o início do florescer do casamento igualitário, baseado no afeto mútuo e na compatibilidade sexual. Na verdade, somente a partir deste momento é que surgiu na história da humanidade o tão decantado, em nossos dias, "casamento por amor", reunindo liberdade de escolha, ternura, amizade e prazer sexual. A revolução industrial e o capitalismo no século XVIII, ao aceitar a mulher no mercado de trabalho, paradoxalmente, contribuiu para que ela deixasse de ser propriedade privada familiar e passasse da posição exclusiva de reprodutora para se tornar também produtora, dando um importante passo para sua libertação. No entanto, o século XIX, que assistiu a esse avanço, é o mesmo que serviu de palco ao moralismo vitoriano, convidando homens e mulheres a refrearem sua sexualidade e impondo uma nova prática das relações sexuais. Simultaneamente com este movimento, houve um incremento do relacionamento idealizado entre pais e filhas e mães e filhos, não surpreendendo que Freud tenha descoberto o complexo de Édipo justamente no final do século XIX.

Contudo, ao colocar o sexo e a sexualidade no centro de um sistema de pensamento, a Psicanálise influenciou a grande mudança de comportamento que se verificou no século XX. A relação conjugal e a família progressivamente se diferenciarão ao longo deste período, criando a consciência de que a família é indestrutível, mas o casamento nem sempre. Tornou-se claro que a biologia e a hereditariedade ligam para sempre pais, filhos e irmãos, mas não marido e mulher. A cultura do século XX, enriquecida pelos conhecimentos psicanalíticos, a profissionalização da mulher, os métodos anticoncepcionais e a liberação do divórcio afastaram o casamento da influência familiar, da religião e do Estado, assumindo mais verdadeiramente sua condição de relacionamento amoroso de conotação sexual. Na Suécia, por exemplo, um estudo realizado em 1985 entre indivíduos com menos de 30 anos revelou que os casais não casados se encontravam em maior número do que os casados. Na França, no final dos anos de 1980, metade das mulheres com menos de 30 anos que viviam com um companheiro não eram casadas.

Ao mesmo tempo, o número de separações cresceu rapidamente ao longo do século XX. Nos Estados Unidos, daqueles que se casaram, em 1920, cerca de 18% se divorciaram; para os casados, em 1950, 30%. Em 1970, havia 50% de chance de os casais se separarem e, para os que se casaram, depois de 1980, mais de 60%. Nos últimos 20 anos, o número de divórcios triplicou neste país. No Brasil, de acordo com o levantamento realizado pelo IBGE, o número de divórcios cresceu 43% entre 1989 e 1994. Considerando os últimos 10 anos, o número quase dobrou, somando cerca de 200 mil por ano. No mesmo período, o número de casamentos diminuiu quase 30%. Atualmente, o número de famílias refeitas após o divórcio atinge, no Brasil, a cifra de 14 milhões, representando 35 contra 65% de famílias nucleares, constituídas de pai, mãe e filhos de um primeiro casamento. Conforme os profissionais da área, o número de casamentos desfeitos segue crescendo, e esta relação tende a se inverter no Brasil nos próximos 20 anos e na Inglaterra nos próximos 10. Essa constatação é responsável pelo engano que se comete em acreditar que os casamentos de hoje são piores do que os do passado. O que ocorre é que o relacionamento conjugal se tornou mais transparente e, conseqüentemente, mais exposto às mudanças. Homens e mulheres não aceitam mais jogar fora suas vidas em uma relação que se tornou sem prazer ou que empobreceu do ponto de vista afetivo. Essa possibilidade era tão ou mais freqüente no passado do que agora, mas uma rígida moral cristã escondia o sofrimento dos esposos, dando a impressão de que as relações eram mais consistentes. Contrastando com essa atitude, uma estatística americana realizada em 1991 revelou que 86% dos homens e 91% das mulheres não responderiam "sim" à pergunta que, tradicionalmente, fazem os padres e os juízes de paz na cerimônia de casamento se realmente achassem que não amavam a pessoa com quem estavam se casando.

A verdade é que a maioria das pessoas esclarecidas convenceu-se da existência de apenas uma vida, esforçando-se para torná-la mais feliz. O casamento deixou de ser representado por um ritual, originário da antiga religião doméstica, para se tornar símbolo de união estável, conforme foi estabelecido, recentemente, pela lei brasileira que, juntamente com este passo para frente no que diz respeito ao reconhecimento de novas formas de relacionamento conjugal, deu dois para trás em relação à questão do patrimônio. A importância concedida ao amor, à individualidade, à independência emocional e econômica e, principalmente, ao prazer sexual em um mundo agitado e transformado em aldeia global, evidentemente, expuseram o casamento a uma gama bem maior de exigências, gerando uma inversão, pelo menos curiosa: antes, o desejo era reprimido e o preconceito consciente, enquanto hoje acontece o contrário, as pessoas não têm dificuldade em revelar seus desejos e escondem seus preconceitos.

No início do século XXI, finalmente, o casamento parece ter atingido sua maturidade, passando a representar verdadeiramente um ato de vontade, regido por necessidades e anseios de prazer e realização, definidos livremente pelo casal. Seu espaço se ampliou quando comparado com o "lar" da Idade Antiga, podendo o casal habitar a mesma casa, a mesma cidade ou casas e cidades distintas. O mesmo acontece em relação a filhos: poderá decidir tê-los ou não. Os filhos participam da configuração da família quando marido e mulher, também, tornam-se pai e mãe. A separação diz respeito, exclusivamente, ao casamento, não aos filhos que, mesmo após este evento, seguem pertencendo à família que lhes deu origem e, na maioria das vezes, ampliam sua vida afetiva nas novas uniões dos pais. Grande parte do sofrimento determinado por uma separação decorre mais das dificuldades de relacionamento do casal, dos sentimentos de culpa e da utilização dos filhos para ferir um ao outro do que da separação em si.

O casamento no segundo milênio encaminha-se para ser mais uma incerteza que é estimulante e criativa do que uma certeza que entedia; na melhor das hipóteses, uma promessa sempre presente, estimulada pela sexualidade, o fogo original e primordial que, nas palavras de Octavio Paz, "levanta a chama vermelha do erotismo e esta, por sua vez, sustenta outra chama, azul e trêmula: a do amor". Aproveitando o título de um livro de Joyce McDougall, diria que o novo século agirá "em defesa de uma certa anormalidade" no casamento, deixando para trás um modelo idealizado de união conjugal, que mais dificulta os relacionamentos do que ajuda, pois se fundamenta na submissão e na ocultação dos sentimentos, levando o ódio a se sobrepor ao amor. É fundamental que não se perca de vista o que em versos nos esclarece o poeta com o conhecimento que tem da alma humana: não é o amor que sustenta o erotismo, mas o erotismo que sustenta o amor. Sempre nos disseram o contrário, e mudar esta forma de pensar corresponde a um resgate da verdadeira essência do casamento.

Monogamia: quem inventou? 2

> A monogamia é o mais difícil dos arranjos maritais entre os humanos.
> Margaret Mead

Este capítulo tem como principal objetivo abrir questionamentos a respeito da monogamia e possibilitar um espaço de esclarecimento desse tema. Afinal, o ser humano é monogâmico por natureza ou a monogamia constitui uma demanda religiosa, sociocultural ou econômica que lhe é imposta? O assunto tem estado presente em diversos debates, sempre confrontado com o seu par inseparável: a poligamia. Atualmente, um dos seriados de ficção mais assistidos e comentados nos Estados Unidos chama-se *Big Love*, que enfoca uma família formada por marido, três esposas e sete filhos. O marido precisa recorrer ao uso de remédio para conseguir satisfazer sexualmente as esposas e trabalhar bastante para pagar as contas da família. Trata-se de um relacionamento que os protagonistas evitam tornar público, na medida em que a poligamia não é permitida no país. Como a família do seriado se diz mórmon, líderes dessa religião têm protestado, alegando que a poligamia não faz mais parte da cultura deles. Contudo, a opinião das pessoas, em particular do sexo feminino, questionadas sobre o tema enfocado pelo programa, é que a sociedade mostra sua face hipócrita ao condenar quem, espontaneamente, decide viver uma relação deste tipo e, ao mesmo tempo, aceita com naturalidade que um homem traia a sua mulher. *Big Love* apresenta momentos engraçados, mas está longe de ser uma comédia. Na verdade, ele procura colocar o espectador diante de uma série de situações que questionam o modelo familiar tradicional.

Como nos Estados Unidos, no Brasil a poligamia também é considerada crime. O artigo 235 do Código Penal diz que contrair casamento já sendo casado configura crime de bigamia. Como resultado, além da anulação do segundo ato, fica o indivíduo sujeito à pena de dois a seis anos de reclusão. Não obstante, não faz muito tempo que a televisão brasileira mostrou uma mulher que convivia na mesma casa com vários companheiros e, noutra oportunidade, um homem que vivia maritalmente com várias mulheres, pelo que foi dito, tão harmoniosamente quanto Bill, o personagem do seriado americano. A diferença é que os dois casos revelados pela reportagem da televisão brasileira eram de pessoas incultas que viviam no agreste, enquanto a família criada pela televisão americana pertence à classe média e vive em um subúrbio de Salt Lake City. No entanto, são comuns os casos de indivíduos que mantêm um relacionamento conjugal estável com duas pessoas ao mesmo tempo, às vezes constituindo família com ambas. Apenas não moram na mesma casa. São situações em que a sociedade, a família e as pessoas envolvidas sabem, mas em uma espécie de cumplicidade, evitam comentar, como em um exemplo que chama a atenção pela sua excentricidade. Um homem de classe média alta mantinha uma relação extraconjugal há vários anos, supostamente sem o conhecimento da família. Surpreendido pela decisão da amante de por fim ao relacionamento, motivada pelo desejo de se unir a um homem com quem pudesse se casar, caiu em uma profunda crise depressiva, desinteressando-se pelo trabalho e pela aparência pessoal, áreas nas quais sempre se destacou. Depois de um tempo, a esposa e as filhas procuraram a amante para apelar para que reconsiderasse sua decisão como forma de o marido e pai recuperar a saúde. A relação extraconjugal foi restabelecida e tudo voltou ao "normal", ou seja, o homem, curado da depressão que preocupava a família, escondendo a infidelidade, e a esposa e filhas agindo como se nada soubessem.

Na clínica, vez por outra, deparamo-nos com a relação de uma mulher com dois irmãos ou, ao contrário, um homem com duas irmãs. Eventualmente, duas amigas. Em um caso particular, duas amigas tão próximas desde a infância que eram consideradas como irmãs. Esses relacionamentos costumam ocorrer como se a esposa "oficial" não soubesse, mas na maioria das vezes acaba-se descobrindo uma velada conivência por razões que uma psicoterapia profunda, com o tempo, acaba esclarecendo. Mais surpreendentes, mas que ocorrem na mesma freqüência dos anteriores, são os casos em que as três pessoas envolvidas são pai, mãe e filha, sendo mais comum padrasto, mãe e filha. Geralmente, as mães não desconhecem o vínculo entre o companheiro e a filha, mas negam ou evitam enfrentar o problema para manter o casamento. Todas essas formas de bigamia, declaradas ou não, podem ser observadas em todas classes sociais, predominando, provavelmente, nas mais baixas e nas mais elevadas. Afora essas, também poderíamos considerar bigamia as situações em que, com a morte do cônjuge, a viúva ou o viúvo casa-se com o irmão ou a irmã do falecido ou da falecida, embora ninguém esconda esta relação e ela possa ser reconhecida pelas leis do Estado e da Igreja. É a própria Bíblia que recomenda: "Uma viúva sem filhos deve casar com seu cunhado, mesmo que ele já seja casado"(Gênesis, 38:8/10). Levanto esta questão porque, em alguns casos, toma-se conhecimento de que, reservadamente, um ou ambos já alimentavam a fantasia desta união antes de ela se propiciar. Seguindo essa linha, resgato a lembrança do romance *Dona Flor e seus dois maridos*, de Jorge Amado, para questionar: não teriam todas mulheres dois maridos, um "oficial" e um imaginário, quase sempre idealizado? Obviamente, com os homens se passaria o mesmo, configurando uma condição de bigamia comum a todos seres humanos, a qual se manteria reprimida em função das proibições impostas pela sociedade, dando razão a um consagrado especialista em direito de família que, privadamente, costumava dizer que, do ponto de vista humano, a monogamia, pelas inúmeras formas que costuma ser fraudada, não passa de uma falácia.

Recentemente, foi-me relatado que um homem, após se casar e ter filhos com uma mulher, estabeleceu um relacionamento paralelo com outra. Passado algum tempo, propôs e obteve a concordância de ambas para viverem todos na mesma casa. Os três desenvolvem atividade acadêmica e costumam sair juntos para jantar, ir a um cinema ou viajar, observando-se entre as mulheres uma certa hierarquia baseada na precedência. Como encarar essa situação? Do ponto de vista legal, não parece incorrer em nenhum ilícito, pois não se trata de alguém que, já sendo casado, veio a contrair novo casamento, embora, na prática, constitua um típico caso de bigamia. Por outro lado, se as duas mulheres, espontaneamente, aceitaram manter essa duplicidade, não cabe considerar que algo errado esteja ocorrendo, somente porque difere da maioria. Não obstante, existe uma dúvida que não devemos evitar: qual a repercussão desse duplo relacionamento do pai na formação dos filhos? Sob esse aspecto, inclino-me a pensar que a situação se aproxima das famílias, muito comuns na atualidade, chamadas "reconstituídas", juntando, em alguns casos, filhos de três ou mais casamentos. Como afirmo em outras partes deste livro, o importante na formação de uma criança não se resume a que ela tenha um pai e uma mãe biológicos, mas que se cumpram as indispensáveis funções paterna e materna. Partindo dessa idéia, é possível imaginar situações em que a função paterna ou materna sejam executadas integral ou complementarmente pelo segundo marido da mãe ou pela segunda mulher do pai, respectivamente. Sendo assim, do ponto de vista dos filhos, temos de considerar, em primeiro lugar, a semelhança entre uma família poligâmica e uma família "reconstituída" e, em segundo lugar, a possibilidade de elas apresentarem um potencial positivo para a formação da prole. Portanto, temos de ter em conta que, assim como a família "reconstituída", a família poligâmica não é necessariamente conflitiva para os filhos, podendo alguns seguirem o modelo familiar poligâmico, e outros, o modelo tradicional monogâmico dos vizinhos e familiares. Curiosamente, no referido programa de televisão americano, assim como o marido, uma das mulheres havia sido criada em uma família poligâmica, mas as outras duas provinham de famílias monogâmicas, mostrando que, nesta área, nem sempre as pessoas repetem o comportamento dos pais. O mesmo raciocínio deve ser feito para filhos de pais homossexuais: eles não serão sempre homossexuais. Em contrapartida, pais heterossexuais podem ter filhos homossexuais, como se observa em grande número de casos.

Consta que foi no reinado do imperador Luís, o Piedoso (814-840), que a Igreja introduziu na realidade social a proibição do divórcio, impondo uma condição intolerável, principalmente aos nobres, entre os quais a poligamia era uma prática arraigada, em particular pelo fato de os casamentos serem realizados de acordo com preferências e interesses familiares. Para se livrar de uma mulher que já não lhe atraía mais, o marido podia utilizar-se de algum meio para se livrar dela, como, por exemplo, encarregar um escravo de matá-la, sujeitando-se a pagar a indenização por homicídio à família da esposa para se casar novamente na Igreja, na condição de viúvo. Essa forma de se liberar de um casamento recebeu o nome de "divórcio carolíngio", relativo à dinastia de Carlos Magno (742-814), chamado "Imperador do Ocidente", que teve quatro esposas oficiais sucessivas e um concubinato de, no mínimo, seis mulheres, ampliado por irmãs, primas e sobrinhas das amantes. Nesta época, era corriqueiro o homem casar-se com uma mulher de linhagem próxima e estabelecer vínculos amorosos de segundo nível com mulheres livres com as quais ele passava a se relacionar sexualmente depois do casamento. Eventualmente, mantinha a relação com amantes existentes antes de se casar, mas não ficava por aí, um nobre ainda podia contar, para o seu prazer, com outro nível de concubinas, fixas ou eventuais, que eram as escravas.

Grande parte dos seguidores do Islã, ainda hoje, admite que um homem casado pode ter outra esposa, mas, segundo o Alcorão, somente com a anuência das duas, na condição de que seja escrupulosamente justo com ambas e que, ao casar, ofereça à mulher um dote para os seus gastos pessoais. O divórcio é permitido, mas não é comum. O Talmude, o livro das leis judaicas, aconselha a um máximo de quatro esposas. Na tradição chinesa, de acordo com suas posses, era habitual o homem possuir esposa e um número variável de concubinas, que eram escolhidas pela primeira para satisfazer sexualmente o marido, na medida em que ela envelhecia. Embora o regime comunista tenha limitado essa prática, ela se manteve naquela cultura até os nossos dias, embora de uma forma menos explícita. Em contrapartida, a poliandria, que consiste na possibilidade de a mulher ter dois ou mais maridos, é de ocorrência rara, observando-se, atualmente, no Tibet. Este tema foi abordado por Andrucha Waddington no filme brasileiro *Eu, Tu, Eles* (1998), no qual uma mulher se relaciona simultaneamente e na mesma casa com três homens, dois deles ligados por parentesco, tendo filhos com todos. Portanto, pelo exposto, a tradição de os homens terem mais de uma esposa é muito antiga, mantendo-se, de acordo com Helen Fisher, em 84% das sociedades de todo o mundo, embora apenas 5 a 20% deles consigam adquirir riqueza e *status* suficientes para atrair várias mulheres. Contudo, "a idéia de que só os homens são poligâmicos é o maior mito da sexualidade", afirma essa conhecida antropóloga que estudou o comportamento sexual de homens e mulheres em 62 sociedades, concluindo que o adultério, em ambos os sexos, é tão comum quanto o casamento. O seu ponto de vista, em relação a homens e mulheres, é de que a fidelidade é uma escolha, e não uma imposição biológica.

Deve-se destacar que, em muitas sociedades muçulmanas, a prática da poligamia se tornou rara, na mesma medida em que diminuiu a diferença entre os sexos. Acredita-se que, na atualidade, o número de casamentos poligâmicos no mundo muçulmano é muito menor do que o de casos extraconjugais no ocidente. Diante dessa constatação, somos levados a nos defrontar com mais um paradoxo da modernidade: os muçulmanos, que formam uma sociedade poligâmica, tornaram-se mais monogâmicos do que os ocidentais, "oficialmente" monogâmicos. A verdade é que a Igreja Católica, influente no mundo ocidental, sacralizou o casamento e condena veementemente a poligamia, em que pese, neste aspecto, não contar com o apoio da Bíblia. O Velho Testamento atesta a legalidade dessa prática, oferecendo algumas sugestões para um homem dividir a propriedade entre os seus filhos de diferentes mulheres. A única proibição é casar-se com a irmã da esposa, devido à rivalidade estabelecida por esta situação. Também no Novo Testamento não existe nenhuma indicação expressa de que o casamento deva ser monogâmico ou qualquer proibição do casamento poligâmico. Jesus não contestou a poligamia, muito embora ela fosse praticada pelos judeus de sua época. Sendo assim, é provável que a Igreja Romana tenha proibido a poligamia para se adaptar à cultura greco-romana, que prescrevia o casamento monogâmico, como vou referir adiante, mas fazia vista grossa para o concubinato e a prostituição. O eminente evangélico cristão Billy Graham chamou a atenção para o fato de que os países cristãos fazem um estardalhaço sobre a monogamia, mas, na verdade, praticam a poligamia. Ele considera o islamismo uma religião mais honesta, pois permite a um muçulmano se casar uma segunda vez, mas proíbe rigorosamente todas formas de ligações clandestinas, a fim de salvaguardar a probidade moral da comunidade.

Uma das razões da poligamia entre os povos primitivos pode ter sido a desproporção entre homens e mulheres gerada pela caça e pelas guerras, mas em muitas sociedades atuais, as mulheres também se encontram em maior número. Na Guiné, por exemplo, há 122 mulheres para 100 homens. Na Tanzânia, 100 mulheres para 95 homens. Esse desequilíbrio pode ser combatido com o celibato, com o infanticídio feminino, observado em alguns lugares, ou com o casamento poligâmico, como preferem várias culturas africanas atuais, onde esta prática é aceita e respeitada. Um número significativo de pessoas considera esta forma de casamento degradante para a mulher, mas muitas africanas, tanto católicas como muçulmanas, têm outro ponto de vista, preferindo unir-se a homens que se tenham mostrado bons maridos nos casamentos anteriores. Elas também sugerem que os esposos casem-se com outras mulheres para que não se sintam sozinhos. Uma consulta realizada com 600 nigerianas, com idade entre 15 e 59 anos, mostrou que 60% não se importariam que seus maridos tivessem outra mulher, e apenas 23% expressaram raiva ante a idéia de dividirem seus maridos com outras mulheres. Uma pesquisa realizada no Quênia, revelou que 76% das mulheres têm uma visão positiva do casamento poligâmico. Entre as mulheres da zona rural, 25 de 27 consideraram a poligamia melhor do que a monogamia, caso se observe o espírito de cooperação entre as co-esposas no cuidado da casa e das crianças.

A poligamia também tem sido apontada como uma solução para a comunidade negra dos Estados Unidos, onde 1 em cada 20 jovens do sexo masculino pode morrer antes dos 21 anos, predominantemente por homicídio. Além disso, muitos deles estão desempregados, na prisão ou são viciados. Como conseqüência, 1 em 4 mulheres negras americanas, na idade de 40 anos, nunca se casou, enquanto, entre mulheres brancas, a relação é de 1 para 10. Além disso, muitas jovens negras se tornam mães solteiras antes dos 20 anos e se encontram na situação de serem mantidas. O resultado final desta trágica realidade é que tem sido crescente o número de mulheres negras que partilham um único homem. As esposas, muitas vezes, não sabem que outras mulheres estão dividindo seus maridos com elas. Observadores desta cultura do "homem partilhado" estão recomendando a poligamia consensual como uma forma de resolver provisoriamente esse problema social. Eles entendem que essa solução sancionada pela comunidade, na qual existe acordo entre as partes envolvidas, gera menos conflitos e desavenças familiares do que os relacionamentos escondidos envolvendo homens casados. A propósito dessa recomendação, em um debate realizado na Universidade de Temple, na Filadélfia, alguns palestrantes sustentaram que, em uma sociedade que tolera a prostituição e as concubinas, a lei não poderia opor-se a esse tipo solução. O antropólogo americano Philip Kilbride, de tradição católica romana, foi mais longe ao argumentar que, em muitos casos, a poligamia pode servir como uma alternativa potencial para o divórcio. Ele afirma que muitos divórcios, na sociedade americana, são causados pela descoberta de uma relação extraconjugal do cônjuge. Segundo seu ponto de vista, a conversão dos casos extraconjugais em casamentos poligâmicos abrandaria o número de divórcios, beneficiando principalmente os filhos. Coincidentemente, o caso de bigamia que descrevi, configura claramente um exemplo de infidelidade que foi transformado em "casamento plural", para empregar a expressão utilizada Kilbride, que também propõe este tipo relacionamento às mulheres mais velhas, que enfrentam uma crônica diminuição de homens.

Aparentemente, em que pese a poligamia anteceder a monogamia na história das relações familiares da humanidade e por esta ter sido substituída, ela esteve presente em todas as etapas da civilização, mesmo quando proibida pela cultura, pelas leis ou pela religião, persistindo até os nossos dias, às claras ou veladamente. De acordo com os arqueólogos, o registro mais antigo de monogamia remete ao Antigo Egito, cerca 900 a.C., mas os faraós eram livres para desposar quantas mulheres desejassem. Além da "grande mulher do rei", eles possuíam um número variável de "esposas secundárias" e "esposas terciárias".

A segunda metade do século XVIII foi palco de um grande debate sobre a monogamia, colocando em confronto antropólogos e outros estudiosos ingleses, alemães e americanos. Entre os últimos, teve grande destaque Lewis H. Morgan, autor do livro *Ancient society* (1877), no qual descreve os quatro estágios por que passou a família desde o estado primitivo de promiscuidade. O primeiro estágio foi o da "família consangüínea", na qual os grupos conjugais eram classificados por gerações, sendo proibida a relação sexual entre ascendentes e descendentes, mas não entre irmãos e primos. Este sistema perdurou na Polinésia, entre os havaianos. O segundo estágio foi o da "família punalvana", durante a qual a proibição da relação sexual foi estendida, inicialmente, aos irmãos e, depois, aos primos. Nesses dois estágios as uniões se faziam por grupo, embora o homem costumasse ter uma companheira principal, e a mulher, um companheiro principal. O terceiro estágio foi o da "família sindiásmica", quando iniciaram as uniões por pares, mas ao homem, exclusivamente, era permitido a poligamia e a infidelidade. O vínculo conjugal se dissolvia facilmente, permanecendo os filhos com a mãe. O quarto estágio é o da "família monogâmica", cujo esplendor vamos encontrar, com todo o seu rigorismo, na Grécia Antiga.

Portanto, a família monogâmica nasceu da família sindiásmica na transição entre as fases média e superior da barbárie, triunfando com o surgimento da civilização. Seu objetivo principal foi o de gerar filhos, garantindo o reconhecimento indiscutível da paternidade para que somente os filhos legítimos herdassem os bens materiais deixados pelo pai. Nesse período, estabeleceu-se o predomínio do homem sobre a mulher e, ao contrário do anterior, os vínculos conjugais se tornam mais estáveis. Contudo, exclusivamente ao homem, foi mantido o direito à infidelidade e a se separar da esposa. Entre os gregos antigos, a mulher era tratada de forma humilhante pelo marido e pela sociedade, cabendo a ela cuidar dos filhos, da casa e das escravas, às quais, de acordo com a preferência do marido, podiam tornar-se suas concubinas. A rigor, a monogamia surgiu como uma regra válida apenas para as mulheres, característica que permaneceu por muitos séculos, vindo a bater nas portas do terceiro milênio. No entanto, havia algumas diferenças entre os gregos de Esparta (dóricos) e de Atenas (jônicos). Entre os primeiros, mantiveram-se alguns vestígios do matrimônio por grupo do período sindiásmico. Assim, irmãos e amigos podiam a partilhar a mesma mulher, tolerando-se uma total liberdade tanto do homem quanto da mulher, não havendo lugar para adultério ou infidelidade. Além disso, em Esparta não havia escravidão doméstica, o que limitava a questão do concubinato. A conseqüência era que a mulher era mais valorizada do que na erudita Atenas, onde as mulheres eram educadas para fiar, tecer e cozer, excepcionalmente, ler e escrever. Elas viviam confinadas a um aposento separado do restante da casa, sempre cuidadas por escravos, cães e eunucos para que nenhum indivíduo do sexo masculino delas se aproximasse. Não obstante, os homens tinham uma vida social dentro e fora de casa, da qual as esposas não participavam. Afora isso, para o seu prazer, eles dispunham das escravas e prostitutas, numerosas em Atenas. Foi essa prostituição extensa e protegida pelo Estado que fez florescer a imagem da mulher grega do Mundo Antigo, destacando-se não só pela beleza, como também pelo talento e gosto artísticos. O modelo familiar jônico acabou por predominar em toda a Grécia, incluindo as colônias. Entretanto, apesar da rigorosa vigilância, as esposas gregas encontravam formas de enganar seus maridos que não mantinham com elas uma relação amorosa, preferindo divertir-se com as prostitutas e com a pederastia.

Dessa forma, em que pese a monogamia ter sido "inventada" pelo povo mais culto e desenvolvido da Antigüidade, sua origem não é das mais dignificantes, particularmente pela discriminação que impôs à mulher. Por outro lado, a monogamia representou a primeira forma de organização não-natural de família, resultante do triunfo da propriedade privada sobre a propriedade comum primitiva, originada espontaneamente. Com a monogamia, os gregos buscaram a hegemonia do homem na família e a procriação de filhos para serem os seus herdeiros, mas eles não valorizavam o casamento, encarando-o como um peso a ser carregado em nome do Estado, dos deuses e dos antepassados. Em contrapartida, durante o Império Romano, a mulher desfrutou um período de mais liberdade e consideração, igualando-se ao homem no direito de pôr fim ao seu casamento. Contudo, a função exclusiva de procriadora, observada na Grécia, manteve-se entre os romanos. A palavra *matrimonium* era empregada para definir o papel da mulher casada, o de gerar filhos, enquanto a palavra *patrimonium* aludia ao papel masculino de gerir os bens. Por tudo isso, parece adequada a observação de Friedrich Angels de que a monogamia não surgiu na história como uma forma elevada de matrimônio, ou mesmo de conciliação entre o homem e a mulher, mas criou as condições para o amor sexual individual, anteriormente desconhecido no mundo.

Concluindo, podemos dizer que a poligamia caracterizou marcadamente as organizações sociais mais primitivas, antes do estabelecimento da propriedade privada, quando então foi instituída a monogamia como forma concentrar a riqueza e diminuir o número de herdeiros, nos primórdios da civilização. Contudo, na cultura greco-romana, o amor não ocupava uma posição prioritária nos vínculos conjugais, predominando, principalmente nos meios aristocráticos, os interesses econômicos e políticos. O objetivo principal do casamento era formar uma família, cabendo à mulher as tarefas de atender o marido, cuidar da casa e criar os filhos. No ápice do Império Romano, houve um incremento da sensualidade, mas restrito às relações extraconjugais e, com sua decadência, surgiu o Cristianismo, que se opôs tenazmente a todas as formas de manifestação erótica, estabelecendo que o sexo deveria ser restrito ao casamento, o necessário para gerar filhos. O amor entre marido e mulher foi equiparado ao amor aos pais, aos irmãos, aos filhos e ao próximo, tendo como modelo o amor de Deus. Tanto a cultura, como representante dos pais, quanto a religião, cujos dogmas e mandamentos visam a aplacar a natureza humana, sempre exerceram uma influência marcante no modo de os indivíduos verem e sentirem a poligamia. A imposição da monogamia não impediu que a poligamia permanecesse ao longo dos séculos, chegando aos nossos dias como uma forma disfarçada de poligamia, mais tolerada pela sociedade, em particular se praticada pelos homens. Apesar disso, não podemos subestimar o aspecto evolutivo da passagem da família poligâmica para a família monogâmica, representando a primeira um modelo infantil de vínculo conjugal, regido pelo princípio do prazer e pela relação amorosa do tipo narcisista, que não leva em consideração o outro; e a segunda representando um modelo adulto de relacionamento, regido pelo princípio da realidade e por uma forma de relação amorosa em que se observa maior equanimidade no dar e receber. Seguindo essa linha de pensamento, uma conclusão a que se chega é que tanto a poliginia (um marido com várias esposas) quanto o oposto, a poliandria, apresentam um aspecto incestuoso importante, recriando na fantasia a situação triangular edípica da infância. Essa conotação se mostrou muito evidente durante a Idade Antiga e a Idade Média, quando as amantes dos reis passavam para os seus sucessores, geralmente filhos, irmãos e outros familiares, configurando uma poligamia endogâmica de duplos e triplos incestos. Por outro lado, o fato de a questão do incesto se encontrar na pauta da origem das religiões e da organização da sociedade levou essas instituições a se envolverem arraigadamente com a regulamentação do casamento.

Na atualidade, para a maioria das pessoas econômica e emocionalmente independentes, a perda da exclusividade em uma relação conjugal representa a primeira questão a ser considerada no casamento, superando em muito os aspectos religiosos, legais, morais e patrimoniais implicados. Portanto, independentemente do pacto social, mono ou poligâmico, o ser humano não abre mão da premissa da fidelidade nos relacionamentos amorosos e da condenação daqueles que deixam de cumprir esse compromisso gerado pelo amor. A revolução sexual feminina, pelos seus desenvolvimentos, deve ser considerada como um marco da mudança que se verifica da monogamia, deixando de ser apenas uma fachada para se tornar uma relação exclusiva de fato, não por uma exigência externa, mas pela conquista interna de uma forma igualitária de amor que observamos hoje em um número crescente de casais homo e heterossexuais. Parafraseando Margaret Mead, podemos dizer que "a verdadeira monogamia é o mais difícil e o mais recente arranjo marital entre os humanos", possibilitando acrescentar à classificação de Morgan um quinto estágio, o da "família monogâmica igualitária", na qual, diferente da anterior, homens e mulheres têm os mesmos direitos.

Por que casamos? 3

    Buscamos no casamento a possibilidade de ser amado, desejado sexualmente, compreendido e valorizado, apesar de nossas deficiências, e nos sentimos gratificados quando conseguimos proporcionar a alguém esses sentimentos. O casamento é, provavelmente, o mais universal, tradicional e comemorado evento da civilização. Inicialmente restrito às relações familiares, com o tempo foi integrado às normas do Estado e aos sacramentos da Igreja. Na Antigüidade, todo casamento era colocado sob a proteção de certas divindades, que velavam pela compreensão do casal e pela fecundidade da união. Na véspera do casamento, a noiva oferecia seus brinquedos a Diana e Vênus para obter sua benevolência. No dia das núpcias, invocava Juno, a deusa das esposas, e comia bolos que favoreciam a concepção. De acordo com a mitologia, após inúmeras dificuldades, Eros desposou a bela Psiquê e, dessa união, nasceu Volúpia, que personificava o prazer. Romeu e Julieta e tantos outros romances da literatura são versões mais modernas desse relacionamento entre dois jovens, descrito pela mitologia. Quando vejo um jovem ou uma jovem converter-se a uma religião para desposar a quem ama, quem sabe para seguirem juntos depois da morte, não posso deixar de lembrar que Júpiter ofereceu ambrosia à Psiquê para torná-la, como Eros, imortal, possibilitando que o casamento fosse celebrado solenemente entre os deuses.

    O casamento sempre foi representado por uma festiva solenidade que mantém suas características desde os tempos mais remotos, como revela a rica iconografia da Idade Antiga, até os nossos dias, exemplificado pelas bodas do Príncipe Charles com a Princesa Diana, presenciadas por centenas de milhões de pessoas, através da televisão. A verdade é que, apesar das grandes descobertas, das grandes mudanças nas relações humanas e da conquista do espaço, o casamento continua sendo celebrado pelo tradicional cortejo "de porta a porta", representado na píxide de figuras vermelhas, de 460 a.C., que podemos apreciar no Louvre. Contudo, em 1993, enquanto 2,3 milhões de casais comemoravam seu casamento, 1,2 milhão ingressavam na Justiça com um pedido formal de separação, e 4,6 milhões batiam na porta de um especialista em terapia conjugal. Um estudo comparativo, realizado no Brasil entre 1984 e 1992, concluiu que, enquanto o número de casamentos diminuiu de 936 mil para 748 mil, os divórcios e as separações judiciais aumentaram de 96 mil para 171 mil.

Surpreendentemente, em 2004, a realização de casamentos em nosso país voltou a crescer, aumentando 7,7% em relação a 2003. Foram 806.968 casamentos, o maior número nos últimos 10 anos. É provável que, em parte, esse crescimento tenha sido influenciado pela realização de casamentos coletivos em diversas unidades da federação, promovidos por parcerias entre prefeituras, cartórios e igrejas com o objetivo de atender ao anseio de casais que desejavam regularizar sua situação. Ao mesmo tempo, a taxa de nupcialidade legal que em 2003 era de 5,9, em 2004 subiu para 6,2, período em que o número de casamentos de pessoas com mais de 60 anos aumentou mais do que o dobro. Em relação ao número de separações, houve uma queda de 7,4% em 2004 em relação a 2003. Também caiu 3,2% em 2004 o volume de divórcios, e a maioria das dissoluções foram consensuais (amigáveis): 78,4% das separações judiciais e 69,2% dos divórcios. Na separação judicial não-consensual, a proporção de mulheres requerentes (71,5%) foi substancialmente superior a dos homens (26,5%). Contudo, em relação às ações de divórcio, a proporção de mulheres requerentes caiu para 52,2% em decorrência do aumento de pedidos dos maridos: 47,8%, provavelmente como resultado de eles recasarem em maior proporção do que as mulheres. A idade média dos homens nas separações judiciais foi 37,7 e nos divórcios, 41,8. Entre as mulheres, foi 35 e 39,1, respectivamente. O tempo médio dos casamentos observado em 2004 foi de 11,5 anos no país, sendo os extremos 8,8 anos no Amazonas e 13 anos no Rio Grande Sul. Outro dado interessante a ser destacado é que homens e mulheres estão casando mais tarde. Em 1994, as mulheres casavam, em média, com 24,2 anos e os homens com 26,1 anos. Em 2004, a média de idade das mulheres subiu para 27 anos e a dos homens, para 30,4 anos. Ao lado disso, não se pode deixar de considerar o vertiginoso crescimento de relacionamentos informais, embora estáveis, entre solteiros e, principalmente, entre separados que, em sua esmagadora maioria, voltam a se casar uma, duas e até três vezes. Esse panorama indica que o casamento, apesar de todas as descrenças, não perde seu fascínio por prometer a realização plena da vida.

Como a própria vida, o casamento encerra muitos mistérios que nem mesmo casando conseguimos desvendar plenamente, a começar pela pergunta: por que casamos? As diversas pesquisas sobre o casamento que incluíram essa pergunta se depararam com respostas vagas que não justificavam um investimento afetivo tão grande e com tantos riscos de fracassar, fazendo supor que, na verdade, embora as pessoas desejem muito se casar, não sabem exatamente porque o fazem. Isso se deve ao fato de que as incontestáveis e consistentes motivações relacionadas com o casamento são, em sua maioria, inconscientes, o que não as destitui de legitimidade, mas apontam para a existência de uma face oculta do casamento, relacionada justamente com suas verdadeiras razões. Em primeiro lugar, deve-se considerar que a qualidade dos vínculos, criados durante a infância, envolvendo um casal altamente valorizado pela criança configuram um modelo de relacionamento que o indivíduo tenderá a recriar ao longo do seu desenvolvimento, encontrando no casamento a mais clara possibilidade de repetição desta experiência, desfrutando a admirada, almejada e, quase sempre, invejada posição dos pais. Em segundo lugar, não podemos subestimar a oportunidade que o casamento oferece ao indivíduo de obter prazer sexual. O relacionamento sexual dentro do casamento proporciona tanto ao homem como à mulher uma possibilidade ímpar de competir e de se identificar com os pais com um mínimo de sentimento de culpa. Em terceiro lugar, por meio do casamento, atendemos à nossa necessidade de companhia e segurança, o que representa o aspecto mais importante de muitas relações conjugais. Em quarto lugar, buscamos no casamento a possibilidade de realizar a fantasia, acalentada desde a infância, de nos tornarmos pai e mãe e, assim, perpetuarmo-nos na espécie, satisfazendo nossos anseios de eternidade.

Outra questão relacionada com o casamento que não podemos fugir de responder é a seguinte: por que casamos com quem casamos? Também, nesse aspecto, a clínica nos ensina que as escolhas que fazemos são influenciadas pelas experiências infantis, tingidas por nossas capacidades amorosas e agressivas. A frase "mal iniciamos nosso relacionamento e parece que estamos juntos há tanto tempo", freqüentemente repetida pelos amantes, encerra a realidade de que carregamos, no inconsciente, algumas características importantes da pessoa que queremos para casar e, ao encontrá-la, justificadamente, temos a impressão de que já a conhecíamos. Esta pessoa, para nossa felicidade ou infelicidade, vai querer, ou não, ficar conosco, em grande parte por que nos aproximamos do modelo de cônjuge que ela construiu em sua mente. Quanto maior for a flexibilidade do indivíduo em relação a essas expectativas, maiores serão suas possibilidades de estabelecer um relacionamento gratificante e enriquecedor e, sendo menores suas expectativas, menos exposto às decepções encontrar-se-á. Dessa forma, estou enfatizando a importância dos aspectos atuais do cônjuge, o que quer dizer não identificados com o objeto incestuoso, cujo resultado é o estabelecimento de um relacionamento conjugal mais satisfatório do ponto de vista sexual e uma estabilidade maior porque as individualidades são mais respeitadas.

Quando encontramos uma pessoa por quem nos enamoramos, a nossa vontade é permanecer com ela para sempre e, como resultado, passamos a nos sentir ameaçados pela perda e pelo abandono, representando esses sentimentos o desejo e a necessidade de uma companhia. O desejo se insere sob uma forma de amor mais tolerante com o afastamento e a falta, e a necessidade, em uma forma que cobra a presença permanente do objeto de amor. O predomínio da primeira caracteriza o relacionamento adulto, enquanto o predomínio da segunda, o relacionamento infantil. Em uma relação conjugal, geralmente, encontramos as duas formas, mas a estabilidade do casamento se encontra na dependência da capacidade dos cônjuges de se unirem, predominantemente, pelo desejo. As diferenças, ao mesmo tempo em que criam situações de conflito no relacionamento conjugal, paradoxalmente, como em muitos outros aspectos do casamento, favorecem o desejo, na medida em que criam expectativas, prometem surpresas, propiciam novas experiências e aplacam nosso natural e permanente sentimento de falta. A primeira e inevitável diferença é a de sexo, gerando formas de pensamento, interesses e condutas específicas que permitem a complementaridade necessária para o bom entrosamento e o equilíbrio do casal. Para terem um bom relacionamento e serem felizes, marido e mulher não precisam ser semelhantes, desenvolverem a mesma atividade e possuírem os mesmos gostos. Ao contrário, nada é tão admirado em um relacionamento quanto a individualidade, que contribui, favoravelmente, para o enriquecimento da vida conjugal. A imprevisibilidade do casamento, determinada pelas diferenças dos cônjuges, representa uma forma de explorar nossas potencialidades no contexto do relacionamento conjugal.

O casamento representa uma forma de completar nosso destino e conferir um sentido para o futuro. Por essa razão, o verdadeiro amor conjugal implica a mutualidade desta promessa que, pela dificuldade de ser cumprida, principalmente quando as esperanças são exageradas, explica a freqüência com que o ressentimento irrompe no relacionamento conjugal. O ressentimento se define como a lembrança de uma frustração de que se deseja cobrar um preço, raiz das atitudes vingativas e do bloqueio da afetividade no casamento. O indivíduo não quer perder a oportunidade de realizar seu destino, propiciada pelo casamento, por isto, ressente-se quando a promessa de mutualidade nesse projeto de vida é quebrada. As pessoas determinadas e capazes de usar a agressividade em favor da realização pessoal não desejam uma relação conjugal que consista em um fardo, que devem carregar por toda a vida, tudo ocorrendo, como era possível presumir, de forma impessoal, oracular, sem novidades, mas, ao contrário, desejam explorar e exercer suas potencialidades, aperfeiçoar sua personalidade, desenvolver seu idioma pessoal e, como resultado, sentir-se verdadeiras, descerrando, às vezes, sem dar-se conta, o enigma da felicidade propiciado pelo casamento. O relacionamento conjugal, para ser feliz, não pode ser somente a representação do passado, mas também a realização do futuro. Nós somos uma amostra incompleta do nosso potencial e esperamos desfrutá-lo por inteiro, provavelmente, sem consegui-lo, mas partilhar essa esperança constitui a grande fortuna do casamento.

A identificação é a mais remota expressão de um laço emocional com outra pessoa e intervém em toda relação humana. O objeto da identificação é alguém emocionalmente importante para o indivíduo. A identificação tem lugar não com uma pessoa, mas com uma ou mais representações desta pessoa. Por meio da identificação, o indivíduo percebe como próprias uma ou mais características de uma determinada pessoa que se tornaram importantes para ele, enquanto prossegue seu vínculo com esta pessoa. As identificações são projetivas quando identificamos o outro com nossas necessidades e introjetivas quando adquirimos capacidades valorizadas do outro, representando duas formas de usar o objeto amado. O casamento é um ato marcante no qual duas pessoas de diferentes origens e experiências, portanto, até certo ponto estranhas, reúnem-se e redefinem-se a si próprias na tentativa de construir uma relação em que possam desfrutar os prazeres inerentes à vida compartilhada e continuar seu desenvolvimento. Para que isso seja possível, cada um dos cônjuges necessita compartilhar uma série de interesses e valores nem sempre coincidentes, dividir o que até então lhe era privado e atender desejos e necessidades que pertencem, exclusivamente, ao outro, na expectativa de também ter seus desejos e necessidades atendidos. A transformação dos vínculos parentais na nova unidade representável do próprio casal causa sofrimento pelo desprendimento do passado e também pela dificuldade de consolidar a tão desejada relação conjugal. O enamoramento constitui um modelo ilusório de relacionamento que ajuda a enfrentar a dor mental, determinada pela descontinuidade criada pelo casamento. Os diversos modelos de relacionamento não se ajustam como uma chave, moldada para uma certa fechadura, obrigando os cônjuges a desistir de certos aspectos de sua identidade e a se identificar com certos aspectos do outro, tendo em vista propiciar a satisfação dos anseios e desejos fortemente acalentados por ambos. Não obstante, para que essa plenitude seja atingida, é indispensável que cada um dos cônjuges participe desse interjogo identificatório, podendo sentir que segue sendo ele mesmo e que, apesar da intensidade de sua ligação amorosa e da dependência em relação ao outro, não perdeu a autonomia. Essa dupla face da relação conjugal representa o mais marcante e fundamental paradoxo do casamento, responsável pela intensidade dos sentimentos, mobilizados nas múltiplas interações afetivas, engendradas pela vida a dois.

Cito um exemplo ilustrativo: Alex e Neiva são médicos, estão casados há 20 anos e possuem um casal de filhos. Eles nunca estiveram separados ou a ponto de fazê-lo. Possuem uma recíproca e declarada admiração e se sentem mutuamente atraídos do ponto de vista sexual. Ele é uma pessoa mais comunicativa, prática e esportiva, enquanto ela, ao contrário, é mais intimista, reflexiva e intelectualizada. As preferências que decorrem dessas diferenças são muitas, mas costumam ser respeitadas. As tarefas domésticas e, particularmente, com os filhos, encontram-se bem equilibradas e não há dúvida de que se empenham firmemente em ajudar o desenvolvimento do outro, mantendo uma competição em nível muito baixo, apesar de terem a mesma profissão ou, quem sabe, exatamente por essa razão. Tiveram o primeiro filho antes de completar dois anos de casados. Neste momento, de comum acordo, Neiva interrompeu sua atividade profissional para cuidar do filho recém-nascido, retornando ao trabalho após o nascimento do segundo, dois anos mais moço. Consideram-se felizes, satisfeitos com suas conquistas materiais e possuem planos de vida compartilhados em relação ao futuro nos quais se destacam viagens de férias, que costumam realizar com freqüência, algumas vezes com os filhos, outras, sozinhos. Eles mantêm uma atitude comum que visa a preservar a família de interferências externas, procurando decidir tudo de comum acordo. Esse relacionamento amoroso, colaborador, estável e, apesar disso, com uma forte conotação sexual, aparentemente, estruturou-se a partir de uma experiência comum ao casal: uma perda afetiva importante na infância. Os pais de Alex se separaram quando ele tinha 7 anos e, a partir dessa idade, teve poucos contatos com a mãe. O pai de Neiva faleceu quando ela tinha 12 anos. Ao se unirem pelo casamento, Alex e Neiva encontraram uma forma de restituir esses objetos amorosos, perdidos precocemente, valorizando a companhia um do outro e procurando preservá-la com todas as forças. Tudo indica que, a partir da própria perda, reconhecem o sofrimento psíquico enfrentado pelo outro e respeitam as limitações que resultaram dessa experiência.

Tomando como referência o caso citado, podemos dizer que, embora a identidade do indivíduo se estruture com base nas primeiras relações com os pais, ela vai modificando-se, ao longo da vida, diante de novas experiências emocionais significativas, entre as quais devemos incluir o casamento. A relação conjugal implica a permanente troca de identificações projetivas e introjetivas que, por um lado, reproduzem o universo das relações infantis e, por outro, abrem um novo campo de relacionamento no qual se estabelecem interações diferentes das anteriores que, embora não necessariamente desestabilizem o sentimento do indivíduo em continuar sendo o mesmo, envolvem uma certa mudança de identidade. Essa nova identidade criada pelo casamento é, em grande parte, responsável pela estabilidade do vínculo conjugal, na medida em que funciona como um contrapeso dos conflitos infantis de cada cônjuge no equilíbrio da relação matrimonial. O casamento, portanto, pode compensar nossas frustrações do passado, aprimorar nossas capacidades e nos impulsionar para o futuro, é o que nos ensinam Alex e Neiva, que poupam dinheiro para comprar um apartamento maior, trocar de carro e viajar, mas não poupam manifestação de gratidão ao cônjuge por completar sua vida.

A data do casamento 4

Uma das questões mais difíceis ligadas ao relacionamento conjugal é a data do casamento, embora pareça de extrema simplicidade, razão pela qual, freqüentemente, é marcada por determinantes secundários, como a disponibilidade do religioso eleito para celebrar a cerimônia, a disponibilidade do salão de festas escolhido para realizar a festa, o período do ano de temperatura mais agradável para a lua de mel, o término da reforma da casa dos pais para receber os convidados, o início da bolsa de estudos de um ou ambos os noivos no exterior, o agravamento da doença de um dos pais ou a imposição de um dos cônjuges à qual o outro se submete para não ficar na mão.

Todas essas situações apontam para uma coincidência difícil de ocorrer na prática, que é a possibilidade de o noivo e a noiva estarem prontos para efetivamente casarem no mesmo dia. Nem sempre é assim, provavelmente, na maioria das vezes não é assim. Um exemplo, até certo ponto jocoso, ilustra o meu ponto de vista. Trata-se de uma história ocorrida há muitos anos, envolvendo uma jovem pertencente a uma família tradicional residente em uma cidade que, na época, chegava-se, preferentemente, por via fluvial. Esta era a razão de se encontrarem todos aguardando no porto, de manhã bem cedo, o homem mais velho que com ela se casaria no final daquele dia. Contudo, em vez do noivo, aportou um primo seu com uma desculpa pouco convincente e uma procuração para representá-lo na cerimônia. Apesar do constrangimento geral, o casamento foi realizado. Passados alguns meses, quando os comentários na cidade eram de que a moça permaneceria definitivamente casada, mas sem marido, sem anunciar, ele finalmente chegou para assumir o posto. Ambos viveram com boa saúde até uma idade bem avançada, criaram filhos e sempre mantiveram um excelente relacionamento amoroso, no qual as diferenças foram sempre respeitadas.

A história relatada denota uma diferença do dia para casar até certo ponto pequena, compensada pela decisão do noivo de encontrar uma desculpa para se juntar definitivamente à noiva alguns meses após a cerimônia do casamento. Pelo que parece, esse desencontro inicial não abalou o amor que unia o casal, permitindo que desfrutassem uma vida conjugal feliz, para a qual, provavelmente, contribui o respeito pelas diferenças. Em outros casos, pode ocorrer que o casamento realmente aconteça passados um ano ou mais da data oficial, para um ou ambos os cônjuges, justificando os desacertos iniciais observados em muitos relacionamentos conjugais que após algum tempo se estabilizam. A razão desses desentendimentos é que os noivos, embora marquem uma data para a realização da cerimônia de casamento, na verdade só vão se casar mais tarde.

Duas situações ilustram essa realidade. A primeira é sobre um casal que foi passar a lua-de-mel no Rio de Janeiro. Aproveitando um momento em que a bela e apaixonada esposa descansava, o marido manteve relação sexual com uma garota de programa que encontrou na frente do hotel em que haviam se hospedado. Ele referiu que estava muito tenso desde o dia em que casara e que, depois da relação sexual com a prostituta, sentiu-se bem mais aliviado. Essa necessidade de alívio não se repetiu, e o casamento teve um curso normal, sem que a esposa tomasse conhecimento do ocorrido. A segunda situação é semelhante, mas mais complicada. Envolve uma mulher pertencente a uma família de muitas posses e um homem que deixou sua cidade e seu emprego para se casar com ela e trabalhar com o sogro. Relatou a mulher que fazia pouco mais de um mês que estavam casados quando se acordou no meio de uma noite e, não estando o marido ao seu lado, foi até a sala, onde o encontrou tomando uísque e conversando com a copeira da casa, jovem e bonita. Essa mulher, também jovem e bonita, em uma terapia de casal foi capaz de se dar conta de que precipitara a data do casamento, colocando o marido em uma condição que o estava sufocando e deprimindo.

A lua-de-mel, como na primeira das duas situações relatadas, funciona como um estuário dos conflitos gerados pela data do casamento, a qual é muitas vezes definida em função de suas particularidades. Algumas fontes dizem que sua origem é um hábito dos gregos antigos de espalhar gotas de mel na soleira da casa dos recém-casados. Outras a relacionam com o costume dos povos germanos de casar na lua nova e os noivos prepararem uma mistura de água e mel para beberem juntos ao luar, representando este ritual a conciliação, o entendimento e a reciprocidade, elementos indispensáveis da felicidade conjugal. Sendo esta a finalidade da lua-de-mel, somos levados a concluir que a data do casamento deveria ser marcada depois dessa experiência. Na verdade, é o que, de fato, vem ocorrendo na atualidade, considerando que a grande maioria dos casais realizam inúmeras luas-de-mel antes de se casar oficial ou extra-oficialmente.

Apesar de o casamento ter mudado muito desde a época em que era na lua-de-mel que os cônjuges mantinham a primeira relação sexual, e que a virgindade da mulher era uma exigência comprovada pelo lençol manchado de sangue colocado na janela, as dificuldades relacionadas com a data de sua efetivação ainda permanecem. Uma maneira de fugir desse problema que se apresenta aos que pretendem se casar é "terceirizar" a tarefa, contratando empresas que se encarregam de todos os detalhes, tanto da cerimônia religiosa como da comemoração. A partir desse momento, os noivos passam a cumprir um longo e minucioso roteiro que costuma iniciar um ano antes, quando é marcada a data do casamento em função de uma série de razões aparentemente fundamentais para a felicidade do futuro casal. Segundo o IBGE, o mês mais escolhido em todo o país para casar é dezembro, com 12,6% das preferências, seguido por julho (10%), setembro (9,8%) e janeiro (9,2%). A maior incidência nesses meses refletem a vinculação da data do casamento com a lua-de-mel, cuja programação freqüentemente faz parte do "pacote" de serviços contratados. Contudo, essa transferência não evitou que uma jovem se tornasse cada vez mais ansiosa na medida em que se aproximava a data do casamento, confessando que, embora amasse seu noivo, não se sentia preparada para iniciar uma vida de casada. Ao propor ao noivo adiar o casamento por um ano, surpreendeu-se ao constatar que ele também não se sentia preparado, razão pela qual aceitou a proposta sem hesitar. Essa situação faz crer que, ao decidir pelo adiamento, esse casal se capacitou para marcar a data do casamento compatível com suas condições internas, não necessitando delegar a terceiros a tarefa. Outra jovem com mesma dificuldade, seguiu um caminho inverso: marcou a data do casamento, mas depois contornou a dificuldade de abandonar a vida de solteira dizendo a uma amiga, em tom de brincadeira, que "agora posso ter amantes".

Outra tradição ligada ao casamento é a festa de despedida de solteiro, observada desde o período da Reforma (século XVI), oportunidade em que os amigos do noivo lhe faziam doações em dinheiro para que pudesse continuá-los acompanhando nas saídas noturnas depois do casamento. Na atualidade, essas festas visam a proporcionar ao noivo os divertimentos que, a partir do casamento, será privado. Elas também têm o significado de uma oportunidade derradeira para o noivo desfrutar todos os desejos que até aquele momento não conseguira satisfazer, equivalendo ao último pedido antes da morte, que muitos consideram uma passagem para uma nova vida. Os organizadores, que usufruem das mesmas satisfações, geralmente escolhem um lugar bem retirado para que a algazarra não seja percebida. Tudo é preparado às escondidas do noivo, mas ele sabe de antemão que música, bebida e mulheres não faltarão. As noivas sempre aceitaram a participação do noivo nessas alegres festividades e, mais recentemente, também passaram a comemorar sua despedida da vida de solteira. Inicialmente, os grupos formados por mulheres divertiam-se dançando, fumando, bebendo e surpreendendo a noiva com presentes eróticos, mas, com o tempo, incluíram *shows* apresentados por homens, sendo os de *strip-tease* os mais comuns. A mútua aceitação desse ritual revela a existência de um luto pela perda da vida de solteiro, o qual é aplacado pela alegria proporcionada pela despedida. Depois do casamento, haverá outra festa para marcar o ingresso em uma nova vida, na qual as pessoas esperam ser tão ou mais felizes quanto foram na anterior. Apesar da atmosfera de grande alegria, o sentimento de já não ser o mesmo surgido no exato momento do sim não chega a ser totalmente dissipado, como ilustram poeticamente Sonekka e Zé Edu, em uma música intitulada *Despedida de solteiro*:

> *Correr o mundo que não corri*
> *Em apenas uma noite*
> *Amar a gente que nunca vi*
> *Pois não tive sorte*
> *Provar o vinho que não bebi*
> *E me atirar da ponte*
> *Ou nos braços de alguém por aí*
> *Doido de contente*
> *Os amigos que não conheci*
> *No passado distante*

Farão uma festa por mim
Chamando muita gente
Dos bares onde não caí
Do Caiubi, zona do cacete
Despedida que eu sempre quis
De um tempo urgente
Pois amanhã eu largo essa vida
E parto pra outra
Mas sei que serei feliz
Amanhã, a minha amada
Vai casar com um cara
Que hoje diz tchau pra si
Porque amanhã eu deixo essa vida
E parto pra outra
Mas sei que serei feliz
Amanhã, a minha amada
Vai casar com um cara
Que hoje diz tchau pra si

Não desconheço que estou aumentando o número de problemas relacionados com o casamento citados no capítulo anterior, mas é preciso ter presente que a situação mais difícil de resolver é aquela que ignoramos; portanto, não são exatamente as dificuldades, algumas inevitáveis, que põem em risco o relacionamento conjugal, mas o nosso desconhecimento a respeito delas e a nossa resistência em nos esforçar para resolvê-las. Por outro lado, posso assegurar que o casamento seria mais bem sucedido se nossa tolerância em relação às diferenças fosse maior, a começar pela diferença do momento que cada um se encontra genuinamente apto para casar. Sendo assim, a data do casamento não deveria sofrer qualquer forma de pressão externa, mas ser fixada pelos noivos depois de um tempo de transição de uma vida para outra. O ideal é que a data não fosse marcada para realizar um casamento, mas para festejar um casamento verdadeiramente realizado no tempo em que cada um conseguiu abdicar das satisfações da vida de solteiro em troca das satisfações da vida de casado, o que exige um processo de elaboração que não leva o mesmo tempo para todas as pessoas. Provavelmente sem consciência dessa necessidade, observo, que nos dias atuais, um grande número de pessoas resolve a situação vivendo juntos sem se casar por períodos mais ou menos longos, durante os quais existe mais tolerância em relação a uma série de liberdades de solteiro que ambos ainda desejam manter. Quando ambos abrirão mão dessas liberdades é uma incógnita, mas é certo que elas não chegarão a um fim, porque uma data para o casamento foi marcada.

Amor e sexo no casamento — 5

Há alguns anos, uma revista de grande circulação, com base nos resultados de uma pesquisa nacional, destacou em matéria sobre comportamento em que 70% dos casais não viviam bem, 65% eram infiéis e apenas 20% tinham desejos por seus parceiros depois de 15 anos de vida em comum. É provável que esses dados não tenham-se modificado muito e que não surpreendam nenhum psiquiatra, psicólogo ou psicanalista, tendo em vista que a maioria dos pacientes chega aos seus consultórios apresentando um problema de relacionamento conjugal. No entanto, esse não é essencialmente um fato novo, nem mesmo representa que, na atualidade, os casais se amem menos, como insinua a maioria das pesquisas de opinião pública divulgada pela imprensa.

Conforme destacamos no primeiro capítulo, o casamento por amor, como se costuma dizer, não é algo do passado, mas um evento recente da história da humanidade. Não está muito longe a época em que os pais, sutil ou declaradamente, escolhiam os cônjuges para seus filhos de acordo com os relacionamentos familiares e os interesses políticos ou financeiros. Em muitas cidades do interior, há vários exemplos de famílias que se encontram unidas há várias gerações pelo casamento, sustentando e aumentando seu patrimônio econômico, bem como famílias nas quais os jovens não podem se casar porque seus pais, por razões políticas ou de outra natureza, encontram-se brigados. A essas restrições ao casamento por amor ainda podemos incluir os preconceitos relacionados à cor, raça e religião, vigentes ainda em nossos dias em vários países. Recentemente, uma mulher indiana informou que o seu primeiro esposo havia sido escolhido pelos pais, e um homem bangalês referiu que a esposa fora eleita pelas irmãs, como é comum naquele país. Além destas dificuldades impostas ao casamento por amor, não se pode esquecer que a mulher, ao perder sua família de origem e passar a fazer parte da família do marido, como acontecia no passado e, surpreendentemente, ainda continua acontecendo em algumas comunidades em razão de questões religiosas e econômicas, torna-se destituída de uma identidade própria. Essa realidade, que atravessou os séculos, é mais evidente nos casos de mulheres que, mesmo após a separação, permanecem ligadas à família do ex-marido, até mesmo morando na mesma casa. Como resultado da maior individualidade e independência da mulher tanto emocional quanto econômica, esse quadro se modificou significativamente nos últimos anos, e o casamento assumiu mais verdadeiramente sua condição de relacionamento amoroso de conotação sexual.

Na sociedade pré-industrial de agricultura e caça, não era o amor que, predominantemente, unia os casais, mas a garantia da sobrevivência, estabelecendo a diferença entre homem e mulher com base na força de trabalho. Os direitos individuais eram mínimos, preponderando os interesses da comunidade em detrimento das necessidades do indivíduo, em particular as afetivas. Em muitas culturas primitivas, enquanto a relação sexual era estimulada, as iniciativas no sentido de estabelecer ligações afetivas estáveis eram desencorajadas. Em outras, o relacionamento sexual entre jovens somente era proibido quando eles se apaixonavam. Os gregos subestimaram o amor físico e idolatraram o amor espiritual, considerando-o apanágio dos relacionamentos homossexuais. Entre os romanos, também o amor não ocupava o primeiro lugar no casamento, predominando, principalmente nos meios aristocráticos, os interesses econômicos e políticos. O objetivo principal do casamento era formar uma família, que passou a ser valorizada social e politicamente, cabendo à mulher as tarefas de atender o marido, cuidar da casa e criar os filhos. Todavia, no apogeu do Império Romano, como retrataram muitos filmes, houve um incremento da sensualidade, mas restrito às relações extraconjugais. Com a decadência do Império Romano, que alguns autores relacionam com esses anos de *frénésie*, nasceu o cristianismo, que se insurgiu veementemente contra o prazer, sobretudo o prazer sexual, e estabeleceu uma arrasadora dicotomia entre o amor e o sexo no casamento, atribuindo a origem do primeiro a Deus e, do segundo, ao diabo. De acordo com as rigorosas normas da Igreja, o sexo deveria ser restrito ao casamento, o necessário para gerar filhos. O amor entre marido e mulher, assexuado, equiparou-se ao amor aos pais, aos irmãos, aos filhos e ao próximo, tendo como modelo o amor puro de Deus.

Como uma reação a essa extremada repressão da sexualidade que caracterizou a Idade Média, difundiu-se na França e, por meio dos trovadores, espalhou-se por toda Europa, a doutrina do amor cortesão, que idolatrou o arrebatamento e a paixão nas relações entre homem e mulher; porém, fora do casamento. Foi a época do amor ardente, mas difícil, e que, na maioria das vezes, não chegava a se concretizar fisicamente sob a forma de uma relação sexual, resultando que o sexo acontecia dentro do casamento sem amor, e o amor era vivido fora do casamento sem sexo. Durante o Renascimento, ao mesmo tempo em que houve uma diminuição do poder da Igreja, cresceu a influência do protestantismo e, em particular, do puritanismo, difundido desde a Grã-Bretanha, mantendo-se a aversão ao sexo, a tal ponto de Lutero ter afirmado que "no casamento, Deus encobre o pecado". Sob forma de um enfrentamento ao anti-sexismo renascentista, o Iluminismo, que defendeu o materialismo, o liberalismo e o *système de la nature*, influenciando as mudanças sociais e políticas do século XVIII, colocou-se ao lado do direito individual ao prazer e ofereceu uma forte e contundente oposição ao moralismo religioso, mas, ao exceder-se no cientificismo e no racionalismo, manteve afastado o sexo do amor.

Contudo, no final do século XVIII e início do XIX, surgiu o Romantismo, fazendo prevalecer os sentimentos sobre a frieza da razão e a imaginação sobre a análise racional, consagrando a espontaneidade. Ainda sob as luzes do século XIX, ocorreu a Revolução Industrial e se desenvolveu o capitalismo, promovendo os direitos individuais, incluindo as mulheres, e um novo modelo de relacionamento homem/mulher. Uma relação conjugal que não tenha por base o amor sexual, a livre decisão dos cônjuges e a igualdade de obrigações e direitos tornou-se humanamente inaceitável. Neste novo contexto social, a felicidade, antes uma benesse da Igreja somente atingível no céu, transformou-se em um bem secular que podia ser almejado aqui mesmo na Terra. Com o direito à livre escolha, aliado à diminuição da autoridade do Estado, da religião e da família, ao longo do século XX, o amor romântico foi se juntando ao sexo no casamento. No alvorecer do terceiro milênio, invertendo a ordem, parece que o sexo se tornou bem-aceito, e o amor, principalmente romântico, perdeu seu prestígio. Anteciparam-nos os gregos, há muitos séculos, que o *Amor* herdou da mãe *Pobreza* (mortal) a permanente carência e o destino de andarilho e do pai *Recurso* (imortal), a coragem, a decisão e a energia que o tornam astuto caçador. Dessas duas heranças reunidas decorre a sina singular do *Amor*: nem mortal, nem imortal, ora germina e vive quando enriquece, ora morre e de novo renasce.

De qualquer maneira, como se pode ver pela trajetória histórica da humanidade, amor e sexo nunca estiveram tão juntos no casamento, representando um amadurecimento da relação homem/mulher, para o qual os conhecimentos proporcionados pela psicanálise, ao longo do século passado, contribuíram significativamente. Penso que, após várias aproximações, aos 82 anos, portanto, em 1938, Freud alcançou uma concepção verdadeiramente criativa do amor ao nos falar de *Eros*, a pulsão de vida, integrando o impulso do ser humano de conservação e o impulso amoroso, que ele chamou, simplesmente, de *amor*. Freud acentuou que a força do amor se encontra representada pela *libido*, a energia que brota das pulsões sexuais que se descarregam através das zonas erógenas do corpo, incluindo a pele, firmando uma relação definitiva entre amor e sexualidade. Além de definir sua fonte, também estabeleceu que o amor admite duas formas: narcisista e objetal. O amor narcisista é aquele que se volta para o próprio indivíduo, como Narciso que, segundo a mitologia, apaixonou-se por sua própria imagem. Nesse caso, só existe o sujeito, não existe o objeto do amor. Trata-se de uma forma infantil de amar, a qual toma o outro como uma extensão de si próprio. No amor objetal, ao contrário, existe o reconhecimento do outro (objeto) como um indivíduo independente e com vontade própria, caracterizando a forma madura de amar. Contudo, na evolução do amor narcisista para o amor objetal, uma parte do primeiro deve permanecer, constituindo o chamado amor próprio. Por isso é que, na prática, o que observamos é uma combinação dessas duas formas de relacionamento, com predominância de uma ou de outra, configurando os laços de amor entre homens e mulheres mais ou menos maduros, mais ou menos criativos.

Não podemos subestimar, todavia, a complexidade dessa intricada relação entre sexo e amor no casamento, permeada pelo contexto socioeconômico e pelas experiências infantis dos cônjuges cuja influência permanente faz lembrar as palavras do poeta Mario Quintana: "O passado não sabe o seu lugar, está sempre presente". De fato, é na infância, desde os primeiros contatos físicos e afetivos proporcionados pelo cuidado materno, passando pela visualização da forma como os pais se relacionam e culminando com as experiências da adolescência, que se encontram as raízes do casamento. Essas vivências, registradas de forma indelével no inconsciente, mais tarde vão interferir na vida sexual do indivíduo, constituindo a viga-mestra da relação conjugal. A excitação sexual tem sua mais primitiva expressão nas experiências prazerosas dos relacionamentos dos primeiros meses de vida, embasando a intensidade do desejo sexual do adulto que, além do nível hormonal adequado, tem como aspecto determinante o interesse sexual, mobilizado por lembranças, fantasias e atenção aos estímulos externos reforçadores que são relativamente específicos da orientação sexual do indivíduo. Quando o desejo sexual inclui a escolha de uma determinada pessoa, a excitação sexual se transforma em desejo erótico, base do amor sexual maduro que, além do prazer, implica uma comunhão de disposições e expectativas no plano emocional e afetivo. Também integram o amor sexual maduro a identificação com o parceiro, particularmente em suas expectativas sexuais e as decorrentes do gênero; a permanência de uma certa dose de idealização do outro, principalmente do corpo, correspondendo ao aspecto estético do amor; e a ternura que nasce da integração dos aspectos amorosos e agressivos da personalidade, acrescida da tolerância à ambivalência que caracteriza todas relações humanas. Penso que o amor sexual maduro ainda nos exige a capacidade para experimentar a igualdade sem obstruir a diferença, correspondendo ao que Kundera denominou de "consentir", em *A insustentável leveza do ser* e também a capacidade de provocar e ser provocado sexualmente, cuja excitação decorre da fantasia de realizar algo proibido e pecaminoso.

Com alguma freqüência, os autores concebem amor e paixão em franca oposição, como sentimentos incompatíveis, e consideram os estados de apaixonamento como uma idealização romântica, própria das ligações afetivas dos jovens ou dos estágios iniciais e passageiros das relações amorosas dos adultos, que a convivência e o tempo esvanecem. No entanto, contrariando esse ponto de vista que parece restringir a paixão aos arroubos juvenis, a clínica nos ensina que, juntamente com o encantamento inicial, a paixão representa um aspecto permanente nos relacionamentos que mantém a intensidade da excitação sexual por toda a vida, contribuindo para o nível de satisfação total do relacionamento conjugal e sua constante renovação. Nesses casos, o prazer proporcionado pela relação sexual ocupa um lugar privilegiado nos anseios do casal, que põe à disposição dessa experiência toda sua criatividade para integrar seus impulsos amorosos e agressivos em um corajoso ato de entrega total, mesmo em idade avançada. Quando isso acontece, o casamento tende a se manter, e as outras áreas do relacionamento conjugal se mostram menos conflitantes. Portanto, não exageram os que afirmam que uma vida sexual excitante e prazerosa é a base de sustentação do casamento e a barreira que necessitamos para nos proteger das exigências impostas pelo cotidiano, impedindo que elas açambarquem o relacionamento conjugal. No entanto, esse processo não é espontâneo, pois exige um início de vida conjugal com a consciência nítida de que o amor pode acabar e que, para mantê-lo vivo, é indispensável dedicar-se a ele com sensibilidade, delicadeza, e espírito criativo para promover um estado permanente de mudanças. Uma das mais belas esculturas que se pode ver no museu do Palácio Bargello, em Florença, é "Leda com o cisne", um desenho de Michelangelo que Ammannati esculpiu no mármore, simbolizando que amar é uma arte. Reproduz uma das múltiplas trasfigurações de Zeus, que, de acordo com a mitologia, fez-se passar pela ave a fim de entrar, despercebidamente, no quarto da amada e possuí-la sexualmente. No entanto, não basta criatividade, também é preciso empenho e persistência para errar e voltar a tentar outra vez. Como certa vez ouvi: "O amante deve cultivar uma alma de explorador". Trata-se, evidentemente, de uma atividade conjunta que envolve disposição de, na mesma medida, receber e dar prazer por vontade própria sem a necessidade de implorar ou conceder. Além disso, o casal deve preservar sua vida amorosa de interferências externas, concedendo-lhe um lugar próprio no tempo e no espaço. Simbolicamente, eu diria que os amantes devem construir com as próprias mãos, sem ajuda de terceiros, uma cabana para amar em um lugar totalmente desconhecido, inventado por eles e nela se encontrar em horários que ninguém imagina, guardando o segredo desses momentos a sete chaves. Essa experiência erótica compartilhada faz com que as fantasias cresçam e a excitação sexual aumente, melhorando a imagem que cada um faz de si e reforçando o sentimento de feminilidade na mulher e de masculinidade no homem. Deve ser acrescido que o ato sexual é uma experiência reparadora e que os segredos relacionados com as fantasias sexuais compartidas favorecem a intimidade e estabelecem a almejada cumplicidade conjugal.

As pessoas que, defensivamente, dissociam o amor do sexo no casamento geralmente situam a vida sexual em um plano apagado, passando a representar uma satisfação eventual. Contudo, o prazer proporcionado pelo sexo não deve constituir um ganho a mais, mas representar a fonte da qual emana a força que consolida o laço afetivo e garante sua qualidade. Na verdade, a vida erótica proporcionada pelo casamento não representa apenas uma forma de obter prazer físico, de atenuar o impacto das pressões externas e de manter a estabilidade do vínculo conjugal, representa também uma forma e reforçar nossas capacidades para enfrentar as vicissitudes da vida, como as doenças e, principalmente, a finitude. O escritor francês Georges Bataille nos coloca na condição de ilhas de vida cercadas de morte por todos os lados. O erotismo são as pontes que construímos para nos unirmos às outras ilhas, tão isoladas quanto nós mesmos. Trata-se de uma operação arriscada que, como dissemos, exige dedicação, persistência e muita arte. Às vezes, recusamo-nos a construir essas pontes, levamos muito tempo até nos decidirmos a tomar uma iniciativa ou, tendo iniciado o trabalho, retrocedemos porque não nos sentimos preparados para enfrentar o desafio. No entanto, não será viver justamente essa experiência de tentar sair do isolamento que nos concede a plena sensação da existência?

Dizia Freud que, quando se vê a criança saciada abandonar o seio, voltar a cair nos braços da mãe e, as faces vermelhas, sorrindo, feliz adormecer, não se pode deixar de identificar nessa imagem o modelo e a expressão da satisfação sexual que conhecerá mais tarde. No entanto, ao prazer sexual que sente ao sugar o seio materno, encontra-se associada uma angústia que, em parte, decorre da sua própria agressividade projetada na mãe como resultado das inevitáveis frustrações impostas à natural voracidade do recém-nascido, podendo, mais tarde, ser revivida nos relacionamentos com o sexo oposto. Ao mesmo tempo, algumas características da relação inicial do bebê do sexo masculino também podem, na vida adulta, determinar um sentimento de angústia na presença da mulher, pelo fato de ela reativar seus desejos infantis de se fusionar com a mãe, aspecto não menos importante do que o medo de sua ausência, decorrente da fragilidade e dependência do ser humano ao nascer. Como resultado de seu desejo de reviver a relação simbiótica com a mãe e, ao mesmo tempo, garantir sua individualidade, caracterizando uma situação de ambivalência, o homem, defensivamente, poderá opor-se aos seus desejos, mantendo uma distância das mulheres. Uma característica da relação erótica inicial do menino com sua mãe é que ela é, predominantemente, passiva. Os homens que tiveram um prazer excessivo na passividade durante a infância e ficaram fixados nesta etapa do desenvolvimento costumam apresentar um grande temor do poder da mãe, o qual é revivido em seus relacionamentos adultos com mulheres. Para tais indivíduos, as mulheres representam a síntese da vida e da morte, sentimento que experimentam com excessiva ansiedade durante o coito. Em outros casos, o menino percebe em sua relação com a mãe que só receberá seu amor se mantiver uma atitude de absoluta submissão, recusando sua individualidade e aniquilando sua personalidade. Mais tarde, essa experiência poderá ser revivida pelo homem em seus relacionamentos com mulheres, gerando medo de se entregar a elas em uma relação sexual.

O apego do menino à sua mãe pode ser mais completo do que o da menina porque, à euforia fusional vivida pelos bebês dos dois sexos, acrescenta-se uma estimulação que decorre da diferença dos sexos no diálogo corporal da mãe com a criança. Além disso, as fixações nas etapas iniciais desse relacionamento marcam mais os meninos porque, diferentemente das meninas, eles não dispõem, como elas, para se libertar, nem da troca do objeto erótico (no início a mãe, depois o pai) nem da identificação com a mãe, possibilitando experiências mediante as quais as mulheres dominam pela ação o que viveram, passivamente, quando pequenas. Não obstante, tanto na situação do menino como na da menina, a experiência erótica inicial com a mãe aciona o potencial para a excitação sexual. Porém, a presença da figura paterna, complementando a relação com a mãe e marcando as diferenças de sexo e de geração e se oferecendo ao filho como modelo de identificação e à filha como exemplo de companheiro, é indispensável para a conquista de uma segurança interna em suas relações com o sexo oposto, possibilitando desfrutar na vida adulta de uma atividade sexual prazerosa com o mínimo de angústia.

A privação paterna por perda, ausência ou desvalorização pode determinar uma estimulação sexual excessiva do menino, levando-o a acreditar que seu pequeno pênis é plenamente satisfatório para a mãe e a negar a diferença em relação ao pênis adulto do pai. Mais tarde, por carecer de uma identidade masculina, firmemente estabelecida, tenderá a transformar as relações com mulheres em brincadeiras sexuais, limitando-se a repetir o jogo erótico desenvolvido na infância com a mãe. Os indivíduos com essas características se encontram entre as personalidades narcisistas que, com sua conduta sedutora, procuram conquistar mulheres maternais. Em contrapartida, um pai autoritário e punitivo pode contribuir para que o filho se sinta ameaçado ao se aproximar da mãe, vindo a desenvolver, na vida adulta, uma inibição sexual mais ou menos importante. Na menina, a identidade sexual apresenta estreita relação com a auto-estima da mãe como mulher, promovendo o interesse da filha pelo sexo oposto como fonte de prazer. Portanto, são os pais presentes, ativos sexualmente e amorosos com o parceiro e a prole que, ao impor os necessários limites, estimulam nos filhos a sadia e competitiva identificação paterna e materna, base de uma identidade sexual bem-definida. Os progenitores são os primeiros objetos de amor da criança, que concentra neles a totalidade das pulsões sexuais que anseiam por satisfação. Contudo, aos poucos, o prazer vai cedendo lugar à realidade, e as fantasias sexuais com os pais entram em um processo de repressão. O vínculo que permanece com eles constitui um amor de meta inibida, conforme chamou Freud, determinando o surgimento da ternura nos relacionamentos. Na dependência das exigências instintivas da criança e da maneira como os pais se relacionam e lidam com a sexualidade dos filhos, podem surgir problemas nas relações amorosas da vida adulta, predominando a dificuldade de juntar ternura e prazer sexual em um mesmo relacionamento. A seguir, apresento alguns exemplos que ilustram o que já foi dito.

Emílio, 42 anos, é filho único do segundo casamento do pai, um homem bondoso, bem situado profissionalmente, mas que se deixava dominar pelas mulheres. A mãe, que se destacava pela beleza e frivolidade, tentou por 10 anos ficar grávida e, quando ele nasceu, tornou-o uma criança e, mais tarde, um adolescente superprotegido e idealizado. Emílio teve vários relacionamentos com mulheres visualmente lindas, mas todas, após alguns anos, ele acabou desvalorizando e se separando delas. Costumava justificar sua atitude, dizendo: "São todas umas 'putas'!". De certa forma, as separações representavam um retorno para a mãe, a única que merecia seu amor, reforçando nela a fantasia de que nenhuma mulher iria superá-la no amor do filho. A rigor, Emílio não conseguira integrar amor e sexo em seus relacionamentos.

❖ ❖ ❖

Marisa, 28 anos, uma mulher que chegou a ser convidada para trabalhar como modelo profissional, casou-se aos 17 com o seu primeiro namorado, filho da família mais tradicional da cidade em que nasceu e se criou, influenciada pela mãe, uma mulher conservadora que reprimiu com seus preconceitos a sexualidade da filha. Na ocasião, ela não sentia que o amava e, muito menos, desejava se casar, mas, por sentimentos de culpa, acabou realizando o desejo da mãe. Dessa forma, ela obteve a liberação para satisfazer suas fantasias sexuais, origem dos sentimentos de culpa, encontrando no marido correspondência e estabelecendo, com o passar do tempo, um vínculo de confiança e cumplicidade muito forte que incrementou seu amor por ele. O interessante, neste caso, é que Marisa, ao se casar, não formou com o marido, verdadeiramente, um casal, mas veio a fazê-lo, após alguns anos, quando, então, casou-se de fato, juntando sexo e amor em um mesmo relacionamento. Abordo este tema no Capítulo 4.

❖ ❖ ❖

Ariadne casou-se, pela primeira vez, aos 19 anos com Júlio, 21, em relação ao qual sentia uma atração sexual correspondida, irresistível. Separaram-se após cinco anos, conforme suas palavras, "porque o tesão se foi". Com um filho de 3 anos deste casamento, casou-se pela segunda vez, um ano após a separação, com Carlos Alberto, 20 anos mais velho, segundo afirmou, "com o qual mantenho um relacionamento de muita amizade e carinho, mas sem o tesão do primeiro casamento". Atualmente, com 31 anos e, há seis, casada com Carlos Alberto, com quem teve uma filha, Ariadne procurou tratamento, convencida de sua dificuldade de juntar amor e sexo em uma mesma relação. O terapeuta não se surpreendeu ao verificar que o primeiro marido da paciente, por vários e importantes aspectos, era o oposto de seu pai, enquanto o segundo, além de características comuns de personalidade, tinha a mesma profissão dele.

❖❖❖

Moacir, 38 anos, casou-se ao terminar a faculdade, com 24 anos. Sua esposa, um ano mais velha, havia sido sua namorada desde os 14. Estiveram, várias vezes, por se separar pelo mesmo motivo: o envolvimento de Moacir com outras mulheres. Diante de uma ameaça mais contundente da esposa de deixá-lo e, com os dois filhos, mudar-se para outra cidade, resolveu dar início a uma psicoterapia com o objetivo de entender sua necessidade de estar sempre saindo com outras mulheres, apesar de gostar muitíssimo de sua esposa e de se apavorar diante da possibilidade de perdê-la. O problema de Moacir era que não conseguira completar o processo de separação da mãe, pelo qual passam todas as crianças para se individualizar e adquirir a capacidade de permanecer sozinhos sem se angustiar excessivamente. No primeiro estágio deste processo, a criança necessita permanecer junto da mãe, no segundo, ela consegue se afastar, mas a mãe deve permanecer estática em um determinado lugar e, somente no terceiro, é que a criança se torna capaz de tolerar o afastamento da mãe. Moacir não conseguira passar do segundo estágio e, ao casar-se, havia colocado a esposa no lugar da mãe, representando uma base de sustentação e reabastecimento afetivo. Em seu tratamento, lembrou-se das festas de aniversário da infância em que, para conseguir participar, exigia da mãe que permanecesse sentada em um lugar que pudesse vê-la enquanto brincava com as demais crianças. Concluiu que o que fazia atualmente, era sempre o mesmo: brincava com as mulheres com quem saía freqüentemente, tendo certeza de que a esposa encontrava-se garantida em casa. O sentimento que experimentou quando ela lhe disse que pretendia deixá-lo e se mudar para outra cidade foi o mesmo que sentia na infância quando a mãe trocava de lugar nas festas de aniversário e ele a perdia de vista: sensação de morte iminente.

❖❖❖

A mãe de Dulce era uma mulher que se deixava desvalorizar pelo marido, um homem narcisista e sedutor que estimulou sexualmente as filhas de uma maneira exagerada, por exemplo, palpando seus seios, na adolescência, para "verificar se estavam bem durinhos" e elogiando seus corpos quando se encontravam de biquíni na praia. Dulce casou-se aos 22 anos, tão logo terminou o curso de Direito, com um homem oito anos mais velho, bem-sucedido profissionalmente e muito carinhoso com ela, embora bastante gordo e com níveis relativamente baixos de excitação e desejo sexuais. Tiveram um casal de filhos, aos quais se dedicaram com muito amor. Quando os filhos chegaram à adolescência, Dulce tomou a decisão de começar a trabalhar, empregando-se em um escritório de advocacia. Nessa atividade, conheceu um colega, separado, com o qual iniciou, um tempo depois, um relacionamento afetivo. Foi, neste momento, que procurou ajuda de um psicoterapeuta por não saber, exatamente, o que fazer, pois, por um lado, amava seu marido – mas de uma maneira assexuada – e tinha por ele enorme gratidão, não querendo magoá-lo de nenhuma maneira, e, por outro, sentia que, com o amante, o amor se expressava sexualmente, propiciando um prazer que jamais desfrutara, não desejando romper esta ligação. Embora se sentisse feliz pelos filhos, lamentava que se tivesse privado tantos anos de uma relação erótica com um homem que lhe excitasse sexualmente, o que, na sua idéia, somente foi possível depois que o pai faleceu.

Como ponto final deste capítulo, quero enfatizar que na vida erótica, pela vinculação com o mundo de fantasias, criadas desde a infância suas proibições e segredos constituem uma fonte de prazer quase inesgotável, em parte pela experiência de abrir mão das fronteiras físicas e emocionais que, no orgasmo, atingem seu ápice. No entanto, esta entrega, como acentuei, não se faz sem ambivalência e ansiedade, mas, quando existe confiança no companheiro, esses sentimentos são superados pela satisfação proporcionada pela relação sexual. Tendo em vista que a vida erótica, além de prazer, inevitavelmente estabelece um certo nível de frustração, os relacionamentos conjugais mesclam sentimentos amorosos com agressivos, assim como de inveja e ciúmes, porque, se amamos uma pessoa, é porque a valorizamos e não queremos perdê-la. Como conseqüência, uma combinação prazerosa de amor e sexo com a mesma pessoa, por vários anos, não é fácil de conseguir, por isto, não podemos exigir perfeição nessa tarefa! É o que nos dizem os versos do poeta árabe Abu Harari: "O que não se pode obter voando / há que se alcançar coxeando / A Escritura diz: coxear não é pecado".

A festa da meia-idade 6

Em 1965, o psicanalista britânico Elliot Jacques criou a expressão "crise da meia-idade", a qual rapidamente caiu no domínio público, como se estivesse pronta, esperando apenas que alguém a dissesse. Como resultado, ela se tornou um rótulo para quase tudo que pode acontecer no plano emocional com pessoas em idade próxima aos 40 anos, principalmente manifestações de insatisfação com o casamento e com o trabalho. No entanto, Jacques procurou caracterizar a crise da meia-idade, que situou por volta dos 35 anos, como os sentimentos depressivos, decorrentes da consciência da inevitabilidade da própria morte, real e concreta, e os mecanismos defensivos empregados para evitar esta experiência de luto pela juventude irremediavelmente ultrapassada.

As dificuldades de levar adiante o processo de elaboração das perdas, incluindo a transitoriedade da vida, são responsáveis pelos sintomas apresentados durante a crise da meia-idade, na maioria das vezes depressivos e/ou maníacos, que se sustentam na negação da realidade. Como conseqüência, um indivíduo pode desvalorizar todas suas conquistas e se desinteressar pela vida, configurando um quadro depressivo, ou pode entrar em um estado de euforia e mudar seus hábitos e interesses, abandonar seu trabalho e, até mesmo, pôr fim ao seu casamento, buscando identificar-se com os mais jovens, atitude que caracteriza uma tentativa de negação maníaca do envelhecimento e da proximidade da morte. As somatizações também são freqüentes nessa faixa etária, refletindo a preocupação com as doenças graves mais comuns nesse período da vida: as enfermidades cardiovasculares e as neoplasias, responsáveis pelo sofrimento e morte de amigos e familiares com idade próxima.

A consideração que não pode deixar de ser feita em relação ao trabalho de Jacques é que ele foi escrito há quatro décadas, quando a expectativa de vida ao nascer, no Brasil, não chegava aos 50 anos. Atualmente, ultrapassa os 70. Contudo, não é somente a idade que deve ser levada em conta, mas também a possibilidade de desfrutar uma vida saudável e produtiva durante a meia-idade e nos anos seguintes. Como resultado, na atualidade, as pessoas não se sentem velhas nessa faixa etária, quando, muitas vezes, estão casando e tendo filhos pela primeira vez e ainda trocando de trabalho ou começando um novo casamento, não raro, com filhos que serão mais jovens do que os netos existentes. O importante passou a ser conservar a saúde e ter a sorte de não ser acometido de uma doença grave, porque não faltará tempo para cumprir essas novas tarefas. O que se observa, em alguns casos, é a ansiedade que resulta do receio de não conseguir ultrapassar a idade em que os pais morreram, por se encontrarem, naturalmente, identificados com os mesmos, ou como decorrência de sentimentos de culpa por realizarem a fantasia de ultrapassá-los.

Jacques descreveu o que ele observava em seus pacientes e no mundo social em que vivia há 40 anos. Se a observação dele fosse realizada hoje, poderia cunhar outra expressão: "festa da meia-idade", que escolhi para título deste capítulo. A idéia surgiu do fato de tomar conhecimento de um número crescente de mulheres que estão festejando a chegada dos 40 anos, antes uma comemoração quase que exclusiva dos homens. Constitui uma grande diferença em um período de tempo não muito longo, se considerarmos o ritmo das mudanças sociais e humanas verificadas até a metade do século XX. Como vivemos em uma sociedade em que tudo vira produto, essas comemorações já começam a representar um novo nicho de negócio dos organizadores de festas, mas nem por isso devemos considerá-las uma manifestação maníaca com o objetivo de negar a realidade. O que precisamos ter presente é que, diferentemente do passado, quando as mulheres se desesperavam com a proximidade dos 40 anos, de fato existem boas razões para um indivíduo, homem ou mulher, festejar esta idade com muita alegria e com muitos projetos de vida, entre os quais, além dos citados acima, podemos incluir o início de uma carreira acadêmica. Portanto, não devemos confundir o que é geral – a cultura do espetáculo – com o que é específico: a comemoração de uma nova vida que se inicia, bem diferente da do passado quando as pessoas lamentavam os anos de vida transcorridos porque viam poucas perspectivas no futuro.

Contudo, na meia-idade, que certamente encontra-se bem depois dos 35 anos estabelecidos por Jacques, o indivíduo pode enfrentar uma crise de identidade, semelhante à vivida na adolescência, relacionada com as mudanças observadas no corpo, com a diminuição de funções e capacidades e, também, com as perdas de parentes e amigos da mesma faixa etária. Eventualmente, as pessoas na meia-idade podem sentir-se desvalorizadas e deprimidas frente à constatação de ter levado, até então, uma vida falsa, tendo aberto mão de seus princípios ou de seus projetos, concluindo que, se quiserem voltar a se sentir elas mesmas, portanto, verdadeiras, terão de começar tudo de novo. Em alguns casos, elas se casaram com o objetivo de encobrir sentimentos homossexuais não-aceitos ou não fizeram, realmente, uma escolha profissional própria, mas tão-somente se submeteram a pais ou mães autoritários. É possível que a maneira de ser e de se comportar constituam apenas uma forma de agradar ou, contrariamente, opor-se aos pais. Ao mesmo tempo, existem situações em que o indivíduo evoluiu física e intelectualmente desde a adolescência, mas se manteve parado do ponto de vista psicológico, caracterizando uma "pseudomaturidade", fonte de inúmeras frustrações e fracassos afetivos, impondo a necessidade de uma psicoterapia com o objetivo de retomar o desenvolvimento emocional.

No caso específico da mulher, tirando-se a infelicidade de uma doença grave, o evento mais importante da meia-idade é a menopausa, não sendo por acaso o nome dado ao seu início: climatério, do grego *climater*, que significa descida, indicando o caráter derradeiro conferido pela tradição a esta etapa do ciclo vital feminino. Apesar disso se observam diferenças importantes quando se comparam as manifestações das mulheres de hoje com as de há alguns anos, como resultado de mudanças culturais e de avanços da medicina.

As manifestações do climatério e, posteriormente, de forma mais acentuada, da menopausa, como é bem sabido, são de duas ordens: orgânicas e psicológicas. Entre as primeiras, encontram-se a perda da capacidade reprodutiva, aliada a alterações tróficas vaginais, produzindo menos lubrificação durante o ato sexual, aumento de peso, osteoporose e fogachos. Ao mesmo tempo, os seios tornam-se mais flácidos, e o número de pêlos se eleva bastante. Os sintomas psicológicos mais comuns são ansiedade, depressão, irritabilidade e insônia. A reposição hormonal, assunto controvertido entre especialistas, apresenta uma resposta bastante favorável para os sintomas somáticos, mas pouco expressiva para as manifestações emocionais, indicando que, embora elas possam ser desencadeadas pela alteração hormonal, na verdade decorrem dos sentimentos mobilizados por uma série de perdas, reais e fantasiadas, experimentadas nessa etapa da vida.

Juntamente com a perda da capacidade reprodutiva, é comum que, na mesma idade, a mulher se defronte com a vivência conhecida pelo nome "ninho vazio", relacionada com a saída dos filhos de casa. A conseqüência é que, além de chegar na menopausa, ela perde suas funções de mãe e, na dependência de outras fontes de gratificação, poderá sentir-se inútil e desvalorizada. Este sentimento é menos importante entre as mulheres que trabalham e, principalmente, que mantêm um relacionamento conjugal prazeroso. Nas situações em que se observa a centralização do papel de mãe e que o sentimento de identidade das mulheres encontra-se altamente investido na maternidade, mais facilmente essa dupla perda acarretará o surgimento de quadros depressivos e/ou maníacos, dando início, em muitos casos, ao uso exagerado de bebidas alcoólicas.

Uma aparente conseqüência da síndrome do "ninho vazio" é a "geração canguru", uma novidade da sociedade moderna formada por filhos adulltos que ainda não saíram da casa dos pais, em que pese terem profissão e emprego cujo salário pode chegar aos 5 ou mesmo aos 10 mil reais mensais. De acordo com o IBGE, representam 66% dos que se encontram com idade entre 25 e 29 anos, 29% entre 30 e 34 anos e 15% entre 35 e 39 anos. Os filhos dizem que preferem permanecer morando na casa dos pais porque têm conforto e não precisam gastar com moradia e alimentação, sobrando mais dinheiro para estudar, viajar, trocar de carro e comprar roupas da moda. Em contrapartida, os pais oferecem todas as condições para que os filhos e as filhas não se afastem do ninho e dizem que se sentem mais seguros quando eles dormem em casa com suas namoradas e seus namorados. Ambas as explicações podem não passar de racionalizações que visam a manter afastados da consciência os sentimentos depressivos despertados pela passagem do tempo.

Os sintomas, manifestações e dificuldades da menopausa não acometem a totalidade das mulheres (consta que apenas 10% desenvolvem um quadro depressivo). Um número significativo delas usufrui de um ganho em seus relacionamentos afetivos e em sua vida sexual após a parada definitiva da menstruação. Para muitas, principalmente se conquistaram uma situação econômica estável, a menopausa representa uma nova etapa do desenvolvimento, com mais tempo para seus próprios interesses, entre os quais se incluem desenvolver atividades culturais, viajar e desfrutar com maior dedicação e prazer a relação conjugal. Atualmente, um grande número de iniciativas filantrópicas, comunitárias e sociais são dirigidas por mulheres com mais de 50 anos.

É possível estabelecer uma correlação entre o climatério e a puberdade, pela necessidade de elaborar as duas mais importantes mudanças físico-hormonais do ciclo vital feminino e suas manifestações emocionais, com a diferença de que as primeiras são evolutivas, representando ganhos, enquanto as segundas são involutivas, implicando perdas. As personalidades narcisistas têm mais dificuldade de elaborar o luto por essas perdas, podendo vir a sentir culpa por não ter aproveitado suas capacidades procriativas e/ou sexuais. Como resultado, na prática, observa-se que, quanto mais satisfatórias são as experiências prévias da mulher, menos conflitivos se mostram o climatério e a menopausa.

Uma das características marcantes dessa etapa da vida é o contraste que se estabelece entre indivíduos que estão no auge de sua carreira profissional e os que sentem que fracassaram em seus projetos e entre indivíduos que mantêm um casamento estável e prazeroso e aqueles que se sentem arrependidos e insatisfeitos com seu relacionamento conjugal. Sendo assim, para alguns, a meia-idade representa continuidade, consolidação, coroamento e, para outros, na melhor das hipóteses, expectativa de reinício da vida profissional ou afetiva, eventualmente, de ambas.

A propósito, a experiência de começar de novo a vida profissional e/ou afetiva nesta faixa etária tem-se tornado cada vez mais freqüente, acompanhando o progressivo aumento da idade média da população e o crescente número de recursos disponíveis na atualidade visando ao embelezamento, à preservação e à restauração de órgãos e funções, entre as quais já podemos incluir a utilização de células-tronco. Por tudo isso, não constitui um exagero equiparar a idade média a uma segunda adolescência, no sentido de adolescer, ou seja, crescer, desenvolver-se e, principalmente, rejuvenescer.

Na verdade, as profundas mudanças observadas na família e nas relações entre homem e mulher, dentro e fora do casamento, nos últimos 25 anos em grande parte têm sido protagonizadas por "adultos intermediários", que se encontram com idade entre 40 e 65 anos, em uma velocidade jamais imaginada e com uma capacidade de adaptação surpreendente. Particularmente, tem chamado a atenção o gradual aumento de mulheres de meia-idade no mercado de trabalho, não exclusivamente como uma forma de contribuir para o orçamento familiar, mas representando uma busca de realização pessoal, fazendo crescer o número de casais de "dupla carreira".

Por outro lado, configura uma peculiaridade do adulto intermediário sua dupla face no relacionamento familiar, influenciando, simultaneamente, tanto a geração que o sucede como a que o antecede, funcionando como um interlocutor dos anseios e necessidades dessas duas etapas do ciclo vital, por vezes, em franco conflito. Em outras palavras, é nessa quadra da vida que o indivíduo se torna efetivamente capaz de ajudar. Isso ocorre porque, homens e mulheres, ao atingirem a meia-idade, encontram-se no auge do amadurecimento, da competência e também da criatividade, constituindo uma verdadeira geração de comando. Também é nessa faixa etária que, geralmente, atinge-se o ápice do relacionamento com os pais, constatando-se mais tolerância, valorização e identificação com os mesmos.

No entanto, dois eventos comuns na meia-idade podem constituir um fator determinante de grande sofrimento psíquico e parada do desenvolvimento emocional: o divórcio e a perda do emprego. Paradoxalmente, esses dois eventos também podem representar uma oportunidade de avaliações, de realização de sonhos guardados e de abertura para novas descobertas, internas e externas, podendo determinar, com mais precisão, o que de fato é genuinamente valioso e essencial nos relacionamentos, concedendo ao casamento e às amizades um valor mais elevado. Um dos aspectos ressignificados na meia-idade é a vida sexual, fase em que a sabedoria e a experiência oferecem uma compensação ao declínio das capacidades físicas e da natural atratividade da juventude.

Não obstante, mesmo considerando os indivíduos exatamente da mesma idade, as generalizações são difíceis nessa etapa da vida, em todas as áreas em que se possa avaliar: física, emocional, conjugal, familiar, sexual, profissional, econômica e de interesses, incluindo o cultural e o esportivo. Essa dificuldade se relaciona, em boa medida, com a característica básica do adulto intermediário, que é a individualidade, constituindo a grande conquista da meia-idade. Evidentemente, indivíduos mais imaturos, entre os quais se encontram os narcisistas, independentemente do sexo, apresentam uma dificuldade maior para aceitar o envelhecimento próprio e o do cônjuge, recorrendo a todas formas disponíveis de rejuvenescimento. São os "gatões" e as "gatonas" da meia-idade, que costumam pautar sua conduta pela futilidade. Na literatura, encontram-se representados por Dorian Gray, o personagem de Oscar Wilde que não queria envelhecer.

Tendo em vista sua nova inserção no aspecto social, profissional, familiar e psicológico, tornou-se uma exigência da atualidade encarar o indivíduo na idade média como alguém que, em condições favoráveis, poderá viver ainda muitos anos e que as mudanças se tornaram uma característica dessa etapa da vida. Portanto, é indispensável ao médico avaliar com precisão a crise da meia-idade, diferenciando sintoma de processo sadio de crescimento. Principalmente, em se tratando de profissionais mais jovens, a primeira medida a ser tomada para estabelecer essa diferença consiste em abrir mão do preconceito relativo aos pacientes com 40, 50 ou mesmo 60 anos, os quais são equiparados aos seus pais que, em seu imaginário, já passaram da idade de realizar mudanças, como iniciar um novo trabalho, casar e ter filhos. Para muitos adolescentes, os pais nem sequer mantêm relações sexuais, encobrindo com essa fantasia sentimentos de inveja e ciúme por suas capacidades de usufruir a vida plenamente.

Os médicos deveriam ajudar seus pacientes a encararem a vida como um ciclo que precisa ser concluído, para que o indivíduo sinta-se plenamente realizado como ser humano e valorize sua existência, aproveitando o estágio da meia-idade para realizar os retoques necessários para viver de forma saudável e prazerosa o segundo tempo do emocionante jogo proporcionado pelo nascimento. Não obstante, é indispensável que o profissional também esteja atento para as enfermidades que mais freqüentemente acometem os indivíduos nesta etapa do ciclo vital: as doenças degenerativas, as cardiopatias e o câncer de próstata no homem e de mama na mulher. Também deve manter a atenção para os quadros psiquiátricos, como a depressão e os transtornos mentais orgânicos.

De um ponto de vista mais generalizado, na meia-idade ocorre uma lenta, mas progressiva, perda de capacidades físicas relacionadas com a visão, a audição, a cognição, a memória e a vida sexual. A massa óssea sofre uma redução, especialmente nas mulheres ao entrarem na menopausa. Contudo, os exercícios físicos, as dietas com baixo teor de gordura e a manutenção do nível de tensão arterial baixo, além de boas condições emocionais e atividade intelectual, retardam o surgimento desses sintomas. Na verdade, atualmente, não faltam informações sobre medidas que podem manter o coração, o cérebro, os ossos, os músculos e a pele jovens por muito mais tempo. Dessa forma, além do significativo aumento do tempo médio de vida, também estamos conseguindo retardar o envelhecimento, de tal maneira que, cronologicamente, temos hoje os mesmos 40 anos do indivíduo na época de Jacques, mas biologicamente podemos ter cerca de 10 anos menos.

O trabalho é um dos mais importantes organizadores psíquicos, funcionando, ao mesmo tempo, como uma ponte ligando a vida anímica com a realidade. A profissão faz parte da identidade do adulto; por essa razão, trabalhar é indispensável para o equilíbrio emocional do indivíduo, mesmo em idade avançada. Contrariamente, a aposentadoria, muitas vezes almejada, pode representar uma grande decepção, funcionando como desencadeante de quadros psiquiátricos como depressão e alcoolismo, em particular naqueles casos em que o trabalho constitui a principal fonte de gratificação do indivíduo. Além de perdas financeiras, com a aposentadoria a pessoa perde poder e posição social, resultando em uma diminuição da auto-estima. Outro aspecto importante é o isolamento social e afetivo do indivíduo que se aposenta, contribuindo para o envelhecimento, decorrência do afrouxamento dos vínculos com os companheiros de trabalho e com as pessoas com eles relacionadas.

No entanto, quando se afirma que a aposentadoria é um fator que acelera o processo de envelhecimento, não se pretende sustentar que nenhuma mudança deva ocorrer no regime de trabalho ao atingir a meia-idade. Tendo pela frente a metade de sua existência, não raramente desfrutando de boas condições de saúde, alguns indivíduos nessa etapa da vida treinam para novas ocupações, principalmente quando as antigas se tornam obsoletas, surgem novas necessidades ou mudam os interesses. Também pode ocorrer de o indivíduo aproveitar os ganhos obtidos com a aposentadoria para se dedicar ao trabalho ou profissão com que sempre sonhou. A estabilidade financeira conquistada ao longo dos anos de trabalho e a diminuição de gastos com filhos, que costumam sair de casa na mesma época em que os pais se aposentam, permitem que se dediquem a tarefas menos rentáveis mas mais gratificantes, eventualmente voltando a estudar e, após algum tempo, iniciando uma nova profissão. Geralmente, aos sucessos obtidos nessa segunda jornada da vida, associam-se entusiasmo e experiência, dois fatores que embasam a criatividade.

Acompanhando o aumento do tempo médio de vida, a modernidade exigiu do ser humano uma capacidade bem maior para lidar com as mudanças do que no passado. Antes, a vida era mais curta, e as pessoas tendiam a permanecer no mesmo emprego, na mesma profissão e na mesma cidade até a morte, embora com um nível baixo de satisfação. O importante era a segurança. Atualmente, a vida é bem mais longa, e o progresso tecnológico e científico, assim como o mercado de trabalho e a globalização da economia, criaram um ritmo de vida frenético, com mudanças drásticas e freqüentes em todas as áreas, exigindo do indivíduo flexibilidade, mobilidade e grande capacidade de adaptação. A segurança e a estabilidade do passado cederam o lugar ao desenvolvimento e à qualidade de vida.

Entre os indivíduos que conseguem chegar à meia-idade com a auto-estima elevada, é comum observarmos uma disposição para exercer a função de "instrutor", ou seja, ocupar-se com a tarefa de passar seus conhecimentos e experiência à geração seguinte, desfrutando com ações dessa natureza um sentimento de grande satisfação que resulta da constatação da utilidade de sua vida. Como conseqüência, o envelhecimento e a morte podem mostrar-se menos aterradores para essas pessoas. Contudo, é nas relações familiares que se oferecem as maiores perspectivas de satisfação decorrentes das melhores condições físicas e emocionais do ser humano, destacando-se a relação com filhos e netos, na qual se tornou possível uma proximidade que, há algumas gerações, não era observada. Em futuro não muito distante, de maneira mais generalizada, as diferenças cronológicas entre os indivíduos em uma larga faixa etária perderão em importância para a maioria dos desempenhos, incluindo o sexual.

Apesar de a sociedade moderna se caracterizar pelo culto dos padrões juvenis de beleza, paralelamente, observa-se uma menor discriminação relacionada com a idade, levando a crescer em importância a figura dos avós, os quais passaram a ocupar uma nova e muito mais destacada posição no trabalho, na família e na sociedade, tendo mais importância na educação dos netos, não mais como uma referência, mas como um exemplo vivo. Ao que parece, os avós voltaram a ocupar a posição que lhe era atribuída no passado, com a diferença de que antes eram vistos como figuras autoritárias e normativas no contexto de uma estável e estratificada organização familiar e, hoje, como articuladores de um novo e muito mais complexo modelo de família, sujeito a freqüentes mudanças.

Três razões me levam a abordar, dentro do tema da meia-idade, a questão do lugar ocupado pelos avós na família moderna. A primeira é porque o conceito de meia-idade tem progressivamente se ampliado nos últimos anos e, dentro de pouco tempo, perderá importância a idade cronológica do indivíduo, passando a valer apenas sua idade biológica. A segunda é porque um grande número de avós atuais casaram-se recém nos anos de 1970 e, por tudo o que foi dito acima, mantêm-se, física e emocionalmente, bastante jovens. A terceira razão é porque esses avós fazem parte da geração que, na verdade, rompeu com os conservadores modelos culturais e educativos anteriores à década de 1970, assentando as bases e protagonizando a grande revolução da família que ocorreu nos últimos 20 anos. Esses avós formam a primeira geração de mulheres que não casaram virgens, que tomaram pílula, que tiveram mais de um parceiro sexual e que buscaram sua independência econômica antes de casar. No Brasil, eles também foram os primeiros a pedirem o divórcio e introduziram as grandes mudanças que hoje se observa na educação em casa e na escola. Eles estão em dia com o mundo atual e participam desta nova família que reúne filhos de diferentes casais. Muito freqüentemente, em um mesmo contexto familiar eles são pais, avós e "tios", como são comumente chamados os padrastos e madrastas.

Neste último parágrafo deste capítulo, quero reportar-me a um estudo recente da ONU, que estima uma taxa de fecundidade total decrescente para o mundo rico, correspondendo a 1,5 filho por mulher, entre 2000 e 2005. Ainda que se observe, com o passar do tempo, uma reversão dessa tendência, o certo é que os idosos, em um futuro não muito distante, representarão uma parcela bem mais significativa da população comparada com a atual. Em 2000, 7% da população do mundo tinha 65 anos ou mais. Em 2015, este grupo etário corresponderá a 14% da população americana e 19% da inglesa. A previsão, para citar apenas dois exemplos, é que, quando chegarmos em 2015, 1 em cada 5 alemães e 1 em cada 4 japoneses terá 65 anos ou mais. Até lá, certamente teremos melhorado muitíssimo nossa qualidade de vida, mantendo nossas capacidades físicas e mentais até bem mais próximo do final da vida. Neste momento, ocorre-me citar Freud que, aos 82 anos, ainda teve energia suficiente para deixar para a posteridade um belíssimo artigo sobre o amor. Nele, intitulado *Esboço de psicanálise* (1938), descreveu os dois conjuntos de forças instintivas que movimentam a humanidade, os quais denominou de Eros (ou instinto do amor) e pulsões de destruição ou morte. Em relação ao primeiro conjunto, que antes chamara de pulsões de vida, esclareceu que compreende as pulsões sexuais e as pulsões de conservação da espécie e do próprio indivíduo. Desde o início da vida, as duas forças instintivas básicas (vida e morte) encontram-se em conflito. Uma procura integrar, e a outra, desintegrar. Quando a pessoa se preocupa com a sua integridade, física e mental, e encontra sua principal satisfação na sexualidade, não temos dúvida de qual impulso está vencendo a contenda. Em um futuro não muito distante, a questão da idade perderá importância comparativamente com o interesse do indivíduo em sua preservação, e a meia-idade será, justificadamente, uma festa em homenagem à vida.

Infidelidade passada a limpo   7

    Provavelmente, nenhum dos temas relacionados com o casamento é tão contraditório quanto a questão da infidelidade, ao mesmo tempo execrada e admirada. Esta perspectiva é revelada pela evidente identificação da humanidade com os clássicos casos de adultério da literatura, entre os quais, Páris e Helena, Tristão e Isolda, Lancelot e Guinevere. O interesse que esses romances despertam, aparentemente, decorrem de seu caráter libertário, fundamentado na idéia de que o verdadeiro amor entre um homem e uma mulher somente é possível sob a égide da liberdade de escolha, livre dos grilhões da família, da sociedade e da religião. De fato, eles emblemam o chamado amor cortesão, que surgiu como uma reação à violenta repressão sexual da Idade Média, enfatizando a virtude, a coragem e a nobreza nos relacionamentos entre homem e mulher e aproximando amor e sexo, afastados pela Igreja em sua rígida regulamentação do casamento. Nesse sentido, representa uma introdução ao amor romântico quando vai ser possível, finalmente, reunir amor, sexo e casamento, configurando o paradigma do relacionamento conjugal moderno que tem como valores principais o prazer, a satisfação afetiva, a realização pessoal e a felicidade.
    Revisando a trajetória histórica do adultério, constatamos que ele já foi penalizado com a morte por decapitação ou afogamento. Desconheço se essa pena chegou a ser imposta a alguma pessoa, mas ela foi estabelecida no século XVI pela Reforma e, de uma maneira ou de outra, a tendência a punir a infidelidade conjugal, principalmente quando praticada pela mulher, perdurou ao longo dos séculos. Uma nova visão da infidelidade somente veio a ocorrer com o casamento por amor, que se instituiu recém no século XIX com a industrialização, representando a primeira revolução sexual, tendo em vista que, na Antigüidade e na Idade Média, os relacionamentos amorosos não eram nem sequer sonhados. O ideal romântico do casamento por amor estabeleceu o relacionamento sexual igualitário entre homem e mulher e atingiu seu apogeu com o capitalismo, principalmente nos Estados Unidos, uma sociedade que levou o respeito aos direitos individuais, tanto de homens como de mulheres, às últimas conseqüências. O século XX, finalmente, consagrou a secularização do amor e transformou a felicidade em um bem terreno, antes um privilégio dos castos para ser fruída pela alma depois da morte. Nos anos de 1950 e 1960, a Europa protagonizou a segunda revolução sexual, representada pela maior valorização da sexualidade, tendência que atingiu o Brasil, de forma mais nítida, a partir da década

de 1970. Houve um marcado abrandamento da repressão sexual, surgindo novas formas de relacionamento a dois. Com essa liberdade nas relações entre homem e mulher dando ênfase à satisfação dos impulsos sexuais, as exigências recíprocas de fidelidade passaram a ser encaradas como irrealistas, determinando a superficialidade nas parcerias sexuais, assunto que será abordado no Capítulo 13.

Beneficiados, em grande parte, pela divulgação dos conhecimentos sobre a vida mental advindos da psicanálise, estamos vivendo uma terceira revolução sexual, caracterizada por maior sinceridade nas relações amorosas, reconhecendo a realidade de que todos, homens e mulheres, temos em nosso inconsciente fantasias de infidelidade, variando apenas pelo modo como cada um lida em seu imaginário com esses desejos. O reconhecimento da existência dessas fantasias em todas pessoas, nos últimos anos, tornou o julgamento do adultério pelo Estado, pela Justiça e pela sociedade mais judicioso. Apesar da nossa natural dificuldade de perder a pessoa amada, as questões de infidelidade conjugal perderam o lugar de destaque que ocupavam no contencioso das varas de família. Não obstante, os triângulos amorosos continuam a representar uma ameaça para a estabilidade dos relacionamentos, sendo determinados por sentimentos, necessidades e anseios comuns aos dois sexos, cujas raízes se encontram no universal complexo de Édipo, nome concedido pela psicanálise ao primeiro modelo de relacionamento amoroso, envolvendo o pai, a mãe e o bebê. Corresponde a uma etapa do desenvolvimento emocional precoce em que a criança distingue as figuras de pai e mãe e suas capacidades, principalmente, sexuais, e se sente excluído do relacionamento íntimo que eles mantêm. É nesta etapa que surge, pela primeira vez na vida do ser humano, o sentimento que vai predominar nos triângulos amorosos da vida adulta: o ciúme, reeditando a experiência infantil de se sentir privado do prazer que, na intimidade, os pais proporcionam um ao outro. Com isso, estou procurando enfatizar que a intensidade do ciúme mobilizado por uma infidelidade real ou fantasiada do cônjuge guarda uma estreita relação com uma melhor ou pior elaboração do complexo infantil edípico, que avaliamos na capacidade de ficar sozinho do adulto, ou seja, sua maior ou menor segurança interna.

Por mais contraditório que possa parecer, a experiência clínica evidencia que tanto a fidelidade quanto a infidelidade, por caminhos inversos, podem operar no sentido de buscar segurança e estabilidade emocional. De fato, uma fidelidade empedernida, por exemplo, pode esconder a dificuldade de romper uma relação simbiótica, o medo de ficar sozinho e a incapacidade de auto-realização. Por outro lado, atrás da infidelidade contumaz eventualmente encontramos o receio de estabelecer um vínculo fusional com o parceiro e permanecer definitivamente preso a este relacionamento, assim como o temor de vir a ser traído ou abandonado. Dentro dessa perspectiva, a fidelidade e a infidelidade se equiparam no que diz respeito às suas potencialidades de gerar sofrimento ao indivíduo tanto quanto ao cônjuge. Cito o exemplo dramático de um caso que poderíamos chamar de "infidelidade compulsiva". Trata-se de Augusto que, movido pelo medo de ser abandonado pela esposa, que descobrira uma infidelidade sua, procurou tratamento psicanalítico aos 41 anos. Ele referiu que, ainda criança, desenvolveu o hábito de devanear sobre viagens a lugares distantes que identificava nos livros escolares. Aos 15 anos, participou de um intercâmbio que lhe permitiu passar um ano estudando no exterior. Aos 18, arrumou uma maneira de realizar sua formação superior em um país do norte da Europa. De volta ao Brasil, passado algum tempo, mudou-se para os Estados Unidos, onde permaneceu por 10 anos. Desde a adolescência, quando conseguiu sua primeira namorada, até o momento, em que se encontra casado há 12 anos, sempre manteve dois relacionamentos simultâneos. Segundo suas palavras, "sempre tive duas namoradas ao mesmo tempo, geralmente, em cidades ou mesmo países diferentes". Além das dificuldades geradas pela distância, essa situação impunha ao paciente um elevado nível de ansiedade, determinado pelo medo de ser descoberto e abandonado pelas parceiras e, também, por estar sempre desejando encontrar-se com a outra, o que era origem de um permanente estado de insatisfação. Como foi possível constatar, essa conduta tinha raízes na infância de Augusto, mais especificamente em sua condição de adotado, ou seja, filho de duas mães, sendo uma a biológica, desconhecida, em sua fantasia habitante de um lugar distante em seu passado.

Atualmente, nos Estados Unidos, 55 a 65% dos maridos e 45 a 55% das mulheres têm um ou mais relacionamentos extraconjugais antes de chegar aos 40 anos. O que mais chama a atenção neste levantamento, quando comparado com outros realizados entre 10 e 20 anos antes, é que enquanto o número de maridos que traem suas esposas diminuiu, o número de mulheres aumentou progressivamente. Outros estudos americanos indicam que a chance de um casal passar por uma ou mais experiências de infidelidade é de 70%. Isso quer dizer que, a infidelidade conjugal nos Estados Unidos ocorre com dois de cada três casais, envolvendo um ou os dois cônjuges. Dito de outra forma, mais da metade dos indivíduos casados certamente enfrentarão a realidade da infidelidade no mínimo uma vez durante seu casamento. A pequena vantagem dos homens resulta da persistência de maior repressão entre as mulheres e da necessidade mais acentuada nos homens de exibir sua potência e sua capacidade de conquistar, dominar e enganar as mulheres, em represália por terem-se sentido traídos pela mãe na infância. Já Itália, uma pesquisa da agência Klaus Davi mostrou que 70% das mulheres já foram infiéis pelo menos uma vez. Em nosso meio, um estudo com 7 mil pessoas, realizado em 2004 pelo Hospital de Clínicas de São Paulo, levantou que 51% dos homens e 26% das mulheres já haviam traído. Ao mesmo tempo, uma pesquisa realizada por uma revista feminina mostrou que 49% – metade das 2.677 leitoras entrevistadas de 16 a 59 anos – afirmaram que já haviam traído, 65% que já haviam sido alvo de traição pelo menos uma vez e 38% que aceitariam ocupar o lugar de amante. Não obstante, 60% disseram que é impossível perdoar a infidelidade e que agora que não dependem mais economicamente dos maridos, quando isso acontece costumam partir para um novo relacionamento, como sempre os homens fizeram.

Contudo, essa pode não ser a melhor medida, segundo afirma Emily Brown, terapeuta de casais na Virgínia, Estados Unidos, em seu livro *Affairs*, um guia para elaborar as repercussões da infidelidade. Embora a autora reconheça que a infidelidade representa uma experiência afetiva traumática para ambos os cônjuges, filhos, familiares e amigos, podendo resultar em uma irreparável perda de confiança e, inclusive, levar ao término do relacionamento, para ela, infidelidade não é sinônimo de divórcio. Emily Brown refere que mais de 90% dos casais americanos que enfrentam conflitos de infidelidade não se divorciam e, entre esses, viu muitos casos que a infidelidade representou um momento decisivo do relacionamento conjugal, estimulando os cônjuges a resolverem assuntos pendentes há muito tempo. Ela diz ter aprendido na prática que a infidelidade que é rapidamente seguida pelo divórcio geralmente é um meio para terminar o casamento, não a razão. Tereza, 32 anos, confirma essa afirmativa em dois divórcios por infidelidade dos maridos. Nas duas situações, Tereza não teve dificuldade de descobrir imediatamente a infidelidade de ambos, que ocorreu, nos dois casos, após um período em que ela os tratou com evidente desconsideração. Aparentemente, os dois casamentos seguidos de divórcio faziam parte de um projeto de vida de Tereza que consistia em sair de uma pequena e conservadora cidade do interior, libertando-se de um pai autoritário e controlador, conquistar uma certa posição econômica e social, ter um filho e, finalmente, realizar seu sonho infantil de trabalhar no teatro.

A clínica de casais também tem mostrado que a infidelidade clássica, na qual o cônjuge mantém um amante indefinidamente, está reduzindo-se de forma drástica. Diferentemente do que ocorria no passado, atualmente o número de indivíduos com vida dupla é muito pequeno. A esmagadora maioria dos casais enfrenta a infidelidade apenas em momentos de desajuste conjugal. Outra diferença é que, nos últimos 10 anos, cresceu muito o percentual de mulheres que também mantém relações extraconjugais, pelas mesmas razões dos homens: crise no casamento. O diretor de cinema Adrian Lyne chamou a atenção para esse contraste com o filme *Infidelidade* (2002), no qual enfoca um marido desesperado com a traição da mulher, 15 anos depois de *Atração fatal* (1987), cujo tema era exatamente o oposto. Mais recentemente, tenho observado em muitos pacientes a tendência a enfrentar as situações de conflito, em vez de procurar compensação em um relacionamento extraconjugal, optando pela separação quando não é possível o entendimento. A verdade é que os relacionamentos tendem a ser cada vez mais verdadeiros e prazerosos, ainda que não durem a vida toda. Ao mesmo tempo, a infidelidade começa a se tornar um recurso que reflete a imaturidade dos cônjuges, fruto de conflitos infantis não-resolvidos, e a conseqüente incapacidade para resolver suas dificuldades ou separar-se, como ilustram os casos a seguir descritos.

> Jussara e Noel – Jussara é uma economista muito competente que ocupa um elevado cargo em uma multinacional. Ela é casada com Noel, mais moço, mais conservado e que, do ponto de vista profissional, sempre manteve uma situação pouco rendosa e irregular. Ao contrário de Jussara, que é de origem simples, Noel pertence a uma família tradicional que, no passado, teve muito dinheiro. Após o segundo filho, progressivamente as relações sexuais do casal começaram a se espaçar, acabando por não mais existirem. Concomitantemente, Noel exacerbou sua conduta de *playboy*, tornando público seus relacionamentos extraconjugais. Jussara, aparentemente, procura não tomar conhecimento das prevaricações do marido, que se limita a acompanhá-la em eventos sociais. Trata-se de um caso típico em que o consentimento tem como base uma relação do tipo maternal, em que a mulher tolera que o marido se ligue a um terceiro, desobrigando-se da vida sexual.

❖❖❖

Fernanda e Paulo – Fernanda e a irmã perderam a mãe quando eram crianças. Com apenas um ano de diferença de idade, criaram-se juntas, uma ajudando a outra, e se casaram na mesma época com homens de seu grupo social. Contudo, Fernanda, ainda bastante moça, enviuvou. Paulo, o marido da irmã, passou a ajudá-la em quase tudo e, após algum tempo, tornou-se seu amante. Embora nunca tenha declarado abertamente, o comportamento da irmã não deixava dúvida de seu franco consentimento a este relacionamento. Este exemplo configura as situações em que a pessoa se torna vítima de uma infidelidade por um sentimento de culpa ou por piedade em relação àquele ou àquela que lhe engana.

❖❖❖

Juarez e Adriana – Juarez é um próspero empresário de 42 anos, casado há 12 com Adriana, uma mulher bonita e inteligente que buscou nele conforto e segurança. Embora, aparentemente, a esposa não chegue a ter relações extraconjugais, o simples fato de Juarez perceber que algum dos homens de seu grupo social, em particular os mais velhos ou mais poderosos, demonstrem interesse por ela, muitas vezes provocados por ele mesmo, faz com que se sinta excitado e desejoso de ter relações sexuais com a mulher. Este exemplo se enquadra nos relacionamentos conjugais em que um é induzido pelo outro a desempenhar um papel que satisfaz suas fantasias voyeuristas ou homossexuais. No primeiro caso, o homem sente a necessidade de transformar sua mulher em prostituta para se excitar sexualmente com ela. Esta indução ao adultério se faz de forma subliminar, mas existem situações em que o marido, com a concordância da mulher, convida um homem para manter relação sexual com ela na sua presença, única forma de se excitar o suficiente para obter ereção e, na seqüência, também possuí-la sexualmente. No segundo caso, o mais comum de ocorrer é que o marido consiga despertar o interesse da esposa pelo homem que o atrai sexualmente e, mediante um processo de identificação, desfrute deste relacionamento. A conduta de Juarez, característica do primeiro caso (fantasias voyeuristas) resulta de uma fixação infantil relacionada com o fato de ter dormido no quarto dos pais até os 6 anos.

❖❖❖

David e Diana – Existem situações em que a necessidade de um ideal pode levar o indivíduo a induzir o cônjuge a cometer uma infidelidade. Um exemplo que o grande público conhece é o do filme *Proposta indecente* (1993), protagonizado por Demi Moore (Diana), Woody Harrelson (David) e Robert Redford (John Gage). A trama evidencia as razões de cada um para se envolver no triângulo amoroso que formaram: David se encontrava sem dinheiro e, por Diana, desejou conhecer Gage, um homem aparentemente seguro e capaz de vencer na vida; Diana gostava do marido, não queria perdê-lo e não mentiu quando disse que aceitara a proposta de Gage, por ele, David, e porque ele queria que ela aceitasse; Gage, no final, dá-se conta de que projetara, no olhar carinhoso de Diana para David, uma lembrança do passado que buscava reencontrar, por isso lhe fizera a proposta.

❖❖❖

Ernesto e Irene – A infidelidade conjugal pode refletir uma divisão de personalidade, como no caso de Ernesto que, para compensar seu sentimento interno de desvalorização, casou-se com Irene, atraído, principalmente, por sua fortuna. Em pouco tempo, deu início a um relacionamento extraconjugal com uma mulher de origem simples, como a dele, pela qual se apaixonou profundamente. Manteve essa dupla identidade por um longo período, representando o casamento a parte falsa de sua personalidade, e a relação extraconjugal, a parte verdadeira, depositária dos sentimentos.

❖❖❖

Bernardo e Júlia – A gravidez da mulher e os primeiros meses dedicados ao recém-nascido correspondem aos períodos mais comuns de infidelidade dos maridos, que se sentem preteridos em relação ao bebê e buscam uma compensação nos relacionamentos extraconjugais. Um dos exemplos mais ilustrativos deste tipo de adultério foi identificado no casal Bernardo e Júlia. Nas duas gestações da esposa, Bernardo saiu de casa e, ostensivamente, passou a viver com outra mulher, pela qual, segundo suas palavras, apaixonara-se, perdidamente, de uma hora para a outra. Nas duas situações, transcorridos alguns meses do nascimento dos filhos, casualmente, dois meninos, pediu à esposa para voltar para casa, alegando que tudo não passara de um engano e que, na verdade, era ela a mulher que realmente amava. O exame dessa situação revelou que Bernardo, muito dependente da mulher, fizera uma regressão no momento do nascimento dos filhos, revivendo uma situação infantil em que se sentira substituído pelo irmão mais moço no relacionamento amoroso exclusivo que mantinha com a mãe.

❖❖❖

Ronaldo e Liége – As características de alguns relacionamentos conjugais favorecem a ocorrência de infidelidade como, por exemplo, quando o parceiro representa a realização da fantasia infantil de se unir sexualmente ao pai ou à mãe. Essas situações apresentam duas possibilidades: na primeira, o indivíduo, homem ou mulher, casa-se com alguém de sua faixa etária, mas estabelece um relacionamento extraconjugal com uma pessoa representativa das figuras materna ou paterna; na segunda, o indivíduo se casa com alguém que representa o objeto incestuoso e busca em outro, geralmente mais jovem, a satisfação sexual. Este é o caso de Ronaldo, cuja esposa também tem sua idade, 56 anos. Ele é empresário da área financeira e tem três filhos, com 28, 25 e 23 anos. Contou que se ligou a Liége, 21 anos, que era funcionária de sua empresa, há um ano casada, sem grandes atrativos físicos, mas que havia mexido com seus sentimentos e, quando se deu conta, estava metido em uma grande confusão pelo fato de ela ter revelado ao marido que se encontrava apaixonada por ele. Furioso, o marido ameaçou matar Ronaldo se ele mantivesse o relacionamento com Liége.

❖❖❖

Alfredo e Marina – Existem casamentos em que o homem ou a mulher se sente frustrado ou maltratado pelo cônjuge e, vingativamente, comete uma infidelidade. Nesses casos, os primeiros fazem de tudo para que o segundo tome conhecimento de sua infidelidade. Um exemplo ilustrativo é o de Marina, que se casou aos 21 anos com Alfredo, 10 anos mais velho, pelo qual passara a adolescência inteira apaixonada. Após 11 anos, considera que, excluindo a satisfação com os dois filhos, são raros os momentos de felicidade vividos com o marido que, inclusive, já a agrediu fisicamente várias vezes. Em uma dessas situações, deixou os filhos com os avós e foi para um balneário, freqüentado por um grande número de pessoas de seu grupo social, decidida a passar uma ou duas semanas sozinha. Porém, foi procurada por um homem divorciado e de grande prestígio profissional e aceitou sair com ele algumas vezes para jantar. Em uma dessas vezes, acabaram tendo uma relação sexual. O relacionamento com este homem animou-a a tomar a decisão de se separar do marido, mas não sem antes ter-se vingado tornando pública sua traição.

❖❖❖

Marco e Cristina – Marco, 43 anos, tinha 18 quando começou a namorar Cristina, com quem manteve um relacionamento muito intenso, por oito anos. Contudo, ao completar o curso universitário, mudou-se para outra cidade, a fim de realizar um pós-graduação, período em que se apaixonou por uma colega, com quem se casou, após encerrar o namoro com Cristina. Marco se separou após dois anos e, depois de um tempo, voltou a casar com outra mulher, com a qual tem três filhos e mantém um excelente relacionamento. Passado todo este tempo, viajando a serviço, casualmente encontrou-se com Cristina, separada do primeiro marido há quatro anos. Combinaram tomar um café, mas não conseguiram despedir-se, queriam conversar mais e foram jantar, e do jantar foram para o hotel e acabaram tendo uma relação sexual e dormindo juntos. Marco descreveu essa experiência como a recuperação de uma parte de sua vida, dando-lhe a sensação de ter podido integrar uma parte perdida do passado. Diante da ex-namorada, uma mulher dócil e feminina, ficou clara a razão que o levou a romper com ela para casar com a colega do pós-graduação: a necessidade de receber de uma mulher segurança e proteção, exatamente o que Cristina esperava obter dele. O que concluímos deste caso é que, quando ocorre de o indivíduo reencontrar-se com uma pessoa representativa do passado que, por alguma razão, foi deixada para trás, pode tentar preencher esta lacuna em sua vida afetiva mediante um relacionamento extraconjugal.

Além dos quadros descritos, ainda temos de levar em consideração os casos em que o motivo da infidelidade é uma situação de sofrimento psíquico, não implicando uma mudança dos sentimentos em relação cônjuge, como é possível verificar nas duas histórias seguintes.

> Cléa, 38 anos, mantém um relacionamento profundo com o marido, mas vive atormentada pelo medo de ser abandonada por ele. Este sentimento a leva, com grande freqüência, a se envolver afetivamente com colegas de trabalho, os quais funcionam como uma válvula de segurança em relação ao temor de vir a se sentir sozinha, como aconteceu quando tinha apenas 6 anos e sua mãe faleceu. A infidelidade reproduz o período posterior ao falecimento da mãe em que esteve aos cuidados de diversas pessoas.
>
> ❖❖❖
>
> Maurício, 55 anos, estava casado com Nilva havia 30 anos quando morreu a mãe, após alguns meses de doença. A partir deste momento, começou a se queixar da esposa, acusando-a de ter-se tornado pouco calorosa com ele. Não demorou muito a iniciar, com grande entusiasmo, um relacionamento com uma mulher que conheceu em uma viagem ao interior do Estado, bem mais moça do que a esposa, da qual não escondeu a situação. Então, Maurício se separou de Nilva, comprou um apartamento e passou a viver com a mulher "calorosa" que conhecera. Contudo, depois de um tempo, ela resolveu se afastar de Maurício por perceber que ele se encontrava muito carente, exigindo uma atenção impossível de ser atendida. Diante deste insucesso, Maurício desenvolveu um quadro depressivo grave e foi encaminhado a um psiquiatra, que constatou tratar-se de um luto patológico pela morte da mãe, uma mulher que, como a amante, criara-se no interior do Estado. Durante o tratamento, ele voltou a viver com Nilva, que, como sempre fizera, ajudou-o muito no período em que esteve doente.

Além de expressar um tipo específico de sofrimento, como é possível identificar em Cléa e Maurício, a infidelidade também pode representar uma mensagem, cujas dificuldades de aceitá-la impedem sua decodificação. Em um caso, a esposa enviou vários sinais ao marido sobre a possibilidade de vir a manter um relacionamento extraconjugal com uma determinada pessoa, mas como ele não desejava enfrentar a possibilidade de perdê-la, evitou perceber seus avisos. Acabou acontecendo ambas as coisas: a infidelidade e a separação da mulher. Esta é a razão de se dizer que, na maioria dos casos, toda a traição em um relacionamento conjugal implica a participação do cônjuge traído. A indignação diante de uma infidelidade, tão freqüente no passado, na realidade encobre o sofrimento da perda de quem se ama, por isso, ela não costuma mais ser castigada, mas compreendida, refletindo uma maior maturidade do relacionamento conjugal.

Na verdade, todas as possibilidades de alguma forma de infidelidade em um relacionamento conjugal reforçam a tese de que a fidelidade não é mais do que uma utopia, porque pressupõe ausência de memória e de fantasias, mas pode ser uma conquista do amor maduro, dentro dos limites da condição humana. Na verdade, a fidelidade no casamento tem sua base na reciprocidade afetiva e sexual, estabelecida por duas pessoas independentes, criativas e capazes de manter relacionamentos cooperativos em que se observa equivalência no dar e receber gratificações. Em uma relação com essas características, geralmente existe mais fidelidade porque não há a ameaçada da monotonia, considerando-se que muitas infidelidades são praticadas com o objetivo de romper com a entediante rotina do casamento. Fora de um relacionamento realmente satisfatório do ponto de vista afetivo e sexual, provavelmente, após muitas idas e vindas, a fidelidade represente uma inautenticidade mediante a repressão dos sentimentos, resultando na privação do prazer e no empobrecimento da vida imaginativa. Como todos desafios das relações humanas, a fidelidade sexual absoluta, assim como sua contrapartida, a liberdade sexual absoluta, assumem a forma de ideologias, sustentadas com idêntico vigor. Trata-se de medida defensiva que visa a transformar um problema eminentemente afetivo, de difícil solução, em temática racional, o que somente é possível quando se nega a existência dos sentimentos.

Bodas de sangue   8

Frederico García Lorca escreveu, em 1932, a peça teatral *Bodas de sangre*, a tragédia de um matrimônio condenado a se destruir pelos laços familiares. Lembrei-me deste drama de destino, paixão e morte, ao começar este capítulo sobre relacionamentos que fracassam devido aos conflitos infantis dos cônjuges, descrevendo uma trajetória de perdas, sofrimento e tristeza que, em muitas situações, arrasta-se por toda a vida, concretizando, aos poucos, a fatalidade da grande obra do poeta da Andaluzia: o assassinato do amor. Para alguns casais, este acontecimento constitui o epílogo de um desajuste conjugal de longa duração, tangido por uma tristeza que não se pode evitar, a do fracasso. Contudo, para outros, provavelmente a maioria, marca o início de uma segunda etapa do relacionamento conjugal, a qual se desenvolverá não mais sob a égide do amor, mas do ódio, levando os cônjuges a fazerem de tudo para destruir o outro, supostamente o único responsável pelo infortúnio. Esses casos configuram verdadeiras "patologias conjugais", compreendendo aqueles casamentos que acarretam o progressivo empobrecimento da relação e a infelicidade dos cônjuges, além de, na maioria das vezes, impor uma dose significativa de sofrimento aos filhos. Nessas situações, dificilmente uma solução poderá ser encontrada sem o auxílio de um terapeuta de casais. Vejamos alguns dos exemplos mais freqüentes na clínica.

Muitas pessoas dizem que uma relação conjugal sem ciúme é impossível. Eu concordo, porque se trata de um sentimento universal, presente não apenas no casamento, mas em todas as situações em que nos colocamos ou somos colocados na posição do terceiro excluído. Às vezes, não passa de uma fantasia, mas nem por isso conseguimos evitar esse sentimento. A criança sente ciúme quando o pai acaricia a mãe ou a mãe beija o pai e, muito mais, quando se fecham no quarto à noite – supostamente para trocarem carícias e beijos – e impedem o seu ingresso. É o mesmo que um adulto pode imaginar que o cônjuge esteja fazendo com alguém em um quarto de hotel quando se encontra viajando ou durante uma parte do dia que costuma passar fora de casa. As reações, por vezes agressivas, do indivíduo quando sente ciúme, independentemente de ser uma criança ou um adulto, resultam do sentimento de humilhação que invariavelmente o acompanha devido ao abalo da segurança e da auto-estima. A pessoa muito ciumenta possui a crença de que, se não é amada pelo outro, que na realidade ou na fantasia ama a um terceiro, é porque não é digna de seu amor.

A base infantil e narcisista do ciúme se revela em sua plenitude no sentimento de exclusão que os maridos experimentam quando a mulher está grávida ou cuidando e amamentando o filho recém-nascido. Embora sempre presente, este sentimento pode ser discreto ou atingir níveis exagerados, como no caso de Bernardo e Júlia, citado no capítulo anterior. Quando, em um relacionamento conjugal, o ciúme se fundamenta integralmente em uma fantasia do indivíduo de estar sendo traído pelo cônjuge, encontramo-nos diante de uma patologia denominada de "delírio de ciúme", sob a qual a realidade exerce pouco ou nenhum efeito. Um exemplo típico encontramos em Luana, que se casou com Marcelo, um homem sedutor 10 anos mais moço do que ela. Luana tinha dois filhos de dois casamentos anteriores e, apesar de seu intenso desejo de ter outro com Marcelo, que se casou com ela pela primeira vez, ele sempre se esquivou dessa possibilidade. Desde o início do relacionamento, Luana se mostrou enciumada com o marido em relação a mulheres mais jovens do que ela. Em contrapartida, Marcelo não se esforçava por desfazer as suspeitas da mulher, evidenciando desfrutar um certo prazer com suas manifestações de ciúme. Com a chegada da menopausa, Luana intensificou esse sentimento a tal ponto que o casal já não mais conseguia freqüentar lugares públicos, pois ela sempre desconfiava que uma das mulheres presentes mantinha um relacionamento escondido com o marido. Houve uma situação em que, baseada em suas conjecturas, ela contou a um homem que sua esposa era amante de Marcelo, gerando um conflito de grandes proporções. Por fim, Luana tomou a decisão de se separar do marido, porque "não agüentava mais ser traída por ele de uma forma tão despudorada", embora nenhuma de suas suspeitas tivesse sido confirmada antes e depois da separação. Marcelo, depois de um tempo, veio a se ligar a outra mulher mais velha do que ele, aparentemente mais segura do que Luana. Ao mesmo tempo, Luana estabeleceu um relacionamento com outro homem mais moço do que ela, embora menos provocativo do que Marcelo.

As soluções encontradas por Luana e Marcelo indicam que a terapia de casal que realizaram não resolveu, como não pretendia resolver, os conflitos básicos, advindos da infância de ambos, mas permitiu que refizessem seus vínculos conjugais de uma forma menos destrutiva. Durante o período em que o casal se manteve em tratamento, tornaram-se evidentes as motivações inconscientes das escolhas de ambos: através de uma relação maternal com Marcelo, Luana buscava garantir-se de que não se repetiria o abandono que sentira com a separação dos pais quando tinha 4 anos, na mesma medida em que, através de uma relação filial com Luana, Marcelo buscava inverter o sentimento de abandono experimentado em seu relacionamento com a mãe. É muito comum nos relacionamentos conjugais patológicos a existência de um "fantasma" que ameaça e atormenta os dois cônjuges, determinando a irreversibilidade do desajuste conjugal. Em linguagem psicanalítica, diríamos que se observa a existência de um objeto interno compartilhado inconscientemente pelo casal. No caso de Luana e Marcelo, o fantasma ou objeto interno, comum a ambos, era uma mãe vivida na infância como "abandonadora".

Em muitas situações, o ciúme tem origem na projeção no outro do próprio desejo de ser infiel. Nem sempre a pessoa tem consciência dessa projeção e, dependendo da intensidade de seu próprio desejo, pode convencer-se de suas suspeitas em relação ao cônjuge, o qual passa a ser acusado de infiel e ameaçado de abandono. Na mesma linha, com uma freqüência ainda maior, encontramos o ciúme que resulta da projeção, na mulher, de desejos femininos inconscientes do marido. Desta forma, através da mulher, ele realiza a fantasia de ser seduzido por outro homem. Nesses casos, é comum que o marido recorra a todos os meios para que a esposa lhe conte com detalhes sua aventura extraconjugal. A insistência é tão grande que, às vezes, a mulher acaba inventando uma história para se livrar dessa verdadeira tortura. O ódio demonstrado pelo rival não passa de uma defesa contra os desejos homossexuais não-aceitos pela consciência. O mesmo pode ocorrer com a esposa, ou seja, ela projetar no marido a fantasia de manter uma relação sexual com outra mulher. Tanto no caso da mulher quanto do homem, o ciúme em relação a uma determinada pessoa pode ser tanta que acaba despertando o interesse do cônjuge de conhecê-la, eventualmente ocorrendo, na realidade, a tão temida infidelidade. Mesmo provocando a situação de infidelidade e obtendo prazer em seu relato, nem por isso o indivíduo deixa de acusar o cônjuge de ter faltado com a confiança que nele depositara, ofendendo-o com palavras e impondo punições. Simultaneamente, ao acusar o rival de ter roubado seu objeto de amor, ele se defende da culpa de tê-lo perdido por suas próprias dificuldades.

Outro sentimento dotado de grande potencial destrutivo nos relacionamentos conjugais é a inveja. Para que o leitor entenda o que significa verdadeiramente a inveja, vou contar uma pequena história. A um homem que invejava muitíssimo seu vizinho, um dia apareceu o gênio da lâmpada mágica, oferecendo-se para lhe satisfazer o melhor que pudesse almejar, mas com uma condição: independentemente do que fosse, ele daria em dobro ao seu vizinho. O invejoso pensou, pensou e, por fim, sentenciou: "Arranque-me um olho!" Evidentemente, trata-se de um exemplo exagerado, mas que encerra o sentido de toda ou qualquer inveja, por menor que seja: o desejo de aniquilar, fazer algo para nunca mais ver o que o outro possui ou é capaz de usufruir. Portanto, não se trata de inveja a admiração por outra pessoa ou o desejo de obter algo que alguém possui, como muitas vezes consideramos. A inveja nunca é bondosa. Assim como o ciúme, a inveja é um sentimento universal e se encontra presente em nossas relações familiares, sociais e profissionais cotidianas, na maioria das vezes sem nos darmos conta. Diferentemente do ciúme, que envolve três pessoas, a inveja se estabelece sempre em uma relação dual. Além disso, sua origem é mais primitiva do que o ciúme, remontando os primeiros meses de vida. A primeira inveja que o ser humano sente é das capacidades maternas, reaparecendo em inúmeras situações da vida adulta. No casamento, a inveja do cônjuge, em particular da sua condição de homem ou de mulher, manifesta-se sob a forma de palavras e comportamentos que visam a desvalorizar o outro. Essa inveja reflete a frustração narcísica mobilizada pelo sentimento de incompletude do ser humano, gerado pela dependência do sexo oposto na busca do prazer.

Uma das maneiras de lidar com a própria inveja é negar a sua existência através de atitudes reativas, com o objetivo de evidenciar exatamente o oposto, ou da projeção no cônjuge, ou seja, procurando atribuir a ele esse sentimento. Geralmente, essas duas defesas são encontradas nas pessoas mais invejosas, gerando conflitos de difícil solução no casamento, pois o sentimento em jogo é continuadamente negado. A conhecida expressão "inveja do pênis", cunhada por Freud, encerra todos os sentimentos invejosos da mulher em relação às capacidades e prerrogativas masculinas. Como resultado, em um relacionamento conjugal, a esposa pode empenhar-se para ocupar o lugar do marido, em particular perante os filhos. A inveja do homem em relação à mulher não é menos freqüente, mas costuma ser subestimada devido à desvalorização da sociedade patriarcal em relação à mulher. Os mistérios que envolvem o corpo feminino e a capacidade de procriar da mulher encontram-se na base dos sentimentos invejosos dos maridos, que, em casos extremos, não hesitam em humilhá-la das mais variadas formas, entre as quais, freqüentemente, inclui-se a infidelidade. Nenhum exemplo é mais evidente desse tipo de inveja do que a *couvade*, um rito observado entre índios brasileiros que consiste no hábito de o marido ocupar o lugar da mulher após o parto, descansando e recebendo visitas e presentes como se o filho tivesse sido parido por ele.

Freqüentemente, o fator determinante da eleição do cônjuge são os seus valorizados bens materiais. A razão que leva uma pessoa a fazer este tipo de escolha costuma ser o sentimento de ter sido privado na infância de atenção e carinho suficientes, representando o casamento uma oportunidade de compensação. No entanto, em alguns casos, em vez de obter as vantagens materiais que a levaram a realizar uma determinada escolha, ela cria uma situação em que acaba sentindo-se enganada e prejudicada. Foi o que aconteceu com Álvaro, que desposou Marcela, uma mulher que herdara uma fortuna dos pais, mortos em acidente quando recém ela ingressara na adolescência. A lua-de-mel, desfrutada em lugares sofisticados, o apartamento luxuoso que passaram a morar e o carro de elevado preço de Álvaro foram custeados por Marcela, aparentemente muito feliz com o casamento e disposta a proporcionar todas satisfações ambicionadas pelo esposo. No entanto, como se não se sentisse segura de que Álvaro seguiria casado com ela, manteve um tio no controle dos seus negócios, frustrando Álvaro que esperava assumir o comando de sua fazenda tão logo se casassem.

Diante disso, o relacionamento do casal começou a se deteriorar, ingressando em um longo período de freqüentes desavenças, eventualmente com agressões físicas. No entanto, seguiram casados e tiveram filhos, como se cada um, por sua própria história, não pudesse se separar. Marcela queria evitar de qualquer maneira uma nova perda, e Álvaro, obter o controle da fazenda da esposa, como forma de ser reconhecido pelo pai, um rico fazendeiro que abandonou sua mãe quando ficou grávida dele. Este caso reforça a importância de investigar as razões profundas mesmo de um simples casamento por interesse, possibilitando entender neste caso que o marido, destituído de uma identificação paterna, tornou-se o homem fraco e carente que tanto a mulher precisava para se sentir menos ameaçada de ser vítima de um novo abandono. A identificação das necessidades complementares do casal representa o indispensável ponto de partida de uma terapia de casal. A partir desta identificação, no caso de Álvaro e Marcela, foi possível reconhecer que, inconscientemente, de diversas maneiras ela o havia ajudado a acreditar que conseguiria atingir seu objetivo, ao mesmo tempo em que ele, ao colocar esse objetivo acima de qualquer outro interesse, havia contribuído para que ela temesse vir a ser abandonada e, como conseqüência, contribuído para que ele se sentisse enganado e, como na infância, vivesse a dolorosa experiência de não ter seu valor reconhecido.

Outra situação que exige aprofundamento é quando somos procurados por uma pessoa que se diz "atormentada" pelo cônjuge, pois, muitas vezes, como na situação anterior, trata-se de uma relação patológica, com a qual os dois cônjuges se encontram comprometidos. O marido pode atormentar a mulher, ou vice-versa, com exigências que lhe foram impostas na infância por pais excessivamente severos ou, até mesmo, torturadores, configurando este comportamento uma defesa denominada de "identificação com o agressor". Representa uma forma de manter o vínculo afetivo com os pais mediante a negação da conduta deles, o que é conseguido transformando o cônjuge em uma tela da agressão do que se sentiu vítima na infância. Nesse sentido, também funciona como uma vingança que pode ser exercida através de exigências e punições ou de privações, tanto materiais quanto afetivas. Esses casais, apesar do sofrimento, apresentam uma tendência a permanecerem juntos devido ao fato de o cônjuge queixoso costumar ser uma pessoa que tem dificuldade de lidar com os seus aspectos agressivos, preferindo que o outro assuma e exerça esse aspecto rechaçado de sua personalidade. O que precisamos nos perguntar é até que ponto esta postura de vítima ou de bonzinho constitui uma forma de provocar a agressividade do outro, equiparando uma relação aparentemente desigual.

Outros indivíduos escolhem como cônjuge alguém que, por suas características de personalidade, assume a função de cercear identificações, desejos ou fantasias que a consciência deles rejeita. Nesta linha, um homem pode apresentar uma forte identificação materna e desejar ser tratado como sua mãe foi tratada por seu pai, mas essa fantasia origina sentimentos de culpa em relação ao pai, além de estabelecer um conflito com sua própria identidade masculina. Diante disso, ele elege como esposa uma mulher bastante feminina para negar seus aspectos homossexuais, mas logo estabelece com ela uma forte competição, passando a tratá-la com desprezo e agressividade. Agindo dessa maneira, ele imagina encontrar-se livre da suspeita sobre a sua masculinidade. Em alguns casos, a mulher é sutilmente estimulada a manter relações sexuais com outros homens, criando uma situação que, por um lado permite ao marido estabelecer, por identificação com ela, um relacionamento homossexual e, por outro, exercer sua masculinidade reprovando e, muitas vezes, agredindo a esposa.

Freud descreveu um tipo de escolha de parceiro de casamento baseado no "complexo de redentor", que na versão masculina exige que haja um terceiro prejudicado, que o objeto amoroso seja do tipo venal, que sinta ciúme deste objeto e que realize uma fantasia de redenção. A primeira condição se relaciona com o fato de que esses homens nunca escolhem mulheres livres para se ligarem, mas uma que alguém pode reclamar como sendo sua noiva, esposa ou amante. A segunda condição é a que a mulher represente uma prostituta, pois, se aos seus olhos for recatada, não exercerá qualquer atrativo. A terceira condição é que a mulher aja de uma maneira que lhe provoque ciúme, única situação que lhe outorga valor sexual. Finalmente, a quarta condição consiste em que a mulher precise dele, oferecendo-lhe a oportunidade de salvá-la. Da mesma forma, a mulher que apresenta o complexo de redentora possui um irresistível impulso de salvar, por meio do amor, um homem "caído", que pode ser um jogador, um alcoólatra ou mesmo um criminoso.

Nos dois casos, existe uma fantasia incestuosa associada ao desejo de "salvar" a mãe dos braços do pai, na versão masculina do complexo de redentor, e "salvar" o pai dos braços da mãe na versão feminina. O caráter infantil e a complexidade desses casamentos tornam a relação frustrante e impedem o crescimento do casal.

Dentro deste capítulo, cabe ainda incluir a violência conjugal, um tema excessivamente amplo, na medida em que cada cultura e cada momento da mesma cultura a encara de diferentes maneiras. Nos Estados Unidos, a violência doméstica ocupa o primeiro lugar entre as causas de lesões corporais sofridas por mulheres. O número supera o total dos atendimentos médicos por estupro, acidentes de carro e assaltos juntos. A cada dia, quatro mulheres são assassinadas por seu companheiro durante o relacionamento ou após a separação. No Brasil, mais de 40% das vítimas de alguma forma de violência são mulheres, sendo que, em 63% dos casos, os agressores são pessoas conhecidas e próximas. A maioria das vítimas encontra-se na faixa etária que vai dos 21 aos 30 anos, predominando entre as que se declaram "amasiadas". As razões dos atos violentos costumam ser inexpressivas e, geralmente, eles iniciaram há muito tempo e se repetem, em 88% dos casos, todos os dias ou todas as semanas. A tendência das pessoas é considerar apenas a violência física, aquela que se pode comprovar com suas marcas no corpo da vítima. Não obstante, existem outras formas mais sutis de violência que não podem ser subestimadas. George Simenon, em sua novela *O gato* (1966), narra um cruel e sórdido drama protagonizado por um casal de anciãos que há muito tempo não se falam, mas os bilhetes que trocam revela o empenho de destruir um ao outro, configurando um tipo de violência conjugal que se processa em silêncio.

Na história criada por Simenon existe a escrita, que é utilizada por ambos, mas, em outras situações, o silêncio de um dos cônjuges é tudo e é a própria violência. Sendo assim, devemos definir a violência conjugal como algo que inclua a agressão física, mas que não se restrinja a ela. Uma maneira de fazê-lo é considerar como violência conjugal não só o ato que fere ou constrange, mas que, de alguma maneira, "des-subjetiva" o outro, priva-o de sua condição de sujeito e o transforma em coisa. Todas essas formas de violência estão colocadas em uma única relação conjugal no filme espanhol *Te doy mis ojos*, (2003), dirigido por Iciar Bollain, que nos faz sentir na carne o sofrimento imposto por um homem (Antônio) à sua jovem e linda esposa (Pilar), com repercussão na vida do filho de 10 ou 12 anos. A trama revela um marido que teme ser traído pela esposa e que se utiliza de todos os meios para garantir a condição de único interesse dela, com exclusão de familiares, amigas, trabalho e do próprio filho. Antônio sustenta que ama Pilar e ambiciona que ela não olhe para mais nada no mundo que não seja ele, porque – diz – "você é tudo para mim" e, conseqüentemente, ele tem de ser tudo para ela. A idéia de um só no casamento é muito forte e, no relacionamento enfocado no filme de Bollain, essa concepção da união conjugal é levada às últimas conseqüências, mostrando que a violência pode destruir vínculos, mas constrói laços, tornando-se necessária, indispensável. Através de referências às vivências infantis de Pilar e das características de personalidade da mãe, até certo ponto conseguimos encontrar um sentido para sua submissão ao marido. Contudo, na medida em que as cenas de violência vão repetindo-se, perguntamo-nos repetidas vezes: Por que ela continua? Por que ela não vai embora? Essas são as perguntas que sempre se fazem as autoridades policiais de todo o mundo ao registrarem as queixas das mulheres que sofrem agressões físicas de seus parceiros conjugais. Ao contrário disso, em 70% dos casos elas retiram as queixas apresentadas. A verdade é que, após a primeira agressão sofrida, 80% das mulheres acreditam que a situação vai melhorar, permanecendo com o marido por amor (63%), por causa dos filhos (26%) ou devido a aspectos econômicos (25%).

Pessoalmente, acredito que as razões que levam as mulheres a permanecerem com seus companheiros após um ou, na maioria das vezes, inúmeros atos de violência, são na quase totalidade dos casos inconscientes, refletindo a necessidade de punição gerada pela realização de fantasias sexuais infantis. Em um quadro denominado "masoquismo", a suposta vítima da violência do marido procura incitá-lo no sentido de agredi-la, obtendo um gozo com esta situação. As mulheres também se submetem aos maus-tratos dos maridos como resultado de uma dependência amorosa exagerada, caracterizando uma relação do tipo "amo-escravo", relacionada com a posição feminina na sociedade patriarcal, na qual a mulher faz tudo que lhe é exigido em troca de ser amada. Por último, não devemos subestimar certos estereótipos culturais que configuram a mulher como dócil, passiva, frágil, dependente e maternal, enquanto o homem é visto como ativo, dominador e naturalmente agressivo. Quando essa ideologia é partilhada pelo casal, não raro acontecem exageros que levam à ocorrência de atos violentos contra a mulher. Existe ainda um tipo de relação conjugal muito arcaico em que mesmo diante das piores condições o casal permanece junto. Nele, a separação é algo impensável, pois representa um esvaziamento afetivo total, uma verdadeira hemorragia psíquica, quem sabe a morte. Maldavsky utiliza a expressão *"carne de mi carne"* para caracterizar este padrão vincular, no qual os cônjuges são partes de um corpo único, como se estivessem unidos por um cordão umbilical ou como se fossem um a placenta do outro e, alternativamente, exercessem a função de filtro das angústias e tensões do outro, repetindo a primitiva relação mãe-bebê. Por tudo isso, a maioria desses problemas não se resolve em uma delegacia de polícia, mas em uma terapia, onde, então, paciente e terapeuta poderão determinar as motivações inconscientes de uma vida tão sofrida. Uma vez, após uma palestra sobre patologia conjugal, perguntaram-me como se poderia evitar relacionamentos dessa natureza. Respondi que tratando os filhos com carinho, respeito, consideração, evitando as discriminações de gênero e, em relação à sexualidade, não reprimindo ou agindo de uma forma provocativa para não traumatizá-los. Se não desejamos que nossas filhas venham a ser vítimas de humilhação, maus-tratos ou agressão física por parte de seus maridos, devemos evitar agir com elas desta forma, pois uma experiência infantil com essas características é quase lugar comum nos casos de violência conjugal. Não podemos que a violência dos pais, assim como mais tarde a do companheiro, pode ser silenciosa.

Como ponto final deste capítulo, vou abordar os casamentos em que o cônjuge é eleito por aceitar a exigência de impor ao outro um sofrimento. Evidentemente, essas escolhas não são acidentais e visam a aplacar intoleráveis sentimentos de culpa. São inúmeros os exemplos deste tipo de relacionamento, havendo situações em que o sofrimento imposto apresenta requintes de crueldade, mas ele não costuma ser percebido pelos demais devido à resignação do cônjuge que se sente culpado. Em um caso que tive a oportunidade de receber em meu consultório, o marido trabalhava até não poder mais para proporcionar todas as formas de gratificação à esposa, que não se constrangia em lhe impor as mais exageradas exigências. Quando ocorria de ele fazer alguma coisa que a ofendia ou frustrava, era penalizado com vários dias de abstinência sexual. Chamou a minha atenção o reconhecimento que ele demonstrava das capacidades da mulher, em detrimento das próprias, geralmente subestimadas por ele mesmo. Como se não bastasse, embora ela nunca tivesse trabalhado na empresa que havia fundado antes de conhecê-la, em um determinado momento ele a colocou no nome dela, passando a depender de sua anuência sempre que necessitava realizar um negócio. Ao longo do tratamento, o marido foi capaz de identificar as razões que o levaram a estabelecer um relacionamento com essas características, ao mesmo tempo em que a mulher pode entender que uma infância sofrida, marcada por sucessivos abandonos, era a causa de sua conduta com o marido, através da qual tentava obter uma compensação pelo fato de não ter-se sentido valorizada pelos pais.

Viuvez: um tema esquecido? 9

A pergunta do título se impõe porque tanto os livros que tratam do casamento quanto os que tratam do ciclo vital geralmente não prestam atenção a este tema, como se não representasse uma ocorrência possível a todos que se casam, não faltando exemplos de pessoas que ficaram viúvas mais de uma vez ao longo de sua existência. Na realidade, homens e mulheres, na condição de viúvos, representam um percentual significativo da população, com tendência a aumentar, na medida em que se dilata o tempo médio de vida. Segundo pesquisa do IBGE, dentro do percentual da população que não possui algum tipo de união (55,1%, incluindo solteiros, separados, divorciados e viúvos), 3,9% do total são viúvos. A viuvez é crescente na medida em que aumenta a idade média da população, chamando a atenção a esmagadora predominância de mulheres. A mortalidade masculina mais precoce e a menor chance das mulheres idosas de se recasarem após a viuvez podem justificar essa assimetria entre os sexos. Como resultado, as mulheres passam em média 12% de suas vidas como viúvas. Geralmente, a viuvez constitui uma situação de mudança em uma etapa que o indivíduo tem dificuldade de estabelecer novas metas de vida. Como conseqüência, as pessoas que mais sofrem com a viuvez são aquelas que estão aposentadas, não tiveram filhos, não fazem parte de grupos sociais ou não possuem uma área de interesse que desenvolva a criatividade.

Além de pessoas que enviúvam tardiamente, nos últimos anos também tenho atendido a um número crescente de viúvos, homens e mulheres, cuja condição foi imposta pela perda do cônjuge por doença, geralmente câncer, que eventualmente acomete pessoas na metade da vida. Atualmente, ainda podemos acrescentar a viuvez antes de envelhecer por acidente de trânsito e violência, cujo número tem aumentado de forma assustadora. Se, apesar disso, o assunto segue no anonimato, cabe nos perguntar qual a razão. Penso que pode ser o próprio significado da palavra viúvo(a), que aparece nos dicionários como um substantivo (pessoa cujo cônjuge é falecido, enquanto não contrair novas núpcias), mas também como adjetivo: "diz-se do indivíduo cujo cônjuge está morto". Nesta acepção, ainda significa: só, abandonado, desamparado, privado ou carente. Portanto, o vocábulo viúvo(a), além de indicar um estado civil, aponta para uma qualidade de quem possui uma falta, está incompleto ou incapacitado. Dito de outra forma, alguém que não desejamos ser. Por isso, não é raro alguém afirmar que prefere morrer em primeiro lugar, porque não agüentaria viver sem o cônjuge, ou, "bondosamente", afirmar o oposto, ou seja, que será melhor o cônjuge morrer em primeiro lugar porque ele não agüentaria ficar sozinho, representando essa presunção uma projeção dos temores do próprio indivíduo.

Na verdade, desde há muito tempo o ser humano tem procurado, antecipadamente, negar a dor que representa perder uma pessoa com qual partilha sua vida, criando fantasias relacionadas com a fortuna e a sexualidade dos que enviúvam. De acordo com essas fantasias, os viúvos podem ser considerados como endinheirados, e as viúvas, além disso, como iniciadas em misteriosas práticas sexuais. Por conta disso, até o final do século XIX e início do século XX, as viúvas eram vistas como sexualmente perigosas devido à sua suposta luxúria, muitas vezes sendo impedidas de dormir com o restante da família dentro da casa. "A província vigia as viúvas", escreveu François Mauriac, em 1926, chamando a atenção para o preconceito que havia em relação à sexualidade das mulheres que enviuvavam, sendo obrigadas a manterem o rosto coberto por um véu durante um longo período. Ao escrever a famosa opereta *A viúva alegre*, apresentada pela primeira vez em 1905, Franz Lehar reproduziu este clima de excitação com a sexualidade e a suposta fortuna da mulher cujo marido faleceu.

A dificuldade de as pessoas perderem um ente amado gerou no Egito a tradição de as esposas dos faraós serem enterradas com os maridos, quando eles morriam. A inclusão dos serviçais da casa neste enterro comunitário aponta para a questão da dependência do ser humano que é muito marcada logo que nasce, mas que perdura por toda sua existência, encontrando no casamento um lenitivo. A viuvez expõe novamente não apenas a dependência do indivíduo, mas como quer dizer a palavra, também sua solidão, seu desamparo, sua privação e sua carência. A compensação da esposa e dos empregados para se deixarem enterrar ao lado faraó era que ressuscitariam com ele para uma nova vida juntos, mas essa decisão também representava a dificuldade de se separar de alguém muito poderoso e que ocupava uma posição de protetor.

A antiga prática egípcia, de alguma forma, mantém-se até hoje, pois não são raros os homens e mulheres que "se enterram" com os seus companheiros quando estes morrem. Por amor ou por dependência? Quem sabe não se consiga fazer esta distinção quando uma única pessoa, ao longo de uma vida inteira, foi alvo tanto da nossa dependência quanto do nosso amor infinitos. A propósito, guardo na lembrança, desde há muito tempo, a história de um casal que conheci quando já tinham uma idade avançada e veio a falecer a esposa, pondo fim a um relacionamento de mais de 50 anos. O marido, que costumava lhe chamar de "mamãe", entrou em um verdadeiro desespero: não conseguia se alimentar, o que sempre fizera ao lado da mulher, chorava sem parar e piorou rapidamente de um glaucoma, ficando cego em poucos meses. A impressão que dava é que não desejava ver mais nada nesta vida. Faleceu após cerca de um ano. Obviamente, não foi o que constou no atestado de óbito, mas para o seu médico particular, familiares e amigos, ele "morreu de amor". Contudo, criou-se um certo constrangimento quando, algum tempo mais tarde, por ocasião do inventário, surgiu um filho de uma relação extraconjugal de muitos anos que ninguém tinha conhecimento, revelando que, provavelmente, não foi somente o amor que determinou a sua morte, mas também a dependência da "mamãe".

A perda da visão, no caso citado, mostra-se bastante emblemático, evidenciando o quanto um dos cônjuges pode representar a luz que ilumina a vida do outro, em particular na velhice quando, à semelhança da infância, a dependência do ser humano pode tornar-se bastante grande. Outro exemplo reforça este aspecto da viuvez. Trata-se de Dora, uma mulher que, segundo constava, "nunca adoecera", mas que, aos 68 anos, foi acometida por um acidente vascular cerebral, permanecendo internada em uma UTI durante algumas semanas. Durante esse período, o marido, um empresário de iniciativa e grande sucesso profissional, três anos mais velho, apresentou um quadro confusional de causa indeterminada, o qual regrediu quando a esposa saiu do hospital. Dois anos mais tarde, Dora voltou a adoecer e, mais uma vez, foi hospitalizada, vindo a falecer. O marido novamente ficou confuso, necessitando do cuidado permanente de uma enfermeira, perdendo totalmente a capacidade para trabalhar.

As duas situações apontam para uma maior dependência do homem em relação à mulher, a qual, embora se revele mais claramente na viuvez, abrange a totalidade do relacionamento conjugal. Não obstante, ela sempre foi encoberta pela condição de provedor do marido, mas passou a mostrar sua verdadeira face na medida em que a mulher foi liberando-se sexual e economicamente. Apesar de observar este fenômeno no dia-a-dia do meu consultório, confesso que me surpreendi com um telefonema da editora da revista do jornal *O Globo*, com o objetivo de me entrevistar para uma matéria intitulada "Como as mulheres podem ajudar os homens a se tornarem mais independentes" (matéria que saiu no domingo, 05/03/2006), mostrando que ninguém tem mais dúvida desta particularidade da relação conjugal, que é a maior dependência do homem em relação à mulher, durante séculos falseada. Na verdade, os homens ainda seguem enganando-se, não fosse isso, eu não teria me surpreendido com o telefonema da jornalista...

Exatamente pela dependência imposta pela cultura, para algumas mulheres a viuvez pode representar uma libertação, assim como a aquisição de uma identidade não-reconhecida. De fato, ainda no século XIX, em grande parte do mundo ocidental, as mulheres casadas não tinham o direito de firmar contratos, abrir processos ou ter parte em um negócio: os maridos eram responsáveis por elas perante a lei. As mulheres não possuíam existência jurídica independente, e somente as solteiras, quando morria o pai, ou as viúvas, quando morria o marido, podiam ingressar nos negócios com nome próprio. Mesmo com a mudança do seu estatuto jurídico, essa norma ainda permaneceu por muito tempo, avançando no século XX, principalmente em zonas rurais, onde somente as mulheres viúvas trabalhavam fora de casa, como forma de garantir o sustento dos filhos. Na França, mesmo depois da Revolução, manteve-se por algum tempo o fundamento do Estado monárquico, segundo o qual a grandeza da esposa residia na submissão ao "pai-marido" e, na falta deste, ao primogênito, depositário da residência ancestral. A herança e o usufruto conferiam um poder e uma autonomia à viúva muito maiores, mas o reconhecimento de sua capacidade para administrar os bens e educar os filhos custou a se estabelecer, perdurando até parte do século XX a função de tutor, concedida aos tios.

Uma ocorrência muito freqüente na viuvez, comum a homens e mulheres, é a substituição do cônjuge falecido por um filho ou filha. Essa relação substitutiva é abordada de uma forma muito tocante no filme *Como água para chocolate* (Alfonso Arau, 1992), que retrata uma tradição mexicana, segundo a qual, quando morre o pai, a filha mais moça deve abdicar do casamento para acompanhar a mãe até o final de sua vida. Mesmo não correspondendo a uma tradição em relação à qual existe uma obediência tácita, a tendência é observada em todas as culturas, ainda nos nossos dias. Não são raros os casos em que, com a morte do marido, a mulher passa a ter a companhia na cama de uma das filhas. A companhia de um filho é menos freqüente, mas também pode ocorrer. Muitos homens agem da mesma forma quando perdem a esposa, formando nas duas situações um casal ligado pela ternura. Independentemente da combinação estabelecida, esse processo de substituição sempre implica para os filhos abrirem mão de uma parte de sua vida. O mesmo acontece com o viúvo ou a viúva ao abdicar a tentativa de dar início a uma nova relação conjugal. Nos dois lados, contribuem para essa renúncia sentimentos de culpa e fantasias incestuosas inconscientes que, evidentemente, não chegam a ser reveladas e, muito menos, consumadas.

Um corolário sutil dessas substituições explícitas do cônjuge falecido encontramos quando a pessoa enviúva em uma idade em que ainda há tempo suficiente para casar e constituir uma nova família, e os filhos se opõem frontalmente que ela inicie um relacionamento afetivo com alguém. Eles podem ser crianças, adolescentes ou adultos, até mesmo casados. Para justificar sua oposição, alegarão que tal atitude representa um desrespeito ao pai ou mãe mortos. O indivíduo, movido pela culpa de ter sobrevivido, poderá identificar-se com os filhos e render-se às exigências dos mesmos. Quando essa situação se estabelece, verifica-se um enorme prejuízo em termos de satisfação nos dois lados, na medida em que os filhos submetem-se às mesmas restrições impostas ao pai ou à mãe. Um homem que havia sido meu paciente 20 anos antes, procurou-me aos 70 anos e viúvo há um ano e meio para lhe ajudar a resolver um problema que se criara com as filhas após ter iniciado um relacionamento afetivo com uma senhora de 65 anos, que conhecera em um clube de terceira idade. Relatou-me que sua esposa falecera após anos de doença e que, não só durante este período, como também depois de sua morte, recebeu muito apoio e carinho das duas filhas, ambas casadas. Contudo, quando tomaram conhecimento de seu relacionamento amoroso, mudaram radicalmente a atitude com ele, recusando-se a conhecer e receber a companheira em suas casas, além de ameaçar nunca mais visitá-lo se eles decidissem morar juntos. Elas justificaram a reação dizendo que o que ele estava fazendo constituía uma inaceitável traição à mãe, sem perceber de que estavam colocando na mãe o que elas sentiam com o seu relacionamento, depois de terem conseguido realizar a fantasia de terem o pai só para elas, condição proporcionada pelo falecimento da mãe.

Na mesma linha, eu gostaria de descrever um outro tipo de situação em que existe uma tentativa de suprir a perda do cônjuge colocando alguém em seu lugar. Muitas vezes, um namoro que se inicia imediatamente após a morte do marido ou da esposa representa uma forma de evitar sentir a sua perda, não chegando a configurar uma nova relação. Geralmente, estes vínculos duram pouco tempo, porque um dos dois ou ambos acabam dando-se conta da falácia. Apesar disso, a dissolução do relacionamento pode gerar sofrimento, porque expõe a tristeza promovida pela perda subjacente. Em uma ocasião, fui procurado pelos filhos de um homem de 74 anos por se encontrarem preocupados com sua mudança de comportamento. De acordo com a descrição que fizeram, o pai estava apresentando uma reação eufórica desde que enviuvara, havia três meses. O mais chocante para os filhos é que se encontrava enamorado de uma mulher bem mais jovem, a qual vinha presenteando com roupas e jóias que haviam pertencido à esposa. Ele se sentia bastante bem e não via nenhuma razão para atender à vontade dos filhos de se submeter, naquele momento, a um tratamento psiquiátrico. Como eles não estavam preocupados com o valor das roupas e das jóias, assim como com os eventuais gastos do pai com a namorada, mas com a sua saúde mental, sugeri que continuassem observando o quadro por mais algum tempo e que, diante de um agravamento, voltassem a me procurar. Quando havia passado cerca de mais três meses, recebi um telefonema do próprio pai com o objetivo de marcar um horário para conversar comigo. O relacionamento estabelecido logo após o falecimento da esposa havia terminado, e ele se encontrava muito deprimido. Começou, então, um tratamento psicoterápico que lhe proporcionou se dar conta da negação que tentara fazer da tristeza e do sentimento de abandono que sentira com o falecimento da esposa ao colocar imediatamente em seu lugar outra mulher. A partir deste momento, deu início ao trabalho de elaboração do luto, que consiste no processo normal de enfrentamento da perda de alguém amado. Contudo, reações como a apresentada inicialmente neste caso são observadas freqüentemente, consistindo um motivo de preocupação somente nas situações em que a euforia se intensifica ou se prolonga exageradamente.

No entanto, os familiares e os terapeutas devem estar atentos para não confundir situações de negação da realidade da perda com processo normal de elaboração do luto. Um exemplo ilustra esta advertência. Trata-se de Jaime, um conhecido advogado que enviuvou aos 50 anos e se tornou vítima das críticas dos familiares e dos amigos ao se apresentar publicamente com uma namorada cerca de um ano após o falecimento da esposa. Todos ainda estavam consternados com a situação e consideraram sua atitude desrespeitosa não só com a esposa, como também com os que haviam acompanhado sua agonia, particularmente o filho, na época com 19 anos. Constrangido e culpado, Jaime terminou com a namorada, mas em dúvida com a decisão, resolveu procurar um psiquiatra. Na terapia que iniciou, foi ajudado a se dar conta de que os familiares e amigos não estavam levando em consideração o fato de que a esposa atravessara um longo período de doença antes de morrer, durante o qual sempre ele esteve ao seu lado, assumindo a responsabilidade pelos seus cuidados. Portanto, ele não estava procurando colocar alguém no lugar da esposa visando a atenuar o sofrimento pela sua perda, como no caso anterior, cuja tentativa de substituição se revela no uso das roupas e das jóias da esposa falecida. Na realidade, os primeiros sintomas de uma incurável doença degenerativa haviam surgido cinco ou seis meses antes, correspondendo ao tempo que Jaime foi elaborando esta perda anunciada. Ele amava sua esposa e também o filho e foi principalmente em função dele que, mesmo sem convicção, havia decidido terminar com a namorada. Desta forma, ele conseguira evitar que o filho, inconformado com seu namoro, saísse de casa para morar com os avós, mas essa atitude podia levá-lo a impor a si próprio a mesma restrição, ou seja, também não ter namorada. Diante disso, Jaime procurou influenciar o filho no sentido de também buscar um acompanhamento terapêutico, e, depois de algum tempo, o problema foi resolvido. Este caso deixa claro que, na verdade, não era o marido que se encontrava às voltas com um luto não-elaborado, mas os familiares, os amigos e, principalmente, o filho que, como é comum nas situações de perda, havia-se identificado com a mãe, razão pela qual se sentiu traído pelo pai ao tomar conhecimento de seu namoro.

O que estou procurando enfatizar é que toda perda implica um luto que precisa ser elaborado para que o indivíduo retome a normalidade da vida, permanecendo a lembrança do ente querido. Esse processo leva um tempo, mas quando se prolonga por mais de dois anos, diz-se que a pessoa encontra-se em um luto patológico, necessitando de tratamento especializado que visa a esclarecer as razões dessa impossibilidade de finalizar o processo. Freqüentemente, descobrimos sentimentos de culpa que levam a pessoa a se identificar com o morto. Um caso bem ilustrativo desse desenvolvimento patológico é o de Iara, uma mulher de 32 anos que três anos antes perdera o marido em um acidente aéreo em que também se encontrava. Desde então, segundo disse, não conseguira voltar a viver, indicando que se encontrava identificada com o marido. Sua queixa era que estava mal, mas sua realidade era que estava bem, condição que a fazia sentir-se culpada perante a família do marido e perante ela mesma por ter sobrevivido ao acidente. Ela não estava conseguindo usufruir o que o casamento lhe proporcionara. Casada durante cinco anos, manteve com o marido um relacionamento muito feliz e também muito idealizado. Na pequena cidade em que viviam, as pessoas diziam que o seu casamento havia sido um verdadeiro conto de fadas, uma fantasia que se sentia na obrigação de manter. Ao mesmo tempo, desde que enviuvara, os pais do marido haviam-lhe cercado de todas as atenções, fazendo com que se sentisse protegida e confortada, mas definitivamente presa a eles, como uma substituta do filho morto. No fundo, Iara não se sentia merecedora de uma segunda etapa de vida tão alegre, tão feliz e com tantas facilidades quanto havia sido a primeira.

Finalizando, eu quero acrescentar que um casamento feliz, tema do próximo capítulo, constitui um dos fatores que mais contribuem para uma adequada elaboração da morte do cônjuge, evitando que o indivíduo se defronte com a realidade de uma vida perdida em função de um relacionamento frustrante. Com base em uma experiência gratificante, sem culpa, ele poderá sentir-se estimulado a iniciar um novo relacionamento afetivo, mas sem a necessidade de substituir imediatamente a pessoa que faleceu. Essa pressa é mais comum entre aqueles cujo casamento foi marcado pela infelicidade e se sentem com pouco tempo para refazer sua vida. Por outro lado, a viuvez faz que a pessoa comece a pensar mais objetivamente em sua própria morte, situação que geralmente é mais tranqüila para aqueles que guardam na lembrança o registro de uma vida amorosa plena e satisfatória. Além desse aspecto, também favorecem a elaboração dos sentimentos gerados pela perda do cônjuge o convívio com filhos, netos e outros familiares, o envolvimento com o trabalho e outros interesses pessoais, a independência econômica e emocional, a capacidade de estabelecer relacionamentos sociais e a dedicação a uma atividade criativa.

É possível ser feliz no casamento? 10

No *Jornal das Famílias*, de junho e julho de 1866, escreveu Machado de Assis: "Há cinco anos que tenho a felicidade de possuir Ângela por mulher; e cada dia descubro-lhe mais suas qualidades. Ela é para o meu lar doméstico:

A luz,
A vida,
A alma,
A paz,
A esperança,
E a felicidade!

Procurei por tanto tempo a felicidade na solidão; é errado; achei-a no casamento, no ajuntamento moral de duas vontades, dois pensamentos e dois corações."

Passado quase um século e meio, será que ainda acreditamos que é possível ser feliz no casamento? No Brasil, de acordo com uma pesquisa da UERJ, 57% dos homens acham que os casados são mais felizes do que os solteiros, mas apenas 44% das mulheres têm o mesmo pensamento, provavelmente porque, embora já representem 50% da população economicamente ativa, ainda mantêm suas atividades como donas-de-casa. Provavelmente, a questão central não seja exatamente saber quem são os mais felizes, se os solteiros ou os casados, mas ambicionar a felicidade nessas duas condições. Eu não tenho dúvida de que as pessoas que usufruem mais verdadeiramente a vida de solteiro são as que apresentam mais condições de serem felizes no casamento. Na situação oposta, elas se ressentem de um tempo que foi perdido em suas vidas.

Certamente, não existem receitas para serem seguidas, mas a experiência clínica tem mostrado que algumas características são indispensáveis a um casamento feliz. Obviamente, essas características dependem das capacidades pessoais dos cônjuges, adquiridas antes do casamento ou consolidadas nos primeiros anos do relacionamento conjugal. Elas são comuns aos relacionamentos homo e heterossexuais, e seu conhecimento permite ao indivíduo determinar os pontos em que sua relação se encontra vulnerável e, dentro do possível, empenhar-se para reforçá-los, o que, muitas vezes, ocorre com a ajuda de uma psicoterapia individual ou de casal, de acordo com o caso. As 10 características a seguir descritas foram reunidas com base em uma avaliação de um grande número de casais que tive a oportunidade de atender ou cujo atendimento foi realizado com minha supervisão.

A primeira e, provavelmente, mais importante característica de um relacionamento conjugal feliz consiste em uma clara e definida separação da família de origem. A individuação dos filhos sempre acarreta um certo nível de decepção nos pais, mas que deve ser tolerada por aqueles, se desejam ter a sua própria vida. A maioria dos desajustes conjugais decorre de problemas de dependência e envolvimento em conflitos dos cônjuges com a família de origem. Eventualmente, é apenas um que não conseguiu independizar-se dos pais, mas, geralmente, são os dois. Nestes casos, não raro, as dificuldades são projetadas na família do outro, estabecendo-se conflitos cruzados. É preciso ter presente que o casamento representa uma mudança radical da vida do ser humano, por meio da qual o indivíduo deixa sua família para estabelecer uma ligação afetiva com uma pessoa estranha ao seu grupo de origem e formar com ela o núcleo de uma nova família, passando da posição de filho, de provido, para a posição de pai, de provedor. Portanto, o casamento é muito mais do que uma cerimônia, embora muitos pensem que todos os problemas do casamento se encontram na preparação da festa e da futura residência do casal. Alguns casais costumam passar o dia na casa da família de origem e, somente à noite, encontram-se em seu apartamento, às vezes, adquirido e decorado pelos pais. Nesses casos, o casamento representa apenas uma autorização familiar para os cônjuges manterem relações sexuais, e o traço predominante do casal é a dependência, que se pode encontrar associada a conflitos infantis não-resolvidos que acabam sendo levados para debaixo das cobertas. Dificilmente, um casal poderá estabelecer uma relação afetiva e sexualmente feliz se não tiver conseguido uma boa independização dos pais, consolidando-a nos primeiros anos de relacionamento conjugal. Todavia, como se sabe que ninguém se separa totalmente de sua família de origem, por mais independente que seja, a atitude madura é caracterizada pela capacidade dos cônjuges de evitar que suas famílias se cruzem em conflitos, preservando o bom relacionamento entre ambas. Além disso, é fundamental que exista um verdadeiro respeito pela família do outro. A rigor, as origens são o maior patrimônio do indivíduo e, ao desvalorizarmos sua família, também o estamos desvalorizando. O que não pode ser esquecido é que são necessárias duas famílias para constituir uma terceira. Por isso, quando alguém abandona sua família de origem e passa a fazer parte da família do cônjuge, por melhor que seja, não chega a constituir uma terceira família.

A segunda característica que geralmente observamos nos relacionamentos felizes reside na capacidade dos cônjuges de compatibilizar a vida em comum, própria do casamento, com a indispensável autonomia. Isso quer dizer que alguns "limites geográficos" são indispensáveis à vida do casal. Cada cônjuge deve ter um canto próprio no qual o outro, espontaneamente, evita interferir. Conclui-se, pois, que, não obstante, em uma relação conjugal marido e mulher compartilharem grande parte de seu tempo, afeto e interesses, a individualidade é indispensável para uma boa estruturação do casamento para que cada um possa ser o complemento, e não uma extensão do outro. Faz parte dessa regra aceitar a história do cônjuge e o desconhecimento dos fatos que, por alguma razão, o outro deseja manter preservado. Entre tais fatos incluem-se as experiências sexuais prévias ao casamento. Alguns indivíduos não toleram que o outro guarde boas lembranças e demonstre admiração e respeito por pessoas com as quais se relacionaram no passado, eventualmente, pai ou mãe de seus filhos. Aparentemente, não valorizam o fato de se encontrarem casados com alguém capaz de também tratá-los com consideração.

Uma atividade sexual satisfatória para ambos configura a terceira característica de um casamento feliz. Na verdade, o relacionamento sexual influi, marcadamente, sobre o curso da vida, representando a parte mais vulnerável da relação conjugal. Ademais, a relação sexual é particularmente suscetível às pressões internas e externas a que os cônjuges encontram-se submetidos. A experiência clínica revela que muitos casais mantêm seu relacionamento apenas porque, na cama, se dão muito bem e dizem que, se não fosse pelo sexo, o casamento já teria terminado. Ao mesmo tempo, as chamadas "dificuldades sexuais" se encontram entre as causas mais freqüentes de desajustes conjugais. A razão é que o casamento, embora não exclusivamente, constitui uma relação fundamentalmente sexual, e sua importância decorre da possibilidade de proporcionar união da satisfação afetiva e física em um único ato: o gozo sexual. Não devemos subestimar a realidade de que o amor sexual representa um dos aspectos mais valorizados, ambicionados e enriquecedores do relacionamento adulto. A rigor, uma vida sexual ativa, desinibida, criativa e prazerosa, com iniciativa de ambos os parceiros, na medida em que estabelece um pacto de cumplicidade em relação às fantasias de cada um, cumpre um importante papel no relacionamento conjugal.

A quarta característica que encontramos nos casamentos felizes reside no reconhecimento, desde o princípio, de que o casamento não é um "mar de rosas" e que os conflitos são inevitáveis, podendo, até mesmo, determinar a separação do casal. Somente quando existe essa constatação é que a pessoa pode atingir um certo distanciamento que lhe possibilite tornar-se, além de participante, também um observador de seu próprio casamento e procurar corrigir as dificuldades que surgem do próprio relacionamento. A relação conjugal, além de estabelecida, necessita ser mantida, apesar das mudanças impostas pelo tempo, tanto interna quanto externamente. Contudo, essas mudanças é que permitem manter a relação conjugal sempre atualizada, evitando a conhecida e repetida acusação de que, após alguns anos, a relação conjugal torna-se repetitiva e perde o encanto.

Todo relacionamento se inicia com uma idealização do parceiro. A permanência deste toque de romantismo constitui, a quinta característica do casamento feliz. De fato, nas relações duradouras e felizes, ao lado da aceitação de inevitáveis conflitos e decepções, que se revelam a cada dia de um vínculo tão íntimo quanto o casamento, observa-se a permanência do desejo e do enamoramento iniciais, mesmo em idade avançada. Para que isso seja alcançado, é indispensável o reconhecimento, por parte dos dois, da necessidade de uma permanente dose de idealização no relacionamento conjugal, ao lado de um suficiente nível de atração e de interesse. Em outras palavras, cada um deve esforçar-se para conservar o desejo e a admiração do outro e também ajudar o outro a manter sua auto-estima, com base no reconhecimento da realidade de que o envelhecimento do físico é progressivo e inexorável para ambos.

A sexta característica, aparentemente simples, na verdade representa uma das mais difíceis de serem conquistadas. Consiste no predomínio do uso da palavra como forma de expressão de expectativas, de satisfações e de insatisfações. Sabemos que existe uma comunicação inconsciente entre os cônjuges e que ela é um fator decisivo no casamento. No entanto, não pode ser esquecido que a relação não-verbal segue o modelo da primitiva relação mãe-bebê, em que uma das partes, a mãe, sabe tudo sobre as necessidades do bebê que, por essa razão, não necessita manifestá-las verbalmente. Em muitos casamentos, os cônjuges não chegam a expor em palavras seus sentimentos em relação ao outro, mas esperam ser compreendidos, zangando-se quando isso não ocorre. Inevitavelmente, um relacionamento com essa exigência infantil faz com que os parceiros vivam, com freqüência, situações de frustração, as quais acabam gerando insatisfação e desajuste conjugal. A tendência oposta observa-se nos casamentos em que os cônjuges são capazes de expressar seus anseios, necessidades e também ressentimentos por meio da comunicação verbal, de forma clara e objetiva.

A sétima característica se relaciona com a enaltecida cumplicidade conjugal. Sua importância resulta do fato de o casamento representar para o indivíduo adulto uma área de segurança e abastecimento afetivo. Em outras palavras, um lugar seguro para o amor, o ódio, o conflito, a dependência, a regressão, o brincar, o "prazer proibido", o fracasso, o sucesso, a inveja, a decepção, a alegria, a tristeza e, finalmente, o envelhecimento. Faz parte dessa regra estimular o parceiro a crescer e a ter sucesso. Observamos que as pessoas que se dizem felizes em seu casamento geralmente referem que se sentem aceitas e ajudadas pelo cônjuge em vários aspectos importantes de sua vida.

A oitava característica do relacionamento conjugal feliz reside na capacidade de criar um espaço psicológico que possibilite a interação dos cônjuges com o entorno social, do qual devem participar as amizades anteriores ao casamento e as adquiridas posteriormente. Embora a preservação da privacidade do casal constitua um dos fatores principais para um bom relacionamento conjugal, os amigos contribuem, de várias maneiras, para a manutenção desse estado favorável. Além de funcionarem como parâmetros do processo de avaliação do casamento, eles participam da área de distribuição de afetos, contribuindo para o equilíbrio da relação conjugal. O desejável é que o casal possa passar parte do tempo sozinho e parte do tempo acompanhado, em casa e em outros ambientes sociais.

A penúltima característica se configura quando o casal consegue alargar a relação para incluir os filhos, biológicos ou adotivos, constituindo uma família. Alguns casamentos se caracterizam pela ausência de espaço para os filhos, porque o casal estabelece uma relação de exclusividade absoluta entre ambos, refletindo, em alguns casos, mas não em todos, um modelo bastante infantil de vínculo afetivo. No entanto, assim como os amigos, os filhos não devem comprometer a intimidade do casal. Existem casamentos em que o nascimento de um filho põe fim à privacidade do casal, e a criança passa a dominar a família, impedindo a intimidade física e emocional dos pais. Quando isso ocorre, o casamento tende a se esvaziar afetivamente e perder seus atrativos, resumindo-se às tarefas de maternidade e paternidade.

A décima e última característica encontramos na capacidade de tornar o casamento uma relação alegre e divertida. Embora o relacionamento conjugal, inevitavelmente, envolva compromissos, privações e renúncias, ao mesmo tempo ele deve representar uma fonte de prazer e de felicidade. Contudo, um casamento feliz não é sinônimo de constante estado de serenidade, observado mais freqüentemente nas relações de dominação. A rigor, um certo nível de tensão entre os cônjuges, decorrente das diferenças, do caráter incompleto do ser humano e da interdependência entre eles, é inevitável e necessário, não a ponto de gerar angústia excessiva, mas para evitar o tédio, o pior inimigo do casamento feliz.

Perdoar, é preciso? 11

Apesar de muito antiga e muito comum, a palavra "perdão" aparentemente não possui um lugar bem-definido nas relações amorosas. Em sua origem, significava cancelamento de alguma obrigação, particularmente de um débito financeiro, algo quase impossível de ocorrer na atualidade. Posteriormente, tornou-se um conceito bíblico. Jesus usou a palavra em sentido figurativo: perdoar os devedores espirituais, aqueles que transgridem a lei de Deus. Por isso, pede ao Pai: "Perdoai-nos as nossas dívidas como nós as dos nossos devedores". Por fim, em uma demonstração máxima de amor ao próximo, deixa-se morrer na cruz para que a humanidade pudesse obter o perdão de Deus por seus pecados. Um preço elevado, se levarmos em consideração a reflexão de Schiller de que "a mais divina das vitórias é o perdão", ou a advertência de Machado de Assis, ao dizer: "Não levante a espada sobre a cabeça de quem te pediu perdão".

Perdoar é absolver, desobrigar de pagamento ou remitir, que significa dar-se como pago. Faço esse esclarecimento porque, na maioria das vezes, as pessoas dizem que perdoam, mas impõem condições proporcionais à suposta falta, o que equivale a não perdoar. Na verdade, o perdão é uma questão de foro íntimo, uma decisão interna que o indivíduo deve reconhecer que toma também em seu próprio benefício. Talvez resida nessa exigência a dificuldade de perdoar, verdadeiramente. Contudo, precisamos nos perguntar se é possível manter um relacionamento amoroso por muito tempo, sem que o perdão esteja presente. Em seu livro, *Vivendo a vida*, Hillary Clinton diz que perdoou seu marido no episódio com Monica Lewinsky, para seguir sua vida conjugal e profissional em paz.

A psicanálise procura explicar o funcionamento mental no contexto das relações interpessoais, mas não formula nenhuma teoria sobre o perdão. Ela chamou a atenção para a necessidade de o indivíduo aceitar as limitações humanas dos pais como forma de se tornar menos exigente com ele mesmo. Relacionado com a aceitação dos pais como pessoas reais, dotados de aspectos bons e maus, ainda desenvolveu o conceito de gratidão; mas ser grato, reconhecido, agradecido não é o mesmo que perdoar. A psicanálise ainda destacou a importância do reconhecimento do outro como um ser individualizado e com características próprias, enfatizando a importância de superar a onipotência infantil que, projetada nos pais, gera a expectativa de uma perfeição impossível de ser atingida. Contudo, as obras de Freud e de sua seguidora mais destacada, Melanie Klein, não incluem a palavra "perdão" em nenhum de seus trabalhos. Também não me lembro de ter assistido a algum trabalho clínico que o analista tivesse lidado com a capacidade dele ou do paciente de perdoar. Por último, devo confessar que, seguindo esta tendência, foi somente depois de começar a atender casais que me dei conta da importância do perdão nos relacionamentos amorosos.

As pessoas imaturas, o que quer dizer mais onipotentes e menos diferenciadas, têm sérias dificuldades de perdoar alguém que, por alguma razão, magoou-as. Na verdade, o ato de perdoar envolve uma série de exigências, entre as quais se encontram a aceitação das diferenças e das limitações humanas, a gratidão pelo objeto amoroso e o reconhecimento de que, de alguma forma, ainda que minimamente, contribuiu para que o outro agisse da maneira que agiu. O verdadeiro perdão, aquele que marca para sempre a vida do que perdoa e do que é perdoado, é típico dos indivíduos tolerantes, bondosos e capazes de se colocarem no lugar do outro.

Até aqui enfoquei o ponto de vista de quem perdoa, mas será que pedir perdão é mais fácil? Por outro lado, não será esta a condição indispensável para obter o perdão? É o que diz o poeta Vinicius de Moraes:

Vai, meu coração, pede perdão
Perdão apaixonado
Vai, porque quem não pede perdão
Não é nunca perdoado

De fato, não faz sentido falar em perdão quando não existe o outro que demonstra claramente o desejo de ser perdoado. A falta dessa ambição indica ausência de arrependimento e possibilidade de vir a se repetir a situação que determinou o problema. Portanto, a grandeza do gesto de quem perdoa é proporcional à grandeza do gesto de quem pede o perdão. Essa proporcionalidade é que indica a existência do amor entre as duas pessoas envolvidas. Cito dois exemplos em que um dos cônjuges descobriu que o outro mantinha um relacionamento extraconjugal. No primeiro, o autor da infidelidade subestimou a importância daquele relacionamento e apelou ao cônjuge que relevasse aquela situação em nome dos anos que se encontravam juntos, do que haviam conseguido construir durante aquele período e, principalmente, para evitar o sofrimento dos filhos. O casal se manteve junto, mas, passado algum tempo, uma nova infidelidade foi descoberta. O exemplo tipifica aqueles casos em que não se observa o pedido de perdão e, conseqüentemente, deixa de haver o perdão. As conveniências são que mantêm o casamento. No segundo, o autor da infidelidade explicou as razões da infidelidade, incluindo o desinteresse que o cônjuge vinha demonstrando nos últimos anos em relação a ele, mas que se encontrava verdadeiramente arrependido e apelava para seu perdão porque o amava muito e não queria perdê-lo. O cônjuge que fora vítima da infidelidade não concedeu o perdão e, implacavelmente, tomou a decisão de se separar. O sofrimento do primeiro como resultado da separação tornou-se evidente, persistindo por muitos meses, contrastando com a alegria do segundo. O primeiro, depois de dois ou três anos voltou a se casar, enquanto o segundo permaneceu descasado. Na verdade, o último sempre mantivera uma relação ambivalente com o casamento, pois sua fantasia era manter eternamente uma vida de solteiro, viajando e convivendo com pessoas com as quais pudesse compartilhar seus interesses artísticos. Contudo, nascido em uma família tradicional do interior, aparentemente, sentiu-se constrangido a se casar e ter filhos, seguindo o modelo dos irmãos mais velhos. Com o tempo, consciente ou inconscientemente acabou contribuindo para que o cônjuge viesse a ter um relacionamento extraconjugal, encontrando um motivo suficientemente forte para se separar e encontrar-se com a vida que sempre almejara desfrutar. Diferentemente do primeiro, neste exemplo houve o pedido, mas o perdão foi negado, não pela injúria, mas porque o outro desejava terminar o casamento. O caso demonstra como realmente a concessão do perdão configura uma situação de foro íntimo, muito mais do que um exclusivo gesto de benevolência, que não faltava na situação citada.

Os dois exemplos nos colocam diante de uma questão relacionada com o tipo de problema que, em um relacionamento conjugal, gera o pedido e a concessão de perdão. Na prática, são os casos de infidelidade que mais freqüentemente ameaçam o casamento, mas não são os únicos, por isso, o perdão ocupa vários espaços no relacionamento amoroso de um homem e uma mulher, dois homens ou duas mulheres. Todas as pessoas se casam com expectativas de satisfação que o outro, implícita ou explicitamente, promete satisfazer e, quando isso não ocorre, sentem-se frustradas ou até mesmo traídas. De fato, dependendo do caso, não deixa de ser uma forma de infidelidade. Em uma situação, um dos cônjuges cancelou temporariamente sua carreira acadêmica para que o outro levasse adiante um projeto profissional bem definido. Contudo, esse projeto foi muito além do previsto, pondo em risco a ambição do primeiro que, sentindo-se enganado, cogitou uma separação. Frente a essa possibilidade, o segundo reconheceu seu egoísmo e se dispôs a cumprir o que haviam combinado inicialmente. Neste caso, implicitamente, houve um pedido e uma concessão de perdão, permitindo o restabelecimento da confiança e do respeito pelas expectativas do outro, bases de um relacionamento conjugal harmonioso.

Em outras situações, o sentimento de traição pode relacionar-se com mudanças de projeto de vida, número de filhos, forma de tratar o outro e cuidado consigo próprio, entre outras causas. Um exemplo do primeiro caso é o de um homem que, ao casar, prometeu à mulher uma vida simples e voltada para a família, mas depois se dedica integralmente ao trabalho e, na proporção em que vai aumentando os ganhos, começa a desenvolver uma atividade social intensa. No segundo caso, um dos cônjuges, contrariando um projeto inicial, pode decidir não ter filhos ou ter mais ou menos filhos, impondo uma frustração ou uma sobrecarga ao outro. Um exemplo típico do terceiro caso constatamos quando um dos cônjuges deixa de ser a pessoa carinhosa que parecia ser antes de casar ou nos primeiros anos do casamento. O quarto caso verifica-se quando o cônjuge, com o passar do tempo, descuida-se com a própria saúde, começa a beber ou a comer excessivamente etc. Todas mudanças não-previstas ou não-programadas podem frustrar as justas expectativas do outro, dando margem ao surgimento do desejo de pôr fim ao relacionamento, em particular quando o casal é formado por dois indivíduos independentes emocional e economicamente.

O pedido e a concessão do perdão apresentam um condicionante cultural que não pode ser subestimado, determinando diferenças no comportamento de homens e mulheres de diferentes países no que diz respeito a esse assunto. Em uma cultura patriarcal, com algumas características machistas como a nossa, observa-se, de maneira geral, que as mulheres se mostram mais capazes de perdoar do que os homens, mas é provável que eles encontrem ainda mais dificuldade quando se trata de pedir perdão, por considerar que este comportamento significa uma fraqueza inaceitável. Contudo, no casamento moderno, não existe mais lugar para essas diferenças: ambos esperam ser valorizados e respeitados pelo outro, tanto nos relacionamentos heterossexuais quanto nos homossexuais. Para os indivíduos narcisistas, de ambos os sexos, pedir perdão representa uma intolerável humilhação à qual se recusam terminantemente se submeter. Afora isso, eles não toleram qualquer crítica ao seu comportamento, muito menos reconhecer que o outro tem direitos que precisam ser respeitados, mesmo quando não estão de acordo com seus interesses. No entanto, podem ter menos dificuldade para conceder o perdão, conferindo a este ato um caráter majestático. Em contrapartida, a pessoa que se desvaloriza perante o seu parceiro ou dele depende vai dispor-se com muito maior facilidade a perdoá-lo, mas, neste caso, o perdão corresponde a um gesto de submissão.

O perdão também é importante nas relações entre pais e filhos, nos vínculos de amizade e no campo profissional, mas neste capítulo procurei me deter no relacionamento conjugal, finalizando com a lembrança do perdão das pequenas faltas, como os atrasos, os esquecimentos, as incompreensões e as desconsiderações, tão freqüentes no dia-a-dia de um casal. Evidentemente, não é esse tipo de problema que, geralmente, põe em risco o casamento, mas pode abater as pessoas e comprometer a qualidade do relacionamento. Quando o cônjuge que cometeu a pequena falta pede perdão ou, no caso, mais apropriadamente, pede desculpa, demonstra que reconhece e valoriza o outro, indicando que não pretende repetir no futuro a mesma conduta. Portanto, pedir perdão representa uma forma de manter o relacionamento conjugal em alto nível, mas não podemos esquecer os versos de Vinicius de Moraes, mais uma vez lembrado, que alertam:

> *Da primeira vez ela chorou*
> *Mas resolveu ficar*
> *É que os momentos felizes*
> *Tinham deixado raízes no seu penar*
> *Depois perdeu a esperança*
> *Porque o perdão também cansa de perdoar*

O amor que não pode ser dito 12

Existem relações heterossexuais e relações homossexuais e, entre ambas, diferenças marcantes, em que pese a tendência das pessoas a fazerem comparações que, inevitavelmente, mostram-se infrutíferas. Na verdade, correspondem a duas formas distintas de amar, que podem ser exclusivas, simultâneas ou relacionadas com diferentes etapas da vida de um homem ou de uma mulher, de tal forma que um indivíduo pode manter relações heterossexuais por um tempo e, depois, trocar por relações homossexuais, ou vice-versa. Isso é possível, porque todos homens e todas mulheres possuem uma base psicológica que os capacita para as duas formas de relacionamento.

A monossexualidade, uma verdadeira ferida narcísica da humanidade, conforme acentua Joyce McDougall, implica a difícil renúncia da nossa disposição instintiva bissexual. A rigor, diz essa conhecida psicanalista francesa da atualidade, nós não nascemos homem ou mulher, mas nos tornamos homem ou mulher de acordo com o que for autorizado pelos medos e desejos de nossos pais e pelo discurso familiar. Sendo assim, devemos considerar que a heterossexualidade constitui apenas um dos destinos da complexa e inerentemente traumática sexualidade infantil. Conseqüentemente, as preferências sexuais somente se tornam um problema do ponto de vista psicológico quando não estão de acordo com a identidade do indivíduo, tornando-se uma fonte de sofrimento psíquico. Na prática, os homossexuais, homens ou mulheres, encontram-se tão ou mais seguros do que os heterossexuais quanto à sua orientação sexual, não tendo, em sua maioria, o menor desejo de renunciá-la. O predomínio de uma ou de outra tendência sexual é, em grande parte, determinado pelo condicionamento sociocultural.

Em 1948, a Organização Mundial da Saúde (OMS) incluiu o homossexualismo na 6ª Classificação Internacional de Doenças (CID), na categoria 320 (Personalidade patológica) como um dos termos de inclusão da subcategoria 320.6 (Desvio sexual) e manteve-se assim na 7ª revisão (1955). Em 1965, na 8ª revisão, o homossexualismo saiu da categoria "Personalidade patológica" para integrar a categoria dos "Transtornos sexuais", na subcategoria específica de nº 302.0. A mesma situação estigmatizante persistiu na 9ª revisão da CID (1975), mas como resultado de pressões, colocou a seguinte observação: "Codifique a homossexualidade aqui seja ou não a mesma considerada transtorno mental". Finalmente, em 17 de maio de 1990, uma decisão da Assembléia Geral da OMS retirou a homossexualidade de sua lista de doenças mentais, declarando que "a homossexualidade não constitui doença, nem distúrbio e nem perversão". A nova classificação (CID-10) entrou em vigor entre os países membros das Nações Unidas em 1994, encerrando um ciclo de 2 mil anos em que a cultura judaico-cristã encarou a homossexualidade primeiro como pecado, depois como crime e, por último, ao longo de 42 anos, como doença mental.

Deve ser salientado que, alguns anos antes, em 1985, o Conselho Federal de Medicina do Brasil já havia desconsiderado o código 302.0 da CID. Esta decisão seguiu a mesma orientação da Associação Psiquiátrica Americana que, 1973, excluíra o homossexualismo do seu Manual de Diagnóstico de Transtornos Mentais (DSM), passando a considerá-lo como uma forma de orientação sexual, em condições de igualdade com o heterossexualismo.

Apesar de excluído das classificações oficiais de doenças mentais (CID-10 e DSM-IV), psiquiatras e psicanalistas ainda consideram o homossexualismo um desvio sexual e o homossexual uma pessoa cujos problemas emocionais decorrem dessa condição. Pensando assim, tendem a direcionar os tratamentos no sentido de "heterossexualizar" os pacientes que mantêm relações afetivas com parceiros do mesmo sexo, esquecidos da advertência de Freud de que era muito difícil transformar um homossexual em heterossexual, não menos do que o inverso. Para esses profissionais, que não reconhecem o efeito iatrogênico de sua conduta e, muito menos, não estão subordinados aos ditames da cultura, o desenvolvimento normal do ser humano não conduz à homossexualidade, sendo ela, portanto, expressão de um conflito psíquico, perversão ou atraso do desenvolvimento emocional. De acordo com o pensamento psicanalítico tradicional, uma mulher dominadora ou sedutora e um homem fraco ou ausente levariam o filho a se identificar com a mãe em vez de com o pai, desenvolvendo uma homossexualidade. No entanto, a prática psicanalítica mostra que essa configuração familiar não é patognomônica da homossexualidade, podendo ser encontrada em variadas formas de sofrimento psíquico de pacientes heterossexuais.

Na verdade, é possível verificar na história familiar de um homossexual as mesmas possibilidades de um heterossexual: um pai presente ou ausente, duro ou fraco e uma mãe distante ou superprotetora, dominadora ou sedutora, submetida ao marido ou que procura desvalorizá-lo perante o filho, podendo ter sido muito mimado ou recebido pouco amor durante a infância. Na verdade, como dizia Freud, tudo é acaso. Por essa razão, a linha de pesquisa psicanalítica tem-se ampliado nos últimos anos, partindo do princípio de que, assim como ocorre com a heterossexualidade, não existe apenas uma homossexualidade, mas muitas e, da mesma forma, de que não existe apenas um, mas, vários caminhos para uma determinada orientação sexual, seja ela homossexual, heterossexual ou bissexual. Como conseqüência, dizer que um indivíduo é homossexual deve indicar apenas que o seu objeto de desejo é uma pessoa do mesmo sexo ou que suas fantasias sexuais são predominantemente com pessoas do mesmo sexo, não representando esta forma de ser nenhuma patologia específica. De acordo com esse pensamento, tanto quanto o heterossexualismo, não devemos considerar o homossexualismo como uma opção sexual, como se ouve com freqüência, mas uma orientação sexual resultante de uma série de fatores, entre os quais não podemos excluir os biológicos, além dos ambientais. Como resultado, podemos dizer que o homossexual, da mesma forma como o heterossexual, não escolhe sua orientação sexual, ele não tem opção, é algo que acontece.

A constituição bissexual do ser humano, reconhecida pela psicanálise desde Freud, tem sua base orgânica na embriologia, evidenciando que indivíduos de ambos os sexos apresentam vestígios dos órgãos do sexo oposto, os quais permanecem de forma rudimentar ou se modificam para assumir outras funções. Ao mesmo tempo, os estudos que mostram uma maior incidência de homossexuais entre gêmeos monozigóticos do que entre dizigóticos e irmãos não-gêmeos, apontando para um possível fator genético, representam mais um elemento que enfraquece a relação tão firmemente defendida de que o homossexualismo resulta de conflitos com os pais na infância, constituindo, portanto, um desvio da sexualidade normal, ou seja, da heterossexualidade. Outro aspecto que reforça a etiologia constitucional da homossexualidade é a revelação muito freqüente de homossexuais de sentirem atração por pessoas do mesmo sexo desde a infância e de seguirem tendo fantasias homossexuais mesmo depois de "tratados", ou seja, "adaptados" para um mundo culturalmente heterossexual.

Ao lado disso, ainda temos de considerar o conceito de identidade de gênero, criado por Stoller, segundo o qual a criança ao nascer, independentemente de sua identidade sexual, configurada pelos caracteres físicos, não sabe o que é ser masculino ou feminino. Diz este autor que são os pais, com condutas conscientes e, principalmente, inconscientes, que despertam interesses nos filhos de acordo com o que a cultura estabelece como masculino e feminino (identidade de gênero), podendo não coincidir com a identidade sexual dos mesmos. Sendo assim, uma criança com identidade sexual feminina pode desenvolver, a partir do primeiro dia de vida, uma identidade de gênero masculina ou vice-versa. Essas marcas, tão precoces, dificilmente se apagarão na adolescência ou, muito menos, na vida adulta. Com o intuito de chamar a atenção para a complexidade da sexualidade infantil, devo ainda lembrar que as características físicas do recém-nascido, embora não sejam decisivas, podem estimular ou desestimular as condutas dos pais no sentido de masculinizar ou feminizar um filho.

Seguindo esse entendimento, conclui-se que dois homens, ao estabelecerem um vínculo homossexual, não deixam de ser homens, e duas mulheres ao se ligarem homossexualmente seguem sendo mulheres. Essa perspectiva não exclui a possibilidade de, em alguns casos, dois homens ou duas mulheres se unirem de acordo com o modelo heterossexual de relacionamento, e um homem e uma mulher se unirem de acordo com o modelo homossexual de relacionamento, quando, então, um dos parceiros procura desempenhar-se como se pertencesse ao sexo oposto. Portanto, o que deve ficar bem assentado é que ninguém se torna neurótico porque é homossexual ou heterossexual, embora ambos possam apresentar dificuldades relacionadas com sua sexualidade. Conseqüentemente, assim como podemos encontrar um paciente com sua heterossexualidade inibida, também podemos encontrar um paciente com sua homossexualidade inibida, mas a homossexualidade não resulta de uma heterossexualidade inibida ou um fracasso em desenvolver uma identidade masculina, como muitas vezes é considerada. Uma frase escrita por Freud em 1935, portanto, próximo ao final da vida, deveria manter-se presente na mente de todos os psicanalistas: "A homossexualidade não traz com certeza qualquer benefício, mas não é nada que deva ser classificado como uma doença; consideramos que seja uma variação do desenvolvimento sexual".

Como destaquei antes, os psiquiatras e, principalmente, os psicanalistas, provavelmente em sua maioria, incluindo nomes influentes da psicanálise internacional, consideram o homossexualismo como doença e estabelecem como meta da terapia transformar seus pacientes homossexuais em heterossexuais. Pensam que, dessa forma, estão fazendo algo de bom para eles e suas famílias e, quando conseguem atingir seu objetivo, sentem-se vitoriosos, embora, muitas vezes, não tenham feito nada mais do que reforçar o desenvolvimento de um falso *self* e reprimir a verdadeira sexualidade desses indivíduos. Um dos conhecimentos centrais da psicanálise contemporânea é que existem duas subjetividades em uma relação terapêutica, o que quer dizer que paciente e analista encontram-se em permanente interação, como se fossem dois pacientes, um mobilizando e influenciando os sentimentos e os conflitos do outro. Sendo assim, um paciente homossexual inevitavelmente irá acionar os traços de personalidade e as fantasias homossexuais do analista que, submetido às críticas e exigências dos pais, da cultura e do seu próprio analista, inconscientemente poderá trabalhar no sentido de reforçar os aspectos heterossexuais dos dois pacientes envolvidos nessa intersubjetividade propiciada pelo encontro terapêutico: a dele e a do paciente propriamente dito. Mas, "em nome de que Deus ou ideal você me proíbe de viver de acordo com a minha natureza", protestou André Gide em defesa de todos os homossexuais submetidos a esse processo de esterilização psicológica, que acontece em todas as partes do mundo, nos mais conceituados consultórios psicanalíticos, como exemplifica o caso relatado a seguir.

> Trata-se de R., homossexual assumido, passado da meia-idade. Ele é o filho do meio, situado entre um irmão mais velho com inclinações atléticas, que ele sentia como ser o preferido dos pais, e uma irmã três anos mais nova que, de acordo com sua percepção, era claramente adorada pelos seus lindos e cativantes modos. R. era desajeitado, tímido e gordo, e quando a irmã nasceu, pensou que os pais estavam ávidos pela sua chegada para que pudessem livrar-se dele. A irmã era objeto de muita atenção, e quanto mais atenção ela ganhava, mais desobediente ele se tornava. Conforme a descrição de R., seus pais não eram afetuosos, nem entre eles nem com os filhos. O pai vivia permanentemente infeliz e deprimido, tinha pouco contato com os filhos e passava os fins de semana inteiros na cama. Embora a mãe fosse mais tolerante com a falta de talento de R. para os esportes e com seus interesses artísticos, ela era mais furiosa do que o pai, impondo aos filhos castigos severos.
>
> R. sentia que havia decepcionado o pai por não ser masculino o bastante e freqüentou um acampamento esportivo durante as férias só para agradá-lo. Ele não gostava de jogar beisebol e, muito menos, lutar boxe. Preferia ficar na piscina boiando, sem precisar competir. Agradava-lhe os chuveiros e vestiários, onde observava os outros meninos com curiosidade e entusiasmo. O pai

morreu de repente pouco depois de um desses acampamentos, de um ataque do coração, quando ele tinha 12 anos. R. acredita que a mãe pensava que, sendo ele um adolescente retraído e sensível que evitava esportes bruscos e sem a presença de uma figura masculina, pudesse se tornar homossexual. Ela, então, pediu ao pediatra da família que conversasse com ele sobre sexo e o estimulasse a praticar esportes "para se parecer mais com um menino", mas isso, aparentemente, não teve nenhum efeito.

A primeira paixão homossexual de R. foi por um colega de classe, quando ingressou na universidade para cursar Psicologia. Ele achava o colega incrivelmente bonito e sempre o procurava para conversar, o que fez com que se tornassem amigos e passassem a ocupar o mesmo quarto na casa em que moravam com outros estudantes. R. ansiava pela hora em que eles ficariam sozinhos e tinha ciúmes quando o colega saía com outros amigos e, especialmente, com a namorada. Fantasiava passar o resto de sua vida com o colega, desejava ter livre acesso a ele e o tempo e a liberdade de tocá-lo e ficar perto dele para sempre. No último ano de faculdade, R. ouviu do colega que ele tinha planos de se casar imediatamente após a formatura. Enciumado e enraivecido, disse aos prantos que se opunha ao seu casamento, mas ele se casou, foi morar em outra cidade, e R., por algum tempo, costumava passar fins de semana em sua casa.

Já com a idéia de se tornar psicanalista, ao concluir o curso de Psicologia, entrou na faculdade de Medicina, que lhe parecia mais apropriada. Ele tinha consciência de suas fantasias homossexuais e, por vezes, também do seu anseio em estabelecer contato sexual com outros homens, mas continuava a acreditar que esses desejos eram sintomas de dificuldades emocionais que poderiam ser curados. Era o que ele havia lido em alguns livros de psicanálise. Afora isso, ele estava convencido de que, para ser aceito em uma residência de psiquiatria depois de terminar a faculdade de Medicina e, na seqüência, como pretendia, fazer uma formação para se tornar psicanalista, ele tinha de ser heterossexual. Por isso que, no segundo ano do curso, ele se determinou a namorar garotas. Mas a falta de paixão por mulheres o deixava mais ansioso para iniciar uma psicanálise, acreditando que, com a ajuda do analista, e contanto que não cedesse aos seus impulsos homossexuais, seria capaz de tirar este tipo de sentimento da cabeça e até se casar.

Tão logo ingressou na residência de psiquiatria, R. iniciou seu tratamento, seis vezes por semana, em vez das habituais quatro ou cinco, devido às suas fantasias homossexuais. O analista escolhido era bastante conceituado e se animou com seu caso ao saber que ele ainda não tinha feito sexo com um homem e que se esforçava para se relacionar com mulheres. Apesar de ser um bom residente de psiquiatria e de gostar do seu trabalho, ele se sentia sozinho, deprimido e, às vezes, desesperado. Achava que o seu desespero era resultado da sua incapacidade de expressar sua heterossexualidade inibida; jamais pensou que pudesse ser o resultado da negação e do abafamento de sua homossexualidade, do que mais tarde veio a se convencer. De início, o analista reafirmou a própria convicção de R. de que a sua atração por homens era um grave problema emocional, mas que, se conseguisse resolver seu conflito edípico com o pai, a heterossexualidade inibida desabrocharia e o desejo homossexual regrediria. Quando estava no segundo ano de análise, fez sexo com uma mulher pela primeira vez, mas ficou o tempo todo ansioso, com medo de perder a ereção. No terceiro ano de análise, ele ficou noivo da mulher que viria a ser sua esposa, tendo sido entusiasticamente cumprimentado pelo analista, até então bastante reservado com ele. No ano seguinte, embora de férias, o analista enviou um caloroso telegrama à sinagoga onde R. se casou.

A negação que R. fazia de sua homossexualidade sempre havia sido muito forte e o contato diário com o analista que expressava implícita e explicitamente sua visão de que ele era um heterossexual neuroticamente inibido, deixavam-lhe pouco tempo livre para considerar a idéia de que ele era homossexual. O desejo de se tornar psicanalista também contribuía para a negação de sua homossexualidade. Ele sabia que homossexuais sexualmente ativos não eram aceitos nos institutos de formação analítica, mas como ele estava esforçando-se para se livrar de suas fantasias homossexuais e desinibir sua heterossexualidade, imaginou que poderia ser aprovado e decidiu candidatar-se ao treinamento psicanalítico. Com base nas informações de três analistas que o entrevistaram, o comitê de formação não o considerou homossexual e ele foi aceito para iniciar sua formação analítica. A convicção do analista de que os impulsos homossexuais de R. eram simplesmente uma defesa contra sua latente heterossexualidade fazia com que ele se sentisse deprimido, porque não era capaz de experimentar qualquer espécie de paixão pela mulher. Temeroso de ser expulso do treinamento analítico, ele manteve o empenho de conter todo e qualquer exteriorização de seus impulsos homossexuais.

R. esteve em tratamento analítico durante 10 anos e, ao concluí-lo, tinha uma mulher e dois filhos a quem amava muito. Neste momento, parou de manter relações sexuais, tendo em vista que não havia mais necessidade de seguir agradando o analista, e três ou quatro meses depois voltou a ter vívidas fantasias, impulsos e sonhos homossexuais. Passado mais alguns meses, devido à intensidade de seus sentimentos, deu-se conta de que era realmente homossexual. Passou a conviver com homossexuais e a freqüentar locais em que eles se reúnem. Em um desses locais, conheceu G. e, depois de um ano de convívio, eles se deram conta de que estavam apaixonados. Apesar de não querer o divórcio, por ser afeiçoado à esposa e aos dois filhos, então com 10 e 14 anos, R. achou que não era mais possível esconder a sua orientação sexual, e resolveu abrir o jogo. Conversou com a esposa e ela preferiu manter a privacidade da família. Eles gostavam muito um do outro, e a esposa imaginava que eles seriam capazes de manter o casamento, mas R. temia que a necessidade de sigilo da mulher e o anseio de transformar sua orientação sexual em um aspecto positivo e mais bem integrado de sua pessoa viessem a provocar conflitos e discórdias.

Sete anos mais tarde, seu primogênito, então com 21 anos, descobriu por acaso que R. e G. haviam viajado juntos. Diante disso, ele tomou a decisão de dar conhecimento aos filhos de que era homossexual e que mantinha um relacionamento amoroso com G. A revelação aos filhos fez crescer na esposa a convicção de que era impossível continuar um casamento que a deixava cada vez mais triste e, no ano seguinte, pediu divórcio. Desde então, já se passaram 18 anos.

R. é a sigla de Richard A. Isay, psicanalista nova-iorquino, membro da Associação Americana de Psiquiatria, da Associação Americana de Psicanálise e da Associação Psicanalítica Internacional; professor de psiquiatria da Faculdade de Medicina da Universidade de Cornell e membro do Centro de Treinamento e Pesquisa Psicanalítica de Universidade de Colúmbia; autor dos livros *Being homosexual: Gay men and their development* (1989), *Becoming gay* (1996) e *commitment and healing: gay men and the need for romantic love* (2006).

De acordo com Isay, o homossexual que não se aceita costuma ter baixa autoestima e a expressar sua sexualidade em encontros fortuitos. Já aquele que se identifica como homossexual aumenta sua capacidade de se relacionar amorosamente e de viver uma vida mais integrada. São suas as seguintes palavras: "Opor-se à discriminação em uma sociedade preconceituosa faz bem à psique. Isso direciona a raiva para longe de nós mesmos, para o lugar ao qual ela realmente pertence. Mas é o amor que nos faz saber quem somos. Não deixe que nenhum indivíduo, organização ou instituição tire isso de você". De fato, nada opera mais negativamente em relação ao homossexualismo do que o preconceito, marcando a vida inclusive de pessoas que prestaram importantes contribuições para a ciência, a literatura e as artes, como o escritor irlandês Oscar Wilde, condenado a dois anos de trabalhos forçados em uma prisão da Inglaterra. Mais recentemente, Alan Turing, considerado um dos pais da ciência cognitiva e da informática, o matemático que, em meados do século passado, concebeu o computador que hoje utilizamos, foi levado a uma corte inglesa por ser homossexual. Os magistrados consideraram que estava doente e o obrigaram a se submeter a um tratamento com hormônios masculinos. Destituído de sua verdadeira identidade, suicidou-se aos 41 anos.

No Brasil, o preconceito com o homossexualismo deve-se, em parte, ao Estado, em particular à Justiça, vertente abordada com profundidade pela desembargadora Maria Berenice Dias, cuja contribuição nessa área é amplamente reconhecida. Em sua luta, ela propugna pela ampliação da abrangência do Direito de Família para incluir as uniões homossexuais, as quais se equiparariam às uniões heterossexuais, pondo fim à discriminação que hoje se observa em nosso país. Desse ponto de vista, os homossexuais devem mais à magistrada do que aos psiquiatras e psicanalistas, os quais muito pouco têm produzido para proporcionar uma condição de respeito e igualdade de direitos a todas pessoas, independentemente de sua orientação sexual. O preconceito existe sem uma justificação racional e coerente que o mantenha. As pessoas não concordam com o amparo legal das uniões homossexuais porque, simplesmente, não concordam. Eventualmente, são apresentadas razões que não levam em consideração a essência dos relacionamentos homossexuais, que é o seu caráter afetivo. Contudo, temos de ter presente que as pessoas que se posicionam contra a regularização dos casamentos homossexuais também são vítimas do preconceito. Elas necessitam de alguém que reforce sua parte nãopreconceituosa, ou seja, não subordinada aos preceitos da cultura. Por isso, o trabalho da Dra. Maria Berenice Dias apresenta uma abrangência bem maior do que apenas defender os direitos dos homossexuais perante as leis. Esses legítimos direitos serão conquistados naturalmente com a mudança do pensamento das pessoas refletida pelos legisladores.

Contudo, nenhum preconceito é tão antigo e tão nefasto quanto o proveniente da Igreja Católica. Recentemente, ao inaugurar um encontro religioso na basílica de São João de Latrão, o papa Bento XVI afirmou que "As várias formas modernas de dissolução do casamento, como as uniões livres e o pseudomatrimônio entre pessoas do mesmo sexo são manifestações de uma liberdade anárquica, que aparecem equivocadamente como a verdadeira liberação do homem". No entanto, a influência da Igreja nos aspectos abordados pelo papa parece ter diminuído bastante com o passar do tempo, em particular se levarmos em consideração que foi justamente o III Concílio de Latrão que, em 1179, tornou o homossexualismo crime, acompanhando uma onda racista que, na mesma oportunidade, condenou os judeus, os muçulmanos e os hereges. Em relação à transigência, observa-se que os mandatários da Igreja sempre agiram em oposição à pregação de Cristo, perdendo credibilidade ao longo da história. A Igreja Católica rejeita toda e qualquer possibilidade de equiparação do casal homossexual com o casal heterossexual. Ela considera o homossexualismo imoral e contrário à lei de Deus, por isso, um pecado grave. Recentemente, o Vaticano lançou uma ofensiva contra o que chamou de "cultura *gay*" com a finalidade de frear a legalização do casamento entre homossexuais e contra a adoção de crianças por casais do mesmo sexo. Trata-se de uma reedição das cruzadas empreendidas no século XI por iniciativa do papa Urbano II, com o objetivo de libertar os lugares santos ocupados pelos muçulmanos. Mais uma vez, a hierarquia da Igreja se lança em uma "guerra santa" para preservar o seu poder sobre o planeta.

Apesar disso, a parte do mundo mais desenvolvida vem progressivamente derrubando o preconceito em relação ao homossexualismo através de uma sucessão de medidas legais que em pouco tempo atingirão outros países. O ordenamento jurídico do Brasil impede a criminalização da homossexualidade, mas carece de qualquer medida preventiva eficaz aos direitos fundamentais dos homossexuais. Embora ainda tramite no Congresso Nacional a proposta de emenda à Constituição 139, de 1995, que define os crimes resultantes de preconceitos de raça, cor e também de orientação sexual, Estados e municípios, isoladamente, têm vedado a discriminação por orientação sexual em seus textos legais. No Rio Grande do Sul, Porto Alegre e 74 outros municípios já incluíram esse requisito em suas leis orgânicas. Enquanto no Brasil se discute, desde 1995, o projeto de Lei 1.151, que disciplina a união civil entre pessoas do mesmo sexo, a legalização das uniões homossexuais avança em vários países do mundo, desde 1989 quando a Dinamarca aprovou uma lei que permite o registro da união civil a casais homossexuais, com os mesmos direitos das uniões heterossexuais. Em 1993, a Noruega fez o mesmo, assim como a Suécia, no ano seguinte. Em 1995, a Corte Constitucional da Hungria derrubou a lei que proibia o casamento entre homossexuais e, em 1999, a França passou a garantir aos casais formados por pessoas do mesmo sexo o direito à união civil, realizando reformas nas leis de cobertura do seguro social e de transmissão da herança. A Holanda, que desde 1998 reconhecia a união civil homossexual, em 2000 aprovou a lei que permite o casamento e a adoção de crianças a casais do mesmo sexo. Nos dois anos seguintes, a união civil entre homossexuais passou a ser permitida na Alemanha e na Bélgica. Em 2003, uma corte canadense declarou inconstitucional a definição de casamento heterossexual, representando, do meu ponto de vista, uma decisão muito mais de acordo com o princípio de igualdade do que a outorga de direitos idênticos aos homossexuais, uma medida de grande significado humano, mas que ainda mantém um ranço preconceitual. No caso do Canadá, a medida veio para garantir, e não para conceder, o direito universal e inalienável de o indivíduo escolher seu objeto de amor.

A escalada de sucessos no processo de legalização dos vínculos homossexuais teve continuidade na Argentina, onde em 2003 foi realizado o primeiro casamento de homossexuais da América Latina, utilizando-se de uma nova lei que permite a união civil entre pessoas do mesmo sexo. Em 2005, o parlamento canadense aprovou a legislação que permite o casamento de homossexuais e a Câmara de Deputados da Espanha, além disso, aprovou a adoção por esses casais. Ainda em 2005, os ingleses oficializaram a união civil entre pessoas do mesmo sexo, permitindo que, no primeiro dia de vigência da lei, fossem realizados 700 casamentos homossexuais, entre os quais o do cantor Elton John com o cineasta David Furnish, que já viviam juntos desde 1994.

Os Estados Unidos têm-se mostrado um dos países do primeiro mundo mais resistentes ao reconhecimento legal de casamentos entre homossexuais, e uma acirrada batalha tem-se travado entre os políticos mais conservadores e os mais avançados, principalmente nos últimos dois anos. Exemplos: em fevereiro de 2004, o prefeito de San Francisco, desafiando a constituição estadual, suspendeu uma lei que proibia casamentos de homossexuais; em maio de 2004, os primeiros casais homossexuais se casaram legalmente em Massachusetts, tornando-se, na época, o único Estado americano a permitir a união entre pessoas do mesmo sexo; em junho de 2004, uma corte do Estado de Nova York autorizou o casamento entre homossexuais; em agosto de 2004, a Suprema Corte da Califórnia anulou mais de 4 mil casamentos de homossexuais realizados em San Francisco em seis meses; em abril de 2005, os eleitores do Kansas aprovaram uma emenda à constituição do Estado que barrava o casamento entre *gays* e uma corte do Connecticut permitiu a legalização de uniões civis para casais de homossexuais, sem a necessidade de aprovação da Justiça; em junho de 2005, após três votações, uma assembléia na Califórnia rejeitou um projeto de lei que permitiria o casamento homossexual no Estado mais populoso dos Estados Unidos; em junho de 2006, o senado rejeitou uma emenda que proíbe o casamento entre pessoas do mesmo sexo, proposta pelo presidente Bush, segundo o qual "o casamento não pode separar-se de suas raízes culturais, religiosas e naturais sem debilitar sua influência sobre a sociedade".

Os movimentos que defendem o respeito e os direitos dos homossexuais deveriam divulgar largamente essas informações, pois a parte da população preconceituosa é bastante influenciável pelo que pensa e faz a maioria das pessoas.

Na verdade, ao longo dos séculos, a história tem-se mostrado cambiante em relação ao homossexualismo, ora o idolatrando, como na Grécia Antiga, ora o degradando, como na Idade Média, com o incremento do modelo familiar cristão, satanizando o prazer, antes endeusado pelos cultos gregos. Diz Fedro (*O banquete*, Platão, 416 a.C.): "Aqueles que amam homens e sentem prazer em se deitar com homens e em ser abraçados por homens são também os rapazes mais formosos e jovens e – naturalmente – os mais masculinos. Os que os acusam de falta de vergonha, mentem; não fazem tal coisa por falta de vergonha, e sim abraçam o que é como eles por pura valentia, por pura vitalidade. Uma prova clara disso nos é dada pelo fato de que, uma vez adultos, são os únicos que se comportam como homens em suas carreiras públicas". De certa forma, o homossexualismo na Grécia Antiga tinha o significado de um rito de iniciação, como se observa nas tribos Marind e Kiman da Nova Guiné. Nessa cultura, os púberes são separados das mães e levados para a casa dos homens, onde um tio materno lhes penetra analmente para receberem o esperma que os tornarão homens fortes. Os jovens também devem passar por um ritual oral, de felação, com o objetivo de se tornarem guerreiros destemidos. No berço da civilização, em Papua, onde vivem as tribos Marind e Kiman, encontramos a relação entre práticas homossexuais e adolescência, correspondendo ao período da vida em que surge a consciência da orientação sexual, inicialmente através de fantasias e, na seqüência, de experiências homossexuais.

Contudo, identificado com a moral vigente, o adolescente se considerará "normal" se for heterossexual e "anormal" se for homossexual. Esse raciocínio é fortemente corroborado por grande parte da literatura psicanalítica, que entende que somente no primeiro caso é possível o estabelecimento de uma identidade sexual estável e irreversível, atribuindo ao segundo caso um desvio do desenvolvimento "normal" ou o fracasso em desenvolver uma identidade masculina. Como resultado, um grande número de adolescentes homossexuais, contrariando sua tendência, procura manter relacionamentos heterossexuais com o objetivo de atender à expectativa da família, dos amigos e da sociedade. No entanto, essa submissão acarreta depressão e um grande sofrimento, contribuindo para a baixa auto-estima geralmente observada nos indivíduos que reprimem sua sexualidade. A falta de apoio dos pais e o temor de decepcioná-los faz com que o adolescente somente torne pública sua atração por pessoas do mesmo sexo mais tarde, por volta dos 20 anos, ou depois de um casamento heterossexual frustrado.

Não obstante, temos de reconhecer a dificuldade que representa para os pais aceitarem que um filho se apresente diferente da maioria e, principalmente, diferente do filho que ele havia imaginado ao concebê-lo. Isso ocorre porque, em nossa cultura, a homossexualidade é discriminada, vista como um desvio de comportamento ou uma perversão, conforme foi sustentado pela medicina por muitos anos, permanecendo essa distorção ainda hoje na cabeça de muitos profissionais. Com freqüência, mesmo diante das evidências, os pais negam a homossexualidade dos filhos até o dia em que eles decidem revelá-la. Particularmente em uma sociedade machista e excludente como essa em que vivemos, um filho homossexual representa um verdadeiro estigma para a família. Os pais experimentam tristeza, decepção, raiva, vergonha e, por último, culpa de terem feito alguma coisa errada. Eventualmente, podem sentir-se diminuídos em relação aos pais dos colegas do filho e reagir com agressão, medidas punitivas e abandono. Quase sempre tentam convencer o filho de que está enganado. São raros os casos em que os pais aceitam com naturalidade a situação e a encaram apenas como uma forma diferente de viver a sexualidade. O problema dos pais é que eles foram ensinados a desvalorizar a homossexualidade.

Se a legalização da união de duas pessoas do mesmo sexo já enfrenta forte resistência por parte da sociedade, uma oposição muito maior se observa quanto à adoção de crianças por casais homossexuais, embora um homem ou uma mulher sozinhos possam fazê-lo, sem a obrigação de declarar sua orientação sexual. Opõe-se frontalmente a esta restrição a já citada desembargadora do Rio Grande do Sul, Maria Berenice Dias, sustentando que, de acordo com o Estatuto da Criança e do Adolescente (ECA), a capacidade para a adoção nada tem a ver com a sexualidade do adotante, sendo expresso o artigo 42 ao dizer que "podem adotar os maiores de 21 anos, independentemente do estado civil". Como resultado, alguns magistrados tem-se posicionado favoravelmente à adoção por homossexuais, destacando-se como pioneiro o juiz Siro Darlan de Oliveira, da Primeira Vara da Infância e da Juventude do Rio de Janeiro que, 1997, deferiu a uma homossexual a adoção de uma criança recém-nascida com sérios problema de saúde sob o fundamento de que "a lei não acolhe razões que têm por fundamento o preconceito e a discriminação".

No início da década de 1980, o juiz de menores de Porto Alegre, Moacyr Danilo Rodrigues, lutou bravamente para vencer as restrições impostas à adoção por estrangeiros. Afirmava este magistrado, já falecido, que o importante era que alguém tomasse aos seus cuidados crianças institucionalizadas que, por uma razão ou outra, ninguém as queria, concluindo poeticamente que pouco importa a língua em que se diga "eu te amo!". Seguindo esse pensamento, a questão que se coloca é se importa a orientação sexual de quem diz a uma criança abandonada ou institucionalizada "eu te amo!". A crítica a este tipo de adoção, mais freqüentemente ouvida, é que, para se desenvolver adequadamente, a criança necessita de um pai e de uma mãe, os quais servem de modelo para a constituição de sua identidade, masculina ou feminina. Isso é verdade, mas não é tudo. O desenvolvimento da criança depende, fundamentalmente, de que os pais cumpram suas respectivas funções, caso contrário é como se eles não existissem. No caso da mãe, sua principal função é compreender as necessidades iniciais da criança e ajudá-la a construir uma subjetividade, e, no caso do pai, transmitir as leis da cultura e da sociedade, o que implica a difícil tarefa que se observa na atualidade que é a colocação de limites.

Existem situações em que a falta ou a inadequação de um dos pais é plenamente suprida pelo outro e situações em que as funções se encontram invertidas ou que não são exercidas nem pelo pai, nem pela mãe. Também encontramos famílias em que essas funções são executadas por outras pessoas que, dessa forma, compensam as deficiências dos pais. Existem inúmeros exemplos de pais ausentes ou cujos papéis foram apenas decorativos, mas que os filhos tiveram um desenvolvimento emocional satisfatório pelo fato de os avós, tios, irmãos mais velhos ou mesmo empregados terem assumido plenamente suas precípuas funções. Não raro, essa substituição da dupla parental é feita por uma única pessoa, capaz de reproduzir tanto o modelo materno quanto o paterno.

Por outro lado, a realidade de que a maioria dos homossexuais são filhos de casais heterossexuais indica que dispor de uma figura masculina para se identificar, no caso do menino, e de uma figura feminina no caso da menina, também não é tudo: a questão da sexualidade infantil, como disse inicialmente, é muito mais complexa. É provável que o melhor que os cuidadores (pais ou substitutos) possam fazer é não agir intrusivamente ao procurar impor suas próprias características como modelo, mas permitir que a criança se desenvolva com liberdade para explorar todas suas potencialidades em múltiplos e variados relacionamentos, livre de preconceitos.

A legislação brasileira já reconhece como entidades familiares não somente as constituídas pela tríade pai-mãe-filho, mas também as monoparentais, ou seja, formada apenas pela mãe e filho ou pai e filho. Da mesma forma, como foi referido antes, admite a adoção por pessoas solteiras de ambos os sexos, sem questionar a orientação sexual. No momento em que for legalizado o casamento entre parceiros do mesmo sexo, o caminho estará aberto para esses casais também adotarem uma criança, que passará a ter todos os direitos pertinentes à filiação, guarda, alimentos e sucessórios em relação a duas pessoas, como qualquer filho. É preciso superar o impedimento legal que frustra a possibilidade de crianças abandonadas virem a ter uma vida com carinho, educação e conforto em um lar formado pela união de duas pessoas do mesmo sexo. Provavelmente não existe nada mais triste do que passar uma infância sem fazer parte de uma família.

Entre os gregos e os romanos, os indivíduos não eram designados conforme a sua orientação sexual ou as práticas sexuais de sua preferência, como acontece atualmente, visando a discriminar a homossexualidade. Penso que está na hora de começarmos a equiparar a homossexualidade à heterossexualidade, tratando-a como algo corriqueiro e cotidiano, conforme sugere Henrique Codato, mestre em comunicação social pela UnB. Contudo, não me parece que a utilização dos termos *homoafetivo* e *homoerótico*, como está sendo preferido no momento, possa atenuar o preconceito com os que amam uma pessoa do mesmo sexo e com ela se relacionam sexualmente. Por outro lado, a palavra *gay*, mais do que uma orientação sexual parece, indicar uma maneira de ser e de levar a vida, cabendo perguntar se não representa mais um esteriótipo da sociedade de consumo.

Eu penso que mais do que lutar para que leis sejam criadas com o objetivo de legalizar o casamento entre pessoas do mesmo sexo e adoção de crianças por parte desses casais, deveríamos nos empenhar para atualizar o sentido da canção de Caetano Veloso, de 1968, intitulada *É proibido proibir*, contestando a rígida separação entre os comportamentos do homem e da mulher, ou do grupo musical Dzi Croquetes, que apregoava: "Nós não somos homens, nem somos mulheres. Nós somos gente". Parece ter sido este o pensamento expresso pela corte canadense que, em vez de legalizar o casamento homossexual, declarou inconstitucional a definição de casamento heterossexual, enfrentando, ao mesmo tempo, o preconceito e a discriminação.

No mundo ocidental, os grandes responsáveis tanto pelo preconceito quanto pela discriminação dos homossexuais são as religiões, principalmente o catolicismo; o Estado, em particular a Justiça; e a medicina, principalmente os psiquiatras e psicanalistas. A Igreja Católica persegue os homossexuais desde os séculos inquisitórios, quando julgamentos arbitrários e impiedosos torturaram e mataram homens e mulheres acusados de homossexualismo, inclusive no Brasil, nas visitações do Santo Ofício. De certa forma, o *Livro negro*, também chamado *Livro da morte*, que justificava a razão de condenar os que praticavam sodomia, representa uma forma de a Igreja projetar no mundo a própria história do Vaticano, protagonizada por diversos papas devassos e corruptos, como ilustra o caso de Alexandre VI, acusado de incesto com a filha Lucrécia Borges.

Os legisladores e os tribunais de um crescente número de países, principalmente da Europa, têm criado meios para que casais homossexuais adquiram os mesmos direitos dos heterossexuais, sendo bem mais restrita a permissão para adotar. O Brasil ainda carece de uma legislação própria para essas situações, mas os fatos sociais, têm-se imposto perante o Direito e, seguindo o provérbio latino *ubi societas, ibi jus*, ele logo estará do lado da sociedade. No entanto, para que essa mudança ocorra, tem sido enfatizada a importância de as pessoas assumirem sua condição homossexual, como se diz, "saírem do armário". Também é indispensável mostrar que a cultura joga um papel importante na maior ou menor aceitação do relacionamento sexual entre pessoas do mesmo sexo, havendo sociedades em que era encarado com a mais absoluta naturalidade, como verificaram os inquisidores da Igreja Católica ao chegarem na China e no Japão.

Cabe aos psiquiatras e psicanalistas a importante tarefa de esclarecer à sociedade que, definitivamente, a homossexualidade não é uma doença mental como pensaram no passado, mas uma forma possível de amor. Além disso, devem explicar que as predileções perversas são aquelas que não levam em consideração o desejo do parceiro, o que pode ocorrer tanto em relacionamentos homossexuais quanto em heterossexuais. Mais do que tudo, é preciso que deixem claro que as palavras "homossexual" e "heterossexual" não passam de rótulos que pouco dizem da vida erótica de quem se denomina de uma forma ou de outra. Trata-se de uma divisão estreita que assume valores variados em diferentes meios e culturas. Uma divisão que não existia entre os antigos gregos e romanos porque não eram as preferências sexuais que definiam as pessoas socialmente.

Na verdade, o ser humano deveria ser estimulado a dar uma importância maior ao fato de se sentir mais ou menos feliz em seus relacionamentos afetivos, independentemente de sua conotação homossexual ou heterossexual. A sensação de felicidade nos é proporcionada pelo prazer que resulta da realização das nossas fantasias. Portanto, somente as pessoas que conseguiram subjetivar as experiências amorosas da infância, criando em sua mente um universo simbólico, conseguem desfrutar prazerosamente sua sexualidade. Se precisamos nos afirmar como "heterossexual" ou "homossexual", é porque não estamos absolutamente seguros de sê-lo. E de fato não estamos, como revelam os sonhos de indivíduos tanto homossexuais quanto heterossexuais, refletindo a constelação de emoções e de desejos bissexuais experimentada na infância.

Como ponto final, gostaria de transcrever as palavras cheias de esperança do autor do livro *O amor entre iguais* (2004, p.14), o jornalista Humberto Rodrigues: "Quando o homem consegue se desenvolver livremente, seu potencial é ilimitado, torna-se afável e tem doçura no caráter. Quando oprimido, é perverso; pior ainda quando discriminado. Seja você heterossexual ou homossexual, não importa, não será isso que vai definir seu caráter. É preciso, sim, encontrar a atitude certa, é preciso formular uma nova premissa em seu pensamento. Saber viver a verdade!".

Amor líquido   13

O título deste capítulo foi inspirado no livro *Liquid love: on the frailty of human bonds*, escrito em 2003 por um dos mais destacados teóricos da pós-modernidade, o sociólogo polonês Zygmunt Bauman. Ao se utilizar da noção de liquidez nas relações humanas, esse professor emérito nas Universidades de Leeds e Varsóvia estabelece um contraponto com o sentido oposto, empregado nas relações bancárias. Juntando essas duas acepções da liquidez, poderíamos definir o protótipo do indivíduo das sociedades capitalistas da seguinte maneira: bolsos cheios e coração vazio. Como o dinheiro, as relações amorosas no mundo globalizado se estabelecem com extraordinária fluidez e se movem e escorrem com extrema facilidade, em permanente e frenético movimento. Pensando bem, nunca houve tanta liberdade na escolha de parceiros, nem tanta variedade de modelos de relacionamentos e, no entanto, nunca os casais se sentiram tão ansiosos e prontos para rever, ou reverter, o rumo da relação.

Trata-se de um tema atual, mas bastante complexo para ser examinado exclusivamente à luz dos conhecimentos psicanalíticos, tendo em vista que ele ocupa tanto os espaços públicos quanto os privados do indivíduo, os quais se intercambiam tão rápida e abrangentemente que se tornou muito difícil vislumbrar o limite desses dois campos. Sendo assim, a única forma que encontrei para escrever sobre este assunto foi estabelecendo um diálogo com um sociólogo, um ensaísta e um filósofo que, na minha opinião, interpretam de uma forma muito adequada as características e as vicissitudes da pós-modernidade, constituindo o pano de fundo dos relacionamentos no mundo contemporâneo.

O ponto de vista de Bauman é que as relações amorosas estão hoje entre os dilemas mais penosos com que precisamos nos confrontar. Ele pensa que, nestes tempos líquidos, precisamos da ajuda de um companheiro leal "até que a morte nos separe", mais do que em qualquer outra época. Mas qualquer coisa "até a morte" nos desanima e assusta: não se pode permitir que coisas ou pessoas sejam impedimentos ou nos obriguem a diminuir o ritmo da vida, cada dia que passa mais acelerado. Compromissos de tempo indeterminado devem ser evitados porque podem pôr em risco algo melhor no futuro. Contudo, sem esse comprometimento e sem a disposição para o auto-sacrifício em prol do parceiro, não se pode pensar no amor verdadeiro. De fato, é uma contradição sem solução, porque o medo do futuro, principalmente o medo de acabar sozinho, não é menor do que o medo de se comprometer. Diz o sociólogo que a esperança, ainda que falsa, é que a quantidade pode compensar a qualidade: se cada relacionamento é frágil, então vamos ter tantos relacionamentos quantos forem possíveis...

> Cito um caso. Anselmo ingressou na universidade com 17 anos. Atualmente, encontra-se com 23, está formado e trabalha na área financeira. A família é social e economicamente bem situada e ele mantém um bom relacionamento com os pais e a irmã, oito anos mais moça. Tem planos de morar sozinho quando aumentarem seus ganhos. Por enquanto, permanece na casa dos pais, onde ocupa uma área até certo ponto independente, desfrutando de total liberdade. Além do que foi descrito, Anselmo ainda reúne as qualidades de um rapaz discreto, educado e bonito, razão pela qual não tem dificuldade de arrumar namoradas. Contudo, seus relacionamentos duram muito pouco, e ele não consegue enumerar quantos foram nos últimos cinco anos. Com exceção de alguns, que duraram alguns meses, a maioria não passa de duas ou três semanas. A seqüência é quase sempre a mesma: conhece a jovem em uma festa, no dia seguinte ou alguns dias depois telefona, convida-a para jantar ou ir a um cinema e, após mais um ou dois encontros, passa a ter relações sexuais com ela, iniciando o que parece ser um namoro.

Na verdade, um namoro líquido, porque Anselmo nunca chegou a se apaixonar por alguma dessas namoradas. Diz sempre a mesma coisa: "É bem bonita, é legal", mas afasta-se ou põe um ponto final quando elas começam a lhe telefonar, insistirem para se encontrar ou reclamarem que ele não as procura nos fins de semana. Ele refere que não suporta sentir-se impedido pela namorada de sair nos fins de semana com os amigos para irem a um bar ou a uma festa, onde conhece outras jovens, cujo telefone anota para chamar quando terminar com a atual. Costuma justificar a troca com a seguinte frase: "Não dá para se meter com essas mulheres, são todas iguais, elas querem te sugar, te controlar!". Algumas delas, às vezes voltam, como é o caso da Carol, de quem ele gosta mais do que das outras, principalmente porque não lhe pressiona, nem reclama pelo fato de sair com outras durante os períodos em que estão juntos. Deve-se destacar que todas essas namoradas, apesar de jovens, já se encontram formadas: são advogadas, psicólogas, dentistas, médicas, e não parece um exagero que algumas ambicionem um relacionamento mais sólido: aquelas que ainda não aprenderam que viver junto foi revogado e substituído por ficar junto e que a qualidade foi suplantada pela quantidade.

Anselmo representa muito bem os jovens líquidos da pós-modernidade, em relação aos quais parece não ter muito o que fazer. Eles não esboçam o mínimo sofrimento relacionado com sua vida amorosa e, mesmo quando ficam sozinhos, na se queixam de solidão porque a "reposição" é fácil e imediata. Dificilmente Anselmo passa um fim de semana sozinho, porque, se não está namorando, sempre tem alguém para convidar para ir a uma boate, jantar fora, passar o fim de semana na praia ou simplesmente ficar na sua casa vendo filmes, transando e comendo *"delivery"*.

Embora seja evidente a dificuldade desses jovens de manterem uma relação mais profunda, consistente e duradoura, não se pode negar que se encontram emoldurados pelo estilo de vida de uma sociedade que estimula e estabelece como aceitável este padrão de convivência. Faz algum tempo que os adolescentes passaram a empregar o verbo "ficar" para definir um relacionamento diferente do namoro, no qual não há compromisso nem, principalmente, exclusividade, existe apenas um contato físico. Em uma única festa, é aceito que um rapaz ou uma moça fique com mais de um parceiro. O surpreendente é que este comportamento se estendeu aos adultos que, naturalmente, incluíram em seu discurso o "ficar" dos adolescentes. Agora, não só entre adolescentes, mas também entre adultos, existem namorados e "ficantes" porque, no mundo globalizado, as idades não marcam uma diferença. Diz Bauman, radicalizando, que nenhuma união de corpos pode, por mais que se tente, escapar à moldura social, responsável pelos prazeres e sofrimentos experimentados por homens e mulheres globalizados.

Estudando mais amplamente a obra deste autor, chegamos à conclusão que a liquefação que se observa na atualidade de todos os laços sociais não representa um desvio de rota da história da civilização ocidental, mas algo que corresponde ao próprio conteúdo da proposta pós-modernista. A palavra que define esta proposta é globalização, da qual, com seus prós e contras, não conseguimos escapar, independentemente da área em que estejamos atuando em um determinado momento. Ninguém fica imune ao modo de ser imposto pela globalização, a qual funciona como um pano de fundo de todas as possibilidades da experiência humana, inclusive nos relacionamentos amorosos. Nesse processo, somos estimulados a realizar escolhas que em um curto espaço de tempo são substituídas por outras mais atualizadas e mais promissoras. Tudo é equiparado a um produto, que é anunciado como novo e vantajoso, tornando inapelavelmente obsoleto o existente. Essa concepção vale tanto para um sabão em pó quanto para um atendimento médico ou um relacionamento: que devem ser cada vez mais satisfatórios. O próprio revestimento do corpo humano virou um produto, oferecido pelas clínicas de estética, equiparável a uma roupa, sempre com modelos novos anunciados para a próxima estação. O corpo não é mais o corpo da pessoa, mas o corpo da moda. Retomando a metáfora da moldurfagem, podemos dizer que a mídia, periodicamente, oferece uma moldura *fashion* de corpo à qual homens e mulheres devem enquadrar-se para não se sentirem habitantes de outro mundo. Estamos na era do *homo consumens*, em que tudo deve ser descartável para possibilitar a aquisição de produtos mais modernos.

Anselmo encena essa moderna forma de amar, que nos motiva a entrar em novos relacionamentos sem fechar as portas para outros que podem surgir, mais atraentes e, principalmente, mais cômodos. Todo produto de uso, além de um *design* mais encantador, também deve ser mais cômodo. Com uma relação não é diferente, gerando o que Bauman chama de "casais semi-separados", ou seja, mais ou menos casados, que consiste em não dividir os mesmos espaços, definir momentos de intimidade que não roubem a sensação de total liberdade e evitar o tédio e os conflitos da vida em comum. Na sociedade líquida, não se compra para sempre, aluga-se, faz-se *lising*, porque estão sempre surgindo novidades e é recomendável sempre avaliar a relação custo-benefício. Serão diferentes os relacionamentos amorosos na atualidade, cada um correndo o risco de ser abandonado, a qualquer momento, sem aviso prévio? Anselmo estava saindo com Luciana, mas como ela não entrou no *MSN* para falar com ele nem retornou um recado que ele deixou em seu celular, ele acredita que ela não quer mais namorá-lo ou, como prefere dizer, "não está mais a fim". Vai convidar outra para sair e, se alguém perguntar como ela é, ele dirá o mesmo de sempre: "É bem bonita, é legal", ou seja, substituível como as anteriores. Bauman chama isso de "relacionamentos de bolso", que levam as pessoas a esquecerem de amar.

A possibilidade de ser abandonado e substituído a qualquer momento faz com que o indivíduo nunca se entregue totalmente e que viva de forma permanente uma sensação de vazio, que procura preencher com novos relacionamentos. Bauman disse que esses amantes líquidos levam sua vida como se estivessem "em uma viagem que nunca termina, cujo itinerário é recomposto em cada estação, e o destino final é sempre desconhecido". Assim como hoje em dia comprar um objeto novo sai mais barato do que consertar o antigo, também nas parcerias acontece o mesmo: por que perder tempo tentando mudar um relacionamento, que por uma razão ou outra não se mostra satisfatório, se você pode trocar facilmente o parceiro por um novo, cheio de promessas de ser muito melhor?

Vivemos uma verdadeira crise do compromisso afetivo. Quem se dispõe atualmente a dar a sua vida por um amor ou empenhar todas as suas forças por um amor verdadeiro? O amor foi "dessubjetivado" e transformado em algo prático, que não incomoda. Entre o mistério do amor e a funcionalidade da relação, ganhou a segunda. Na pós-modernidade, o amor se esconde nos sonhos dos corações inocentes, diz poeticamente a psicóloga Liliana Amaya, que nos põe diante de uma pergunta desalentadora: "Quem pode sonhar acordado com tantas coisas para fazer?". Sinto-me obrigado a voltar a Bauman que, contestando uma acusação que lhe fazem de ser um sociólogo pessimista, disse: "Acredito fortemente que outro mundo, alternativo e quem sabe melhor, seja possível". Ao idealizar outro mundo, realmente ele se mostra pessimista em relação ao mundo em que vivemos; contudo, ele confia nas capacidades do homem, pois, para ele, por maior que pareçam as idéias, jamais serão suficientes para abarcar e, principalmente, conter a prodigalidade da experiência humana. De fato, sabemos muito pouco dos recursos do amor para tirar uma conclusão definitiva a respeito de qualquer coisa dessa vida.

Bauman ainda nos fala das ações antagônicas do desejo e do amor no relacionamento humano, enfatizando o caráter destrutivo do primeiro e integrador do segundo. Segundo suas palavras, "em essência, o desejo é um impulso de destruição; ele está contaminado desde o seu nascimento pelo desejo de morte". O que a pessoa anela é consumir, absorver, devorar, ingerir e aniquilar o objeto desejado. Do ponto de vista psicanalítico, o que Bauman chama de desejo configura uma relação primitiva ou infantil, na qual o outro não é reconhecido como tal, mas como extensão do próprio indivíduo. Sua idéia é que a alteridade, ao mesmo tempo em que atrai e seduz, desperta o impulso de contrapor a afronta e dissipar a humilhação que a sua presença provoca. Como conseqüência, o desejo pelo outro se mantém enquanto ele pode ser consumido, mas o que sobra, o entulho, é rejeitado, como bem ilustra a relação de Anselmo com suas namoradas, ou melhor, suas "ficantes".

Portanto, para Bauman, o desejo é uma expressão do egoísmo, próprio de uma cultura narcisista como a que vivemos, e seu empenho em desfazer os laços afetivos urdidos pelo amor, equipara-o ao impulso destrutivo ou de morte, ao qual se opõe a pulsão de vida, que busca uma união não destrutiva com o objeto amado, que é reconhecido e protegido pelo sujeito para viver eternamente, como diziam os amantes no passado. Outra característica do amor é que ele possui a capacidade de esperar, enquanto o desejo exige a satisfação imediata. Neste aspecto, Bauman confere ao desejo um caráter muito primitivo no desenvolvimento emocional, durante o qual, para a psicanálise, ainda não existe a relação empática com um objeto, mas só voluptuosidade.

Seu ponto de vista é que se, por um lado, o desejo ambiciona consumir, por outro, o amor ambiciona possuir e, se o primeiro destrói, o segundo escraviza. Desta forma, a rede do amor, fortemente tecida, pode imobilizar o objeto, diz o sociólogo, que parece indicar que desejo e amor não podem separar-se, sob pena de um suplantar o outro. O problema é que nos encontramos pautados pelo consumo, seja na aquisição de um eletrodoméstico, seja nos relacionamentos afetivos. Nada é para durar, como eram anunciados os produtos no passado. A palavra de ordem da pós-modernidade é trocar: troca-se porque não atende às expectativas ou simplesmente porque tudo vem com data de vencimento, inclusive as relações amorosas. A principal convicção que a sociedade de consumo enxertou na cabeça do indivíduo é que o novo é superior ao antigo, por isso, a maioria dos produtos incluíram esta palavra na frente de sua marca. Afora isso, quase tudo, além de funcionar, também serve para brincar. Anselmo e tantos outros jovens não namoram, eles dizem que "ficam", eu diria que eles brincam de namorar e estão sempre trocando o seu brinquedo por um novo, nem melhor nem pior, simplesmente novo. Lembram-se do "É bem bonita, é legal"?

Por outro lado, os relacionamentos líquidos refletem um verdadeiro dogma da sociedade contemporânea que é a necessidade imperiosa de ser feliz. Todas as promessas são válidas e, por isso, as pessoas não se fixam em nada, ou se fixam por algum tempo, mas logo são atraídos por outras promessas, aparentemente, mais promissoras. Recentemente, um executivo de 40 anos que marcou uma consulta comigo deixou claro que se encontrava em busca de uma terapia que lhe proporcionasse uma boa dose de felicidade. Disse-me que estava convencido de que não existia apenas uma verdade e que a psicanálise era mais uma experiência que desejava ter após a realização de outras quatro formas de terapia que não haviam lhe proporcionado exatamente o que esperava. Ele não referiu o nome desses terapeutas e, quando questionado, lembrou-se apenas de dois. De fato, o mais importante para este executivo não eram as pessoas, mas as teorias ou as técnicas empregadas nos tratamentos. Agia como se todos terapeutas fossem iguais, e a única diferença era o que eles faziam, ou mais bem dito, o que eles prometiam. Acredito que, se não for possível desfazer essa utopia de felicidade em poucas consultas, o que reconheço que é muito difícil, a atividade impessoal e sem objetivo que será desenvolvida pela dupla paciente-analista configurará uma psicanálise líquida, a qual será substituída em pouco tempo por outro método terapêutico sugerido por uma leitura, um amigo ou pela Internet.

Na sociedade pós-moderna, assim como as pessoas, também as terapias são descartáveis: fixar-se em um tratamento por muito tempo pode implicar a perda de uma oportunidade de obter a felicidade em outro lugar ou de outra forma. Como conseqüência, troca-se de terapeuta como se troca de parceiro e de parceiro como se troca de qualquer objeto de consumo. O resultado de tudo isso, é uma angústia sem nome que sofrem essas pessoas: tanto por acharem que estão perdendo tempo quanto por não conseguirem acompanhar a velocidade alucinante da vida contemporânea. A verdade é que a angústia se tornou uma acompanhante do homem moderno, ávido por se sentir feliz.

Evidentemente, a sonho de felicidade sempre embalou o sono do homem desde a origem dos tempos. Quem rezaria, jejuaria, abriria mão do prazer, pagaria uma penitência, daria a outra face para baterem ou pediria perdão pelos seus pecados se não houvesse a promessa da felicidade eterna? As pessoas se dispõem a sofrer um pouco agora para não sofrerem nunca mais quando reconquistarem o paraíso perdido. Mas o cristianismo não foi a única promessa de felicidade oferecida à humanidade. A razão foi a promessa do Iluminismo, assim como a ciência foi do Modernismo. O ensaísta Pascal Bruckner, autor de *L'Euphorie Perpétuelle* (2000), chama de "dever de felicidade" a ideologia – dominante na pós-modernidade – que obriga que tudo seja avaliado pelo ângulo do prazer e da contrariedade, essa intimação à euforia que expõe à vergonha e ao mal-estar os que não aderirem a ela. Ele não despreza a busca universal e eterna da felicidade, mas critica a transformação deste sentimento em verdadeiro entorpecente coletivo ao qual todos devem entregar-se, em suas modalidades químicas, espirituais, psicológicas, informáticas e religiosas. Prova disso, é que "hoje em dia, não se fazem mais crianças para transmitir a elas valores ou uma herança espiritual, mas para multiplicar o número de satisfeitos sobre a terra".

O filósofo francês Gilles Lipovetsky, outro especialista em pós-modernidade, denomina a sociedade ocidental contemporânea de "pós-moralista", a qual coloca os desejos, o ego, a felicidade e, principalmente, o bem-estar pessoal acima dos ideais de desprendimento e devotamento ao outro. Mas ele considera que, ao mesmo tempo, ao longo de sua longa trajetória, o homem nunca desfrutara uma situação de independência, liberdade para expressar sua opinião e autonomia em relação às instituições que o socializam e controlam como a que se observa na atualidade. Contudo, isso fez com que o ser humano se tornasse mais volúvel, menos duradouro em suas escolhas e, inevitavelmente, menos seguro em suas decisões. Diferentemente de Bauman, que não vê saída para a nossa sociedade, embora acredite que a criatividade humana possa encontrar um caminho alternativo para evitar sua destruição, Lipovetsky não pensa que o melhor seja romper com o liberalismo, mas torná-lo melhor, humanizá-lo, pois, apesar de todos seus defeitos, nada melhor foi até agora apresentado. Estou de acordo com Lipovetsky, quando diz que não é possível ter todas as coisas, acrescentando que, mesmo diante das maiores dificuldades, não podemos pular fora deste mundo. Conscientes da realidade da sociedade líquida em que vivemos, quem sabe, com o tempo, possamos torná-la mais sólida. A humanidade precisa urgentemente assumir a responsabilidade de construir seu paraíso possível, aqui na Terra, pois nada adianta a promessa de um paraíso povoado por mortos, onde o amor, se fosse possível existir, seria gasoso.

Amor virtual 14

Bion, um dos mais brilhantes seguidores de Freud e Klein, enfatizou que os psicanalistas devem trabalhar sem memória, ou seja, sem os conhecimentos advindos de sua própria experiência, que não coincide com a experiência do paciente e, também, sem desejo, o quer dizer, sem a vontade implícita ou explícita de alcançar um determinado objetivo. Ao "sem memória e sem desejo" de Bion, eu acrescentaria o "sem preconceito", esta característica tão humana que não poupa nem mesmo os psicanalistas, fora e dentro dos seus consultórios.

O preconceito reflete valores pessoais, familiares, grupais e culturais muito arraigados, através dos quais procuramos mitigar a incapacidade de lidar com as contradições frente aos nossos impulsos instintivos, ao superego e, em particular, à ameaça de desestruturação do ego diante do novo ou da mudança. Nesse último caso, a dificuldade maior ocorre quando a mudança não se encontra dentro de uma seqüência esperada, como a adolescência depois da infância, a velhice depois da vida adulta, etc. No entanto, nem tudo é assim. Muitas vezes, ocorrem saltos. Esses saltos, que se observam muito particularmente na área da tecnologia, em uma velocidade cada vez mais acelerada, geram variações de interesse e de comportamento que não seguem uma seqüência esperada. Diante disso, o indivíduo se sente ameaçado, inseguro e tende a subestimar as mudanças nas relações entre as pessoas que esses saltos suscitam, exacerbando um convencionalismo através do qual procura resgatar a segurança de um suposto saber. No lugar de se abrir a novos conhecimentos, a tendência que se observa é a de remeter os novos valores para o campo dos interesses e comportamentos "desviantes".

Confesso que, exatamente por essa dificuldade, encarei inicialmente os relacionamentos amorosos pela Internet segundo uma perspectiva restritiva que via neles apenas uma forma de evitar o compromisso. É bem verdade que algumas situações que me foram trazidas inicialmente pelos pacientes até certo ponto confirmaram meu preconceito sobre essa forma de estabelecer um vínculo afetivo, mas, com o tempo, outros pacientes me mostraram com muita clareza que, na verdade, eu sabia muito pouco sobre as dimensões do amor virtual.

O que me ajudou a mudar o meu ponto de vista e a me abrir para um novo conhecimento foi uma pequena e comovente história de amor ocorrida há mais de 100 anos. O protagonista era um menino de 11 ou 12 anos que morava em um vilarejo atravessado por um córrego muito limpo que passava por detrás das casas.

Naquela época, não era permitido aos jovens de sexo diferente se aproximarem para conversar. No entanto, ele conseguiu burlar essa regra jogando no córrego barquinhos de papel carregando mensagens de amor. Tantos barquinhos ele jogou que um dia uma menina, que tinha aproximadamente sua idade, agarrou um deles e leu a mensagem. Encantou-se e passou a diariamente aguardar os barquinhos de papel do jovem apaixonado para ler suas mensagens de amor. Com o tempo, acabaram identificando um ao outro e, dessa forma, iniciaram um relacionamento que os levou a se casarem cerca de 10 anos mais tarde. Esses dois jovens que se aproximaram e se conheceram de uma maneira tão romântica, eram os avós da pessoa que me contou a história, a qual me levou a me perguntar se eram significativas as diferenças entre ela e as que me relataram dois casais que se conheceram pela Internet. Vejamos:

> André e Carla tinham entre 30 e 40 anos quando enviuvaram. Eles eram felizes em seus relacionamentos e sofreram muito com a perda. Ambos tinham a mesma profissão e, após algum tempo, começaram a estabelecer relacionamentos pelos meios virtuais de conversação. Acabaram conhecendo-se em uma oportunidade que André, pensando em se mudar para a cidade em que Carla vivia, procurou conectar-se com alguém que lhe fornecesse as informações de cunho profissional que desejava obter. Após uma sucessão de contatos que foram tornando-se progressivamente mais pessoais, resolveram trocar fotografias e, por último, marcar um encontro. André acabou efetivando a mudança que pretendia e dando início a um relacionamento afetivo com Carla que já dura faz mais de dois anos. Ambos consideram que conseguiram resgatar com esse namoro pela Internet a felicidade que haviam perdido com a morte dos respectivos cônjuges.
>
> ❖ ❖ ❖
>
> Roger e Viviane, ambos na faixa dos 35 anos, conheceram-se em um *chat*, há cerca de três anos: ele de Porto Alegre e ela de uma cidade do interior de São Paulo. Roger havia terminado um relacionamento de vários anos e, como estava há um tempo sem namorada, resolveu lançar mão desta alternativa de conhecer alguém pela Internet. Viviane, que terminara recentemente um noivado de vários anos, visitava habitualmente essas chamadas "salas de bate-papo" e já havia conhecido algumas pessoas através delas. Eles começaram a conversar e as afinidades foram aparecendo: desde a proximidade da idade até, por exemplo, gostar de futebol e ter as mesmas preferências musicais. Em pouco tempo, a vontade de se conhecerem pessoalmente cresceu, e Roger, passados dois meses da primeira conversa, foi visitar Viviane. Ela morava sozinha, mas como trabalhava em uma pequena empresa da família; Roger acabou também conhecendo seus pais e irmãos neste local. Este encontro que durou quatro ou cinco dias os aproximou muito, percebendo ambos que, além de afinidades, também possuíam uma "química" que os aproximava muito. Depois deste encontro, seguiram em contato pela Internet por mais três meses, quando foi a vez de Viviane visitar Roger. Assim como acontecera com

Roger, ela também se sentiu muito bem recebida pelos seus pais e se deram conta de que estavam fortemente apaixonados. Quando completou aproximadamente um ano do início do relacionamento, resolveram se casar "no papel e na Igreja" e morarem em Porto Alegre, onde Roger tinha um bom emprego. Viviane retomou os seus estudos universitários e aguarda o nascimento do primeiro filho no próximo mês.

As diferenças que eu vejo entre a história antiga e as duas atuais é o tempo que foi levado até os casais se aproximarem e o meio empregado para se conectarem: o bucólico córrego do passado e o ciberespaço dos nossos dias. Contudo, o importante não é o meio, mas a mensagem porque não existem mais córregos de água limpa do tempo dos nossos avós, nem impera mais a moral vitoriana daquela época que reprimia maciçamente a sexualidade, representando essa mudança um grande incremento às possibilidades de aproximação e satisfação do ser humano. Entre as mensagens ingênuas dos barquinhos de papel que iam ao sabor do vento e as frases curtas e objetivas que chegam atualmente pela Internet, passamos pela carta de amor enviada por um admirador que inicialmente preservava o anonimato e, mais recentemente, pelo telefonema de voz empostada de alguém cuja identidade também levava um tempo para ser revelada.

Na realidade, os dois casais citados integram um grupo bem-definido de homens e mulheres com idade entre 35 e 45 anos, aproximadamente, marcados por separações ou perdas, como no caso de Roger e Viviane, que se utilizam da rede apenas para encontrar uma pessoa interessante e, quando a encontram, costumam sair fora. Os *sites* para essas pessoas substituem os bares e outros lugares que antes freqüentavam para paquerar. A característica delas é que, tão logo se sentem seguras, partem para uma relação mais verdadeira, trocando fotografias, telefonando e marcando um encontro para se conhecerem pessoalmente. São predominantemente esses casos de namoro pela Internet que costumam ter continuidade na vida real, pois ambos não se encontram buscando um amor virtual, que é o que na maioria das vezes ambicionam os que seguem "teclando" ilimitadamente.

Na atualidade, nada é mais indesejável do que ser obrigado a se sujeitar a qualquer forma de limite. Todos os aumentos ou flexibilizações de limite ou ainda, tudo que não tem limite exerce uma grande atração sobre as pessoas. Por isso, os bancos nos escrevem informando que o limite do cheque especial ou do cartão de crédito foi ampliado, os provedores nos telefonam oferecendo banda larga sem limite de tempo, e as lojas de eletrodomésticos ou de automóveis anunciam prazos de pagamento "a perder de vista". No entanto, essa liberalidade dos limites tem um custo que é negado. Isso não se passa apenas na oferta de produtos e serviços, mas também nas variadas relações entre as pessoas, configurando uma das mais marcadas características do amor virtual. Prova disso é que a maior dificuldade dos pais no momento é colocar limite nos filhos a respeito de uma série de coisas, particularmente no número de horas que passam conectados na Internet.

Há quem diga que vivemos em uma época dominada pelo hedonismo, que toma o prazer como o objeto principal da vida. Em nossa cultura, ele se expressaria, mais do que tudo, pelo utilitarismo e pelo egoísmo. Decorre desta busca desmedida de prazer as relações virtuais, para as quais a *World Wide Web* não é a causa, mas um meio que facilita a entrada e a saída nos relacionamentos, permitindo que as escolhas possam ser trocadas por outras mais atualizadas e promissoras com o simples apertar de uma tecla. Como vimos através dos dois exemplos, ela também pode ser utilizada com o fim de encontrar pessoas para estabelecer relações reais.

De acordo com Ralph W. Emerson (ver livro de Bauman, citado no capítulo anterior), quando se patina sobre uma lâmina muito fina de gelo, a nossa salvação é a velocidade. Da mesma forma, quando falta qualidade a um relacionamento amoroso, a tendência é buscar uma compensação na quantidade. De certa forma, a rede de computadores tanto cria essa forma fluida de relacionamento quanto se oferece como um remédio capaz de proporcionar ao indivíduo a sensação de poder ligar-se sempre que desejar. Não seria mais correto dizer sempre que necessitar? Às vezes, parece já não haver mais outra alternativa, fazendo lembrar o título de uma peça de Ferreira Gullar e Oduvaldo Viana Filho (1966): *Se fugir o bicho pega, se ficar o bicho come*.

O que ocorre é que, na sociedade contemporânea, quase ninguém está disposto ou, pior ainda, preparado para voltar às relações tradicionais, porque elas se tornaram muito exigentes, lentas e complicadas quando comparadas com as atuais – nas palavras de Bauman bem mais higiênicas, fáceis de usar e amistosas com o usuário. Diferentemente do passado, quando era bem mais difícil e demorado tanto começar quanto terminar um relacionamento amoroso, na era da comunicação eletrônica é possível conectar-se facilmente com um grande número de pessoas (que estão sempre *on-line* e cujo perfil, incluindo fotos, podemos conhecer previamente) e desconectar-se simplesmente pressionando a tecla *delete*. É possível obter intimidade sem correr o risco do comprometimento. Como resultado, uma característica dos relacionamentos amorosos da atualidade é que quando existe proximidade, falta contigüidade; e quando existe contigüidade, falta proximidade.

Quando se compara o presente com o passado, verifica-se uma contradição interessante: antes, quando alguém dizia que estava ligado a outra pessoa, pensávamos em algo que podia ser virtual, ou seja, potencialmente físico, mas não necessariamente físico; enquanto, no mundo atual da virtualidade, estar ligado indica algo físico, ou seja, estar conectado materialmente através de um computador com outra ou, mais freqüentemente, com uma rede de pessoas. Digo isso porque a tendência é iniciar novos relacionamentos sem fechar as portas aos anteriores e a outros mais atraentes que podem surgir em seguida. Uma fase que já ouvi muitas vezes é "existe uma oferta muito grande no mercado", referindo-se tanto a homens quanto a mulheres, como se fossem objetos de consumo.

A verdade é que as pessoas não querem perder a oportunidade de viver a vida sem limites. Essa nova forma de amar, que visa a preservar a liberdade e a evitar o tédio e os conflitos do dia-a-dia de um relacionamento a dois, homo ou heterossexual, formam os casais meio-casados, meio-separados típicos da modernidade, em que tudo está em suspenso, porque sempre é possível que surja algo melhor. O anseio de felicidade superou em muito a necessidade de segurança nas relações conjugais. No fundo, existe a fantasia de encontrar um parceiro ou uma parceira ideal neste paraíso virtual que, aparentemente, possibilita encontrar de tudo.

Em um mundo que é instantâneo, precisamos estar sempre *on-line* para novos contatos: não dispomos de tempo suficiente para aprofundar ou consolidar uma relação. Tornou-se mais valorizado uma sucessão de momentos agradáveis, superficiais e descartáveis do que a paixão que aprisiona e pode fazer sofrer. Os troca-trocas das novelas e dos seriados de TV, como se fossem um retrato da sociedade, mostram isso todos os dias. "Os destinos do desejo – diz Birman – assumiram uma direção marcadamente exibicionista e autocentrada, na qual o horizonte intersubjetivo se encontra esvaziado e desinvestido de trocas inter-humanas."

A facilidade de estabelecer relações íntimas com um número grande de pessoas através da Internet criou uma nova categoria de infidelidade, assim considerada principalmente por homens e mulheres casados que ainda conservam um resquício dos relacionamentos tradicionais. Os contatos começam com mensagens, mas em pouco tempo evoluem para confissões, e daí para as fantasias sexuais é um passo, levando as pessoas a ficarem teclando horas a fio com um desconhecido. Em alguns casos, as relações não ultrapassam o limite da virtualidade, mas em outros evolui para a vida real. A conhecida revista americana *Psychology Today* diz que, em 60% dos casos, um relacionamento contínuo e profundo pela Internet acaba em sexo. Parece um percentual exagerado, se considerarmos a quantidade desses contatos no mundo inteiro e também a realidade de que parte significativa desses internautas se satisfaz apenas com o sexo virtual, sem contato físico. Não é de graça que tem crescido o número de *camwhores*, pessoas, geralmente jovens, que ganham dinheiro desnudando-se e masturbando-se diante de uma *webcam* ligada ao computador. Nos Estados Unidos, um número grande de estudantes, americanos e estrangeiros, dedicam-se a essa lucrativa atividade, podendo impor algumas restrições para que as suas imagens não apareçam em seus estados ou países de origem.

De qualquer maneira, a verdade é que esses relacionamentos "íntimos" pela Internet têm provocado um grande número de conflitos entre casais. Recentemente, li uma matéria sobre esse assunto na qual um homem e uma mulher culpavam o *Orkut* por terem perdido os seus respectivos companheiros. Ambos declararam que, se não fosse a facilidade propiciada por este *site*, provavelmente os seus casamentos não teriam terminado. Esta é mais uma questão que precisa ser pensada, porque coloca a responsabilidade no meio de comunicação, e não no desejo de quem dele se utiliza para realizar suas fantasias sexuais. Coincidentemente, nos dois casos, os respectivos companheiros os haviam deixado para ficar com alguém que haviam namorado na adolescência, reencontrado através da Internet.

Isso faz pensar que, em muitos casos, embora pareça acontecer tudo ao acaso, inconscientemente a pessoa pode estar procurando realizar uma fantasia sexual que, na maioria das vezes, é inconsciente. Não é sem razão que a palavra *sex* é a mais escrita nos *sites* de busca de todo o mundo, e muitas pessoas freqüentam diariamente salas de sexo onde rola de tudo. Dizem obscenidades, expõem suas fantasias sexuais e trocam endereços de *sites* pornográficos. "É fantasia pura, não existe envolvimento", disse-me um homem casado que tecla todas as noites com várias mulheres.

Por outro lado, como as neuroses impõem às pessoas graus mais ou menos elevados de repressão da sexualidade, é provável que muitas delas encontrem no anonimato do ciberespaço uma oportunidade de imaginar e de falar o que têm vontade sem se submeter ao julgamento do outro, que é como se sentem na vida real. Outras, protegidas pelo anonimato, conseguem vencer suas inibições sexuais e agressivas. Também pode representar um meio de o indivíduo voltar a desfrutar o prazer propiciado pela sedução e a conquista que o casamento em muitos casos pode enfraquecer. Nesta linha, uma situação muito interessante vem passando-se com Sônia e Ricardo, ambos casados, com filhos e colegas de profissão. Faz alguns meses que eles se encontraram em um *chat* sobre sexo e, desde então, quase todas as noites ficam conversando sobre as suas fantasias sexuais e se excitando com o que o outro fala. Eles não costumam fazer qualquer comentário sobre o dia-a-dia profissional e, quando se encontram nos locais em que trabalham, o que ocorre algumas vezes por semana, é como se as conversações noturnas pela Internet não existissem.

No entanto, pode acontecer de alguém acessar o histórico dos *sites* visitados pelo marido ou pela esposa e ler os e-mails e as mensagens do *Messenger* e *Orkut*. Isso é possível conseguir pessoalmente, se a pessoa tem um razoável conhecimento de informática, ou através da contratação de um "detetive virtual". Para algumas pessoas pegas nesta situação, pode criar-se uma situação difícil de solucionar, pois o teclar incessante para elas adquiriu uma função "autocalmante", sem a qual, freqüentemente, não conseguem dormir. Nesses casos, a solução muitas vezes encontrada para continuar teclando consiste na aceitação de alguns limites impostos pelo marido ou pela esposa, como o número de horas, o número de contatos e o que pode e o que não pode ser dito. Nessas situações, com certeza já não se pode falar em prazer, mas em necessidade.

Vivemos em uma sociedade globalizada e mercadológica em que o grande poder é representado pela propaganda e na qual quase tudo é considerado como um produto. É assim que é chamado, por exemplo, até mesmo um procedimento médico, uma radiografia ou um exame laboratorial, atualmente anunciados por jornais, revistas, rádio e televisão. Seguindo essa linha, as cirurgias plásticas também assumiram essa característica de produto e, por extensão, o próprio corpo. Especialmente o corpo feminino foi equiparado a uma roupa, na medida em que segue a moda, é possível ser copiado de uma artista famosa, é ajustado de tempos em tempos e pode ser preparado para situações especiais. Este corpo cada vez mais descarnado e preenchido com material inorgânico, como uma escultura, já não serve mais para ser tocado, mas apenas admirado. Na verdade, fazemos parte de uma cultura narcisista, na qual o indivíduo encara o outro como um objeto de uso que é descartado quando deixa de cumprir a sua função. Sendo assim, a pergunta que eu faço é se não será o amor virtual, em que a pessoa só se olha e não olha a outra com a qual se comunica uma manifestação deste narcisismo que caracteriza a sociedade contemporânea? Encontramo-nos, portanto, em um mundo voltado para o prazer, utilitário e destituído de subjetividade que usa a Internet para satisfazer o seu egocentrismo. O amante virtual carece de um olhar que possibilita ao ser humano sonhar, como dizem os versos de Tom Jobim:

> *Este seu olhar*
> *Quando encontra o meu*
> *Fala de umas coisas*
> *Que eu não posso acreditar*
> *Doce é sonhar*
> *É pensar que você*
> *Gosta de mim*
> *Como eu gosto de você!*

Por que nos separamos? 15

Tenho insistido que devemos considerar a separação como fazendo parte do casamento. Embora tenhamos a tendência a negar este fato, a verdade é que, a partir do momento em que nos casamos, passamos a viver com a possibilidade de nos separar. No passado, por razões culturais, não era assim, mas, na atualidade, a maioria das pessoas não se dispõe a manter um casamento que não lhe proporciona as satisfações esperadas e, diante da frustração e do sofrimento, não hesita em partir para um novo relacionamento. Com isso, não estou afirmando que as pessoas se separam com facilidade. Ao contrário, a clínica de casais mostra que existe uma grande dificuldade, pois, como diz um conhecido ditado francês: *partir c'est mourrir um peu*. Concorde com esta experiência, o escritor argentino Alan Pauls, autor do premiado romance *El pasado*, refere que o vínculo conjugal não termina com a separação, nem quando surgem novos relacionamentos, mostrando a complexidade dos vínculos amorosos. Por isso, a história de amor que nos conta inicia quando Sofía e Rímini – os personagens do romance – separam-se depois de viverem 12 anos juntos. Ele considera que, na verdade, todo mundo é polígamo – não vive só com a pessoa com quem está casado, mas também com todas as pessoas que amou: as que deixou e as por quem foi deixado.

De fato, do ponto de vista afetivo, uma relação conjugal, principalmente se teve filhos, é, a rigor, inseparável. Quem quer que se ligue a uma pessoa que já foi casada terá de aceitar que a separação de um casal é primordialmente física e patrimonial. A relação amorosa persiste na história, nas lembranças e até na personalidade de quem se separa. Nesse sentido, cabe a célebre frase que é dita aos noivos no casamento religioso: "Até que a morte os separe". As brigas, tão comuns durante o processo de separação, revelam a dificuldade de pôr um fim no relacionamento. Por essa razão é que, na maioria dos casos, elas se arrastam por anos, podendo abranger o restante da vida das pessoas.

O elemento mais chamativo da relação dos casais que se separaram é que ela se mantém sempre atual, como se nunca fosse remetida ao passado. Lembro de uma mulher separada há muitos anos, casada novamente e com filhos, vivendo em uma cidade distante de onde morava o ex-marido, que, quando se referia às brigas com ele, o que ocorria com freqüência, dava a impressão de que elas tinham acontecido no dia anterior. De fato, a passagem do tempo não contribui de forma muito consistente para afastar as pessoas que um dia foram casadas, mas pode, ao contrário, aproximá-las ainda mais quando cessam as brigas e emerge a amizade. Hugo e Angélica são um exemplo bem característico dessa particularidade das separações. Ainda muito jovens e imaturos, haviam realizado um casamento sob forte influência familiar. As brigas, marcadas por acusações dos dois lados, foi uma constante deste relacionamento conjugal que terminou após 14 anos, com dois filhos e muito sofrimento. O motivo da separação foi que Ângela descobriu que Hugo tinha uma "história" com uma colega de trabalho há mais de um ano. Contudo, as desavenças do casal somente cessaram após vários anos, em um processo lento e progressivo, quando já se encontravam ambos casados novamente e os dois filhos adultos. A partir deste momento, cresceu uma amizade muito grande, permitindo que mantivessem uma proximidade, um apreço e uma admiração que não haviam tido a oportunidade de experimentar durante o casamento.

Essa mudança indica que, nesse caso, com o tempo, houve um amadurecimento dos cônjuges, que se revela na diminuição da tentativa de responsabilizar o outro pela separação, apontando para o fato de que, na maioria das vezes, os casais não querem terminar o casamento, mas não conseguem evitar a separação. Tenho confirmado esta assertiva em inúmeros tratamentos de casais, os quais retratam o esforço dos cônjuges para manterem o relacionamento, levando em muitas situações vários anos até se decidirem pela separação. Por isso, comete-se um equívoco quando se culpam os tratamentos pelo término dos casamentos. Na verdade, os casais costumam procurar um terapeuta após inúmeras tentativas de solucionarem sozinhos as suas dificuldades de relacionamento e, geralmente, todos os esforços do profissional são no sentido de atender a este desejo de manter o casamento, embora nem sempre consiga.

Se existe tanto empenho para preservar o casamento e tanta dificuldade para dissolver este vínculo, por que então que é tão grande o número de separações no mundo atual? A resposta é complexa, pois exige a consideração de vários aspectos que caracterizam as relações amorosas na sociedade contemporânea, a começar pela realidade de que ninguém se sente mais proibido de tomar essa decisão, como acontecia no passado, quando muitas pessoas seguiam casadas mesmo se sentindo infelizes. Outro aspecto é a superficialidade das relações e a tendência a resolver tudo rapidamente, sem muita reflexão, na expectativa de encontrar alguém que proporcione mais prazer. Trata-se de uma conduta típica de uma cultura narcisista que precisamos levar em conta ao examinarmos as razões que levam a tantos casais a se separarem na atualidade.

Afora isso, o casamento reúne duas pessoas que, além de possuírem identidade sexual, experiências, valores e ideais diferentes, têm necessidades e expectativas que, na maioria das vezes, apenas parcialmente poderão ser satisfeitas pelo casamento. Essa particularidade do casamento interfere nos dois sustentáculos da interação conjugal: a reciprocidade e a complementariedade. Sendo assim, podemos entender o conflito conjugal como uma quebra de interação e conseqüente estabilidade da relação determinada pelo surgimento de novas ou maiores necessidades ou expectativas. Quando acontece dessas necessidades ou expectativas poderem ser atendidas ou, ao contrário, reconhecidas pelo casal como excessivas, absurdas, inadequadas ou inoportunas, o casamento volta a estabelecer seu anterior estado de equilíbrio, proporcionando aos cônjuges maior conhecimento do outro e mais confiança na própria capacidade de enfrentar situações difíceis. Na situação oposta, cria-se o que se convencionou chamar de "crise do casamento", cuja continuidade instala o quadro de "desajuste conjugal", marcado pela impossibilidade do casal de encontrar uma solução para o conflito que a própria evolução do relacionamento criou. Na maioria das vezes, isso ocorre quando os cônjuges têm dificuldade de reconhecer sua participação no conflito e, de forma intransigente, procuram responsabilizar integralmente o outro pelo sofrimento experimentado.

Existe uma defesa observada na adolescência, equivalente a sobre-adaptação da infância, que se chama fuga para a vida adulta, cujo objetivo é evitar os conflitos inerentes a esta etapa do desenvolvimento. O casamento, muito freqüentemente, é um meio que os adolescentes utilizam para escapar dos conflitos próprios da sua idade. Como no início o casal é levado a se ocupar com uma série de exigências externas, mantém-se por algum tempo a ilusão de um relacionamento estável entre duas pessoas maduras. No entanto, na medida em que são realizadas essas tarefas, o casamento tende a se transformar em uma intolerável rotina, gerando insatisfação e uma sucessão de conflitos que podem levar à separação do casal após alguns anos de relacionamento.

Não obstante, existem situações em que determinados acontecimentos quebram esta rotina e promovem o amadurecimento dos cônjuges que, com essa mudança interna, conseguem evitar a separação e manter o casamento. Entre essas situações, encontram-se a morte de um dos pais, a adolescência dos filhos e seu inevitável conflito de gerações e outras experiências, sendo que, entre estas, a realização de uma psicoterapia é a mais comum. Contudo, é indispensável que a pessoa se deixe tocar por uma dessas situações e tenha a coragem de correr o risco de modificar os termos do seu contrato conjugal. A natureza íntima deste processo encontra-se ligada à percepção da passagem do tempo e ao reconhecimento da transitoriedade da vida, aspectos relacionados com a elaboração da adolescência.

Uma constatação, aparentemente contraditória, relativa às separações é que a ocorrência das mesmas independe das características do relacionamento conjugal. A experiência profissional nos ensina que naqueles casamentos em que existe pouca diferenciação e um grau elevado de dependência, dificilmente os cônjuges conseguem separar-se, apesar de manterem um relacionamento marcado pelo sofrimento resultante de um estado permanente de desajuste conjugal. Portanto, para se separar é necessário que o indivíduo tenha atingido um certo nível de diferenciação e independência para que possa tolerar o sofrimento psíquico imposto pela perda que uma separação implica. Portanto, não é apenas a harmonia e a felicidade que mantêm um relacionamento conjugal, mas também a fragilidade emocional dos cônjuges, a qual, muitas vezes, apresenta-se sob a forma de uma pseudo-segurança. Por isso, as pessoas não entendem muito bem porque um determinado casal, que vive aparentemente bem, inesperadamente se separa, e um outro, cujo relacionamento é pernicioso a ambos, mantém-se unido por muitos anos.

Geralmente, as pessoas se casam desejosas de obter segurança e gratificações afetivas e amorosas, além de satisfazer a fantasia de ser pai e ser mãe, acalentada desde os primeiros anos de vida, como revelam as brincadeiras infantis. A intensidade dessas expectativas pode determinar a idealização do cônjuge e, quanto mais distante o indivíduo se encontrar da realidade, maiores serão as possibilidades de frustração. A situação se complica na medida em que nem sempre esses anseios chegam a ser claramente conscientizados pela própria pessoa e, muito menos explicitados, mas, mesmo assim, ela se sentirá decepcionada se o cônjuge não for capaz de satisfazê-los. Obviamente, nesses casos, as razões alegadas do desajuste conjugal não costumam ser as verdadeiras, mas mesmo assim poderão levar à separação do casal. Ou seja, o desconhecimento da verdadeira causa da insatisfação faz com que a pessoa a relacione com outro problema que, na maioria das vezes, por si só não justificaria o desajuste. Portanto, é lamentável quando o casamento é desfeito por um problema dessa natureza, mas quando os casais, antes de tomarem essa medida, decidem procurar um terapeuta, geralmente conseguem reverter o processo.

Em muitos casamentos, a estabilidade do relacionamento é sustentada pela capacidade de um ou ambos os cônjuges conterem a ansiedade do outro. Na verdade, o controle da ansiedade é uma das funções mais importantes da relação conjugal, e quando ela falha, o casamento pode entrar em colapso. Trata-se de uma possibilidade que depende da capacidade de contenção de uma parte e do nível de ansiedade da outra, ambas podendo variar ao longo do relacionamento. Como resultado dessa variação, o equilíbrio, mantido por vários anos por um casal, pode quebrar-se e o casamento entrar em crise. Apresento, a seguir, três casos ilustrativos dessa função de grande importância na manutenção da estabilidade do relacionamento conjugal.

> Alexandre, 45 anos, casado com Madalena, 39 anos, tem dois filhos, reencontrou-se com Mônica, uma namorada da adolescência, casada, sem filhos, e manteve com ela, por algum tempo, um relacionamento muito excitante. Alexandre e Mônica, à tarde, deixavam seus respectivos trabalhos para se encontrarem em lugares escondidos, com faziam na adolescência. Ao tomar conhecimento dessa relação, o primeiro impulso de Madalena foi o de se separar de Alexandre, mas voltou atrás após se dar conta de que o marido recentemente havia tido um ataque cardíaco e, após, ficara muito ansioso. Imaginou que, provavelmente estivesse com dificuldade de encarar o envelhecimento e a inevitabilidade da morte, cuja negação enfraquecera com o problema apresentado no coração. Mônica, 43 anos, sem filhos, também poderia estar enfrentando sentimentos idênticos. Resolveu, então, dizer a Alexandre que sabia do seu relacionamento com Mônica e que, embora o amasse muito e não desejasse separar-se dele, necessitava que se definisse quanto ao relacionamento que pretendia seguir. Esta atitude firme e compreensiva de Madalena fez com que Alexandre se desse conta de sua realidade e de quanto admirava e também amava a esposa, encerrando a relação com Mônica. A capacidade de Madalena de compreender, tolerar e conter por algum tempo a ansiedade de morte do marido evitou, provavelmente, a separação do casal.

❖ ❖ ❖

Adriano, 42 anos, profissional liberal, procurou tratamento psicoterápico por se encontrar muito deprimido. Referiu que o motivo da depressão era a separação da mulher, Carolina, 31 anos, que, havia um mês, decidira sair de casa com o filho. Todos os esforços de Adriano no sentido de demovê-la desse intento haviam fracassado. Segundo ela lhe disse na ocasião, estava convencida de que não gostava mais dele e de que se encontrava apaixonada por um colega de trabalho. Após dois meses de tratamento, Adriano se mantinha deprimido, pois continuava gostando de Carolina e não aceitava a separação, principalmente porque não sentia base nas reclamações que ela lhe fazia nem na paixão que dizia sentir pelo colega de trabalho. Pressionado por Carolina para assinar o pedido de separação amigável, impôs como condição que ela antes consultasse um psiquiatra de sua livre escolha. Orientada por uma amiga, procurou um profissional experiente que lhe sugeriu suspender temporariamente o pedido de separação e se submeter a uma psicoterapia com o uso simultâneo de lítio. Carolina inicialmente relutou, mas acabou aceitando o tratamento proposto. Após alguns meses reaproximou-se de Adriano e, em menos de um ano, o casal voltou a viver junto. Ficou claro para o psiquiatra consultado que a decisão de Carolina de se separar se relacionava com uma patologia hereditária do humor. A mãe, praticamente na mesma idade, havia feito um quadro semelhante. A capacidade de Adriano de conter a ansiedade da esposa foi fundamental para a manutenção do casamento e, ao mesmo tempo, para a sua recuperação.

❖ ❖ ❖

Inácio, 46 anos, corretor de imóveis, três filhos, comunicou à esposa, Fernanda, 42 anos, advogada, que chegara à conclusão de que não a amava mais, o que restava era apenas amizade e que pretendia sair de casa para morar com a secretária, 26 anos, com quem vinha mantendo um relacionamento havia seis meses. Aparentemente, ele estava seguro de sua decisão, tanto que abertamente colocara a situação aos filhos, tranqüilizando-os quanto aos aspectos financeiros da família. Antes disso, havia procurado o analista com quem a esposa se tratara para pedir sua ajuda caso ela "pirasse" com a separação. Apesar disso, Inácio não tomou imediatamente nenhuma providência para sair de casa, apesar de ir a todos os lugares com a secretária. Passado mais de um mês e sentindo-se humilhada com essa situação, Fernanda pediu que ele se mudasse imediatamente para um hotel. Foi o que Inácio fez no dia seguinte, mas cerca de uma semana mais tarde retornou em pânico para casa, dizendo que passara em claro todas as noites que estivera fora, indo dormir durante a manhã no escritório. Acrescentou à mulher que durante os dias que estivera fora se convencera de que a amava e que desejava permanecer definitivamente em casa. Fernanda, que também estava sofrendo muito com o afastamento do marido, concordou com o seu retorno. No dia seguinte, Inácio voltou a procurar o ex-analista da esposa, só que, desta vez, para pedir a indicação de um colega para ele se tratar. De acordo com o que esse psicanalista pôde entender, Inácio de fato amava Fernanda, mas se encontrava atravessando uma típica "crise de meia-idade", fazendo com que se sentisse diminuído em relação a ela que, ao longo dos anos, havia amadurecido e crescido profissionalmente bem mais do que ele. Esse sentimento de inferioridade era mais intenso durante as relações sexuais, explicando sua pretensão de trocar a esposa pela secretária, com a qual conseguia se sentir "superior". Inácio sentiu-se valorizado com o fato de Fernanda ter aceitado a sua volta para casa e demonstrado que sofrera com a sua falta.

Os três casos citados evidenciam a importância dos fatores inconscientes na decisão de pôr fim ao casamento predominando sobre as razões objetivas geralmente apresentadas. Por isso, muitos casais que, após um período de separação, voltam a viver juntos deveriam merecer a consideração da sociedade, em vez de serem considerados como irresponsáveis ou algo parecido, como ocorre freqüentemente. Precisamos nos convencer de que o pior em um relacionamento conjugal é a apatia e o desinteresse pelo outro. A iniciativa de uma separação pode gerar um nível menor ou maior de sofrimento imediato, mas também pode criar para o casal uma oportunidade de renovação do relacionamento. Como disse no início, o importante é encarar a separação como fazendo parte do casamento, não necessariamente como algo definitivo. O pior que se pode fazer em um casamento que não propicia um estado satisfatório de felicidade é não fazer nada. Precisamos nos convencer de que não são as rígidas regras sociais e religiosas que mantêm os casamentos e garantem sua felicidade, mas a tolerância com as mudanças e com as inevitáveis crises que passamos ao longo dos anos de um relacionamento conjugal.

Como ponto final, desejo enfatizar a complexidade das razões que levam os indivíduos a se separarem, conforme referi inicialmente, descrevendo um tipo paradoxal de separação que, na prática, acontece com alguma freqüência. Tendo em vista a manutenção do casamento, nada é tão importante e significativo quanto uma relação conjugal sustentada por fortes sentimentos amorosos. Conseqüentemente, a falta de amor representa a justificativa mais comumente apresentada para justificar o rompimento do vínculo conjugal. Por isso, quando alguém diz que deseja separar-se porque já não ama mais seu parceiro, a maioria das pessoas tende a concordar com essa solução. O difícil de admitir é que um casal que se ama muito e nunca tenha enfrentado algum problema de infidelidade acabe separando-se por outro motivo. Cito um exemplo.

Ramiro, 52 anos, e Fabíola, 38, separados há três e quatro anos, respectivamente, e com um único filho do primeiro casamento, conheceram-se na festa de aniversário de um amigo em comum. Foi uma verdadeira paixão à primeira vista e, passado um ano, já estavam morando juntos. Desde o início, mantiveram um relacionamento sexual plenamente satisfatório, reconhecendo, ambos, que jamais haviam-se sentido tão felizes nesse aspecto. Afora isso, eram bem-sucedidos em suas respectivas atividades profissionais e desfrutavam uma vida bastante confortável. No entanto, não conseguiam passar uma semana sem brigar, situação que os levou a decidirem separar-se após cinco anos de relacionamento, conscientes de que, apesar disso, continuavam apaixonados um pelo outro. O problema tinha uma origem bastante remota. Por iniciativa da mãe, os pais de Fabíola haviam-se separado quando ela tinha 1 ano e 6 meses e, depois disso, poucas vezes esteve com o pai. Filha única, foi criada apenas pela mãe, uma mulher competente, responsável e bastante autoritária, que não se casou novamente. Como conseqüência, Fabíola não chegou a internalizar uma figura paterna, tanto pela ausência do pai como pelo fato de a mãe também carecer dessa imago. Essa situação repercutiu em seus dois casamentos, mas principalmente no segundo, pelo fato de Ramiro ter como modelo um pai muito firme e influente e uma mãe passiva e dependente. Como resultado da competição com o pai, nas duas oportunidades ele escolheu para casar mulheres ativas e independentes, com as quais acabou entrando em conflito. No caso de Fabíola, as dificuldades atingiram um ponto máximo, porque ela não tolerava que Ramiro desse qualquer ordem dentro de casa, em particular para o seu filho de 12 anos, que morava com eles. Identificada com a mãe, ela agia tendo como referência uma família sem pai, restringindo Ramiro ao papel exclusivo de marido. Ramiro e Fabíola conseguiram construir uma realidade presente, mas não conseguiram conciliar suas realidades passadas e, por isso, lamentavelmente, acabaram separando-se.

Amor materno: mito e realidade   16

Existe uma crença bastante difundida de que o amor materno é um sentimento inato da mulher. Neste capítulo, enfocarei a questão do amor materno no contexto do processo de separação, iniciando com a descrição de um caso: quando os pais informaram Heleninha, uma saudável menina de 6 anos, que iriam separar-se, indo a mãe morar em outro lugar, ela expressou com clareza sua preferência por permanecer com o pai, em que pese manter um excelente relacionamento com a mãe. Havia várias razões para essa preferência, entre as quais a de a menina permanecer na mesma escola e continuar brincando as amiguinhas que moravam no mesmo condomínio. Inicialmente, a mãe concordou sem nenhuma restrição em atender ao desejo da filha. No entanto, passados alguns dias, inesperadamente voltou atrás e, quando se foi, levou Heleninha junto. A decisão do casal era de resolver todas as questões amigavelmente, pois haviam optado pela separação de comum acordo. No entanto, diante da insistência da menina em permanecer em sua casa, o pai decidiu pleitear judicialmente sua guarda. O juiz solicitou o apoio do Serviço Social judiciário que enviou uma profissional à casa da mãe de Heleninha, onde ela se encontrava, para entrevistá-la. Em um determinado momento, a assistente social perguntou à menina: "Você não quer morar com a sua mamãe?". Heleninha disse ao pai que ficou constrangida com a pergunta e, não desejando magoar a mãe, presente à entrevista, respondeu: "Eu quero...". Diante disso, o pai solicitou que uma segunda entrevista com Heleninha fosse realizada em sua casa, mas a assistente social considerou-a desnecessária. Então, ele procurou uma autoridade do referido serviço, ao qual a filha reafirmou sua posição inicial e expôs os motivos de sua resposta à assistente social. A autoridade comprometeu-se em fazer valer sua preferência, mas no relatório apresentado ao juiz nada constou deste encontro, concluindo que a criança deveria permanecer com a mãe por ter declarado tal pretensão. Percebendo que de nada adiantaria levar adiante aquele processo, o pai optou por expor essa realidade para a filha, propondo que, para evitar o desgaste de seu relacionamento com a mãe, ambos desistissem, temporariamente, do pleito e estudassem uma forma alternativa de atender aos seus anseios.

Esse é um exemplo que, apesar da dificuldade enfrentada, não chegou a produzir maiores danos para a criança, tendo em vista sentir-se ela verdadeiramente amada tanto pelo pai quanto pela mãe, que a ajudou bastante durante o período inicial da separação, em que se sentiu muito deprimida. O terapeuta que atendeu

Heleninha nesta ocasião encantou-se com os recursos afetivos da menina para enfrentar situações difíceis sem se desestruturar e, também, com a dedicação e o grande amor que recebia dos pais. O tratamento teve curta duração, o suficiente para a menina superar as naturais dificuldades emocionais decorrentes da inesperada mudança de vida, promovida pela separação dos pais. Essa experiência serviu para o terapeuta refletir a respeito de uma tendência, tida pela maioria das pessoas como inquestionável, que é a permanência da criança com a mãe quando os pais se separam. Naquele caso, em particular, perguntava-se sobre a razão que levara a mãe a concordar e, depois, impedir que a filha permanecesse na casa do pai, tendo em vista que se tratava de uma mulher culta, aparentemente sem preconceitos, muito interessada no bem-estar da filha e que, apesar da separação, mantinha com o ex-marido um relacionamento amigável.

Contudo, no final do atendimento, o terapeuta teve a oportunidade de conversar reservadamente com a mãe de Heleninha e perguntar-lhe porque não havia permitido que a filha permanecesse na casa do pai, conforme inicialmente aceitara. Ela declarou que não tinha nenhum motivo objetivo, considerando que o pai cuidava da filha tão bem quanto ela poderia fazê-lo. No entanto, passados alguns dias de sua concordância, sentiu-se acusada internamente de ter feito alguma coisa errada, incompatível com sua condição de mãe. Além disto, as pessoas com as quais conversou a respeito do assunto, incluindo o seu psiquiatra, foram unânimes em aconselhar que permanecesse com a filha, não faltando quem aventasse a possibilidade de, eventualmente, sua atitude ser considerada pela Justiça um abandono da filha. Diante disso, ela resolveu não mais aceitar que a filha ficasse morando com o pai. Quando o ex-marido ingressou na vara de família, objetivando obter a guarda da filha, não fez mais do que expressar o seu genuíno desejo de permanecer com ela, transferindo para a Justiça a responsabilidade da decisão.

Desta forma, aliviou-se dos seus sentimentos íntimos de culpa e, também, das críticas que sentira terem-lhe dirigido os parentes e amigos com os quais comentou sua posição inicial. Por último, ela confessou que o evidente apoio concedido pelo Serviço Social judiciário, em favor de sua pretensão, teve o efeito de uma repreensão por sua atitude inicial, reforçando-se dentro dela a idéia de que a mãe não pode abrir mão dos cuidados dos filhos. Neste, como em muitos outros casos, é a cultura que impõe sua vontade, representando, em algumas situações, uma sobrecarga para a mulher que, tanto quanto o homem, necessita de tempo para trabalhar e divertir-se e, em outras, uma crueldade com as crianças que ficam impedidas, pelo preconceito, de escolher a melhor maneira de enfrentar as perdas determinadas pela separação dos pais. O caso de Heleninha é ilustrativo, porque evidencia a subordinação a que se encontra a maioria das pessoas ao chamado "mito do amor materno", incluindo os profissionais que atuam na área de atendimento da criança quando os pais se separam. O desempenho mais chamativo neste conjunto de ações, opostas à vontade da menina, foi o da autoridade do Serviço Social judiciário que a recebeu em seu gabinete e conversou com ela, mas omitiu este fato no relatório enviado ao juiz. Na verdade, apesar das evidências, ele não conseguiu trair suas próprias convicções a respeito da superioridade do amor materno.

Devemos reconhecer nesse exemplo a adequação da atitude do pai que, embora tenha-se empenhado em atender o desejo da filha, soube parar no momento em que a menina poderia sentir-se envolvida em uma disputa jurídica com a própria mãe. Isso quer dizer que ele pode ponderar o que de fato era o melhor para a filha, não utilizando a menina como "cavalo de batalha" de suas disputas com a mulher. Em contrapartida, a reação da mãe diante da iniciativa do pai deixou claro que ela não a encarou como algo contra ela, prova disso que, como disse ao terapeuta da filha, estava disposta a aceitar a decisão da Justiça. No fundo, ela também estava de acordo com a permanência da filha na casa do pai, mas não tolerou as acusações de estar portando-se como uma má mãe que lhe fizeram os familiares, os amigos, o psiquiatra e o seu próprio superego, que representa os pais internalizados e, através deles, o meio social.

Embora a orientação da Justiça brasileira tenha-se modificado nos últimos anos, observa-se na prática que, salvo em situações muito especiais, a guarda dos filhos é preferencialmente concedida à mãe, sem levar em consideração os interesses e a vontade da criança. Trata-se de uma tradição bastante antiga que tem evoluído em países como os Estados Unidos e a Inglaterra, os quais não só estão substituindo a própria expressão "termo de guarda", por outras menos rígidas, como também procurando encontrar formas alternativas que favoreçam o bem-estar e o desenvolvimento da criança. Cabe lembrar que foi após o advento da sociedade industrial que se tornou preponderante a tendência de conceder a guarda dos filhos para a mãe. Antes disso, em uma separação, os cuidados dos filhos eram confiados com exclusividade aos pais, porque tinham melhores condições de mantê-los economicamente e, de acordo com os tribunais da época, "as crianças não podiam dispensar o amor especial do pai". Quando as grandes famílias agrícolas constituídas por pais, filhos, avós e tios foram para as cidades, elas se fracionaram em famílias nucleares, formadas apenas pelo casal e pelos filhos. Nesta nova ordem social, o pai se tornou um operário que saía de casa para garantir o sustento da família, enquanto a mãe assumia como tarefa exclusiva o cuidado da prole, gerando-se um novo paradigma: o do instinto materno, base da orientação legal que atravessou os séculos XIX e XX.

O mito de que o amor pelo filho é um sentimento inerente à condição feminina aparentemente foi uma forma de a sociedade compensar a desvalorização da mulher, em particular pela sua dedicação exclusiva ao trabalho doméstico. Desta forma, procurou negar que o amor materno, assim como o paterno, é conquistado no convívio com a criança, podendo variar de acordo com a cultura e as condições materiais e psicológicas da mãe. Nos séculos XVII e XVIII, as crianças, ao nascerem, não eram cuidadas pelas mães, mas entregues às amas para serem amamentadas e criadas nas casas dessas mulheres, às vezes em outras cidades, voltando ao lar somente depois dos 5 anos. Embora a pesquisa histórica revele uma evolução dos cuidados com a criança, particularmente em relação ao recém-nascido, é impossível fugir à conclusão da pesquisa histórica de Elisabeth Badinter de que, como todos os sentimentos humanos, o amor materno pode ser incerto, frágil e imperfeito. Atribuir ao amor materno uma condição inata impõe à mulher que não deseja ter filhos um sentimento de culpa muito grande, além da desvalorização do meio familiar e social, que considera esta opção uma demonstração de desamor.

Na verdade, o mito do amor materno não atende às necessidades da criança, que necessita tanto do pai quanto da mãe para se desenvolver e consolidar sua identidade. Além disso, não se justifica que essa superioridade, atribuída compensatoriamente à mulher, sobreponha-se às evidências e, principalmente, à segurança e ao conforto da criança. Um grande número de crianças e adolescentes cujos pais se separaram relatam a seus terapeutas a enorme dificuldade que possuem para dizer à mãe que preferem morar com o pai, por perceberem que ela se sentiria profundamente desvalorizada com essa revelação. O desejável é que os pais, ao se separarem, respeitem o bem-estar dos filhos, consultando-os sobre suas preferências e examinando com eles as possibilidades reais de satisfazê-las. É um absurdo que, na separação do casal, as questões relacionadas ao patrimônio e os filhos sejam dirimidas na Justiça, como se fossem coisas idênticas. Os filhos não deveriam ser jamais objetos de disputa nas contendas matrimoniais, muito menos privados do convívio de um dos pais. No passado, quando ocorria de um dos pais cometer adultério, ele podia ser punido judicialmente em seus direitos patrimoniais e mediante restrições na convivência com os filhos. Mas, até hoje, muitos indivíduos não hesitam em utilizar os próprios filhos para se vingar da humilhação de terem sido traídos pelo cônjuge.

Na verdade, o pressuposto da existência de uma capacidade inata e exclusiva da mãe para cuidar dos filhos só serviu para sobrecarregar a mulher e reduzir o homem a uma função paterna bastante restrita: prover o sustento da família. Prova disto é que a única obrigação que os tribunais cobram do homem que se separa é pagar a pensão alimentícia aos filhos, não havendo qualquer exigência que se ocupe com a educação dos mesmos, a tarefa é atribuída à mãe. Atualmente, nos Estados Unidos, em cerca de 80% dos divórcios, os juízes estabelecem o que chamam de "guarda legal conjunta", na qual pai e mãe têm igual responsabilidade pela criança, devendo tomar juntos as decisões mais importantes, até mesmo em qual das duas casas ela residirá permanente, temporária ou alternativamente. Embora, na maioria das vezes, assim como acontece no Brasil, os filhos fiquem morando com a mãe, a idéia é de que, mesmo nessa condição, eles possam também se sentir em casa quando estão com o pai. O importante é que a criança conquiste a segurança de que ela não tem nenhuma responsabilidade pela separação dos pais, e que eles reconhecem o transtorno e o sofrimento que lhe estão impondo, que desejam que ela resida na casa em que, pelo menos naquele momento, ofereça-lhe mais conforto material e afetivo e, por último, que não se sentirão desconsiderados ou traídos com sua escolha.

Ao contrário do que acontece no Brasil, a guarda compartilhada deveria ser a regra, e, somente em casos especiais, visando a melhores condições para a criança, seria concedida a guarda a apenas um dos pais. A guarda compartilhada mantém a divisão de responsabilidades prévia à separação e estabelece uma distinção nítida entre prole e patrimônio, afastando os filhos da esfera de conflitos do casal. Para os filhos, ao não se sentirem "partilhados", fica mais claro que a separação se restringe ao casal e que eles continuam contando com o amor e a proteção dos dois pais. Por outro lado, a igualdade garantida pela guarda conjunta dos filhos subtrai o poder que é conferido pelo método tradicional a um dos pais em detrimento do outro, o qual é relegado a uma posição secundária em relação aos filhos. Como, geralmente, é a mãe que fica com a guarda, o pai se sente desvalorizado e procura compensar esse sentimento atrasando o pagamento da pensão, não buscando os filhos no horário combinado, etc. Se o sistema fosse de guarda compartilhada, provavelmente Alexandre, 12 anos, cujos pais se separaram quando estava com 6, não tivesse ouvido da mãe a seguinte frase quando manifestou o desejo de morar com o pai: "Então é assim que você agradece todos esses anos que eu lhe cuidei sozinha?"

O afastamento dos filhos é triste tanto para a mãe quanto para o pai, e muitas racionalizações, utilizadas para enfrentar essa situação, entre elas, a que sustenta que o amor materno é superior ao amor paterno, aumentam o sofrimento de uma criança cujo lar foi desfeito pela separação dos pais. Um exemplo é o caso de Márcio, um menino de 11 anos que telefonou ao pediatra solicitando que persuadisse sua mãe a deixá-lo morar com o pai. Ele temia que, ao expressar o seu desejo, a mãe se decepcionasse com ele e o abandonasse. Este temor faz com que muitas crianças se submetam ao que parece ser a ordem natural. As preferências das crianças, diante da separação dos pais, em primeiro lugar, envolve uma questão humana fundamental que é a segurança afetiva. Os filhos se sentem ameaçados com a separação dos pais e, defensivamente, ambicionam permanecer com aquele que, no momento, oferece mais segurança afetiva. No entanto, na maioria das vezes, é o pai que fica mais inseguro com a separação, que se sente abandonado, que insiste em permanecer com os filhos, não necessariamente porque é melhor para eles, mas para não se sentir sozinho e, ao mesmo tempo, impor ao ex-cônjuge esse sofrimento. Um homem tomou a decisão de se separar da mulher porque descobriu que ela tinha um amante e obteve sua concordância para que os filhos permanecessem com ele mediante a ameaça de lhes contar o motivo da separação. Se essa mulher não se sentisse tão culpada por manter um relacionamento extra-conjugal, ela teria impedido que os filhos fossem utilizados pelo narcisismo do marido para puni-la.

Muitos indivíduos que agem dessa forma, passado algum tempo, principalmente se conseguiram uma companhia, sentem-se sobrecarregados com os filhos e acusam o ex-cônjuge de não se ocupar com eles. Como na quase totalidade dos casos é a mulher que permanece com a prole, são freqüentes as situações em que as mães, vingativamente, somente solicitam a participação dos pais quando os filhos apresentam problemas físicos, emocionais e, principalmente, de conduta. Nesta linha, encontram-se as mulheres que agem de acordo com a versão de Eurípedes do mito grego de *Medéia*, impedindo o ex-marido de ver os filhos, como forma de puni-lo pelo abandono. No entanto, as profundas mudanças sociais, observadas nos últimos anos, têm alterado essa situação. As mulheres já não se sentem tão desvalorizadas e ameaçadas quando os maridos resolvem trocá-las por outra, e são elas que, no momento, mais freqüentemente tomam a iniciativa da separação.

O convívio e os gastos com os filhos dificilmente são objeto de discórdia de um casal, mas o mesmo não acontece quando se separam e, diante da impossibilidade de chegarem a um acordo, acabam submetendo-se às decisões do tribunal que naturalmente tem dificuldade de estabelecer as reais necessidades da criança, tomando como referência, na maioria dos casos, os recursos econômicos do pai. Contrariando essa tendência, cito uma sentença exemplar: a mãe ingressou na Justiça com um pedido de aumento de pensão, justificado por uma extensa lista de despesas da filha de 14 anos que indicava usufruírem, ambas, uma vida de abastança, incluindo freqüentes viagens ao exterior. O pai não negou possuir recursos suficientes para atender à demanda da ex-esposa, mas alegou que considerava prejudicial à formação da filha acostumá-la a viver de uma forma tão dispendiosa. O juiz ponderou que, pela exposição da mãe, ela contava com recursos suficientes para suprir, com folga, as necessidades da filha, não necessitando da contribuição paterna. Por essa razão, decidiu que a pensão que vinha sendo paga pelo pai fosse mantida e depositada em uma conta poupança da menina, que poderia dispor do montante diante de uma real necessidade ou quando atingisse a maioridade.

Na realidade, pensão e visita aos filhos costumam ser instrumento dos ressentimentos do casal que se separa e, freqüentemente, associam-se a uma relação perversa que expõe a criança à privação, ao desamparo e ao abandono, transformando-a em objeto de barganha. Algumas vezes, é o pai que se recusa a pagar a pensão, porque a mãe impõe dificuldades ao seu direito de visita; outras, é a mãe que impede a visita, pois o pai deixou de pagar a pensão. O valor pretendido pelo genitor que detém a guarda, geralmente a mãe, em muitos casos, representa uma tentativa de obter uma indenização por se sentir vítima do desprezo. Por esta razão, as exigências são muito maiores no início da separação e tendem a diminuir na medida em que essa situação vai sendo elaborada, atenuando os sentimentos de prejuízo pela maior aceitação da própria participação nos conflitos que determinaram o fim do relacionamento. Um exemplo dessa evolução encontramos em Mariana que, embora há vários anos mantivesse um relacionamento ruim com o marido, ficou com muita raiva quando ele decidiu sair de casa para viver com outra mulher. Em seguida, ela ingressou na Justiça com um pedido de pensão bastante elevado, alegando necessidade de proporcionar aos filhos o mesmo padrão de vida que a família mantinha antes da separação. Sua disposição para brigar era muito grande e, de diversas maneiras, utilizou os filhos para atingir seu objetivo. Dessa forma, obteve quase tudo o que pretendia, em parte, porque o ex-marido sentia-se muito culpado, particularmente em relação aos filhos.

No entanto, com o passar do tempo, tanto os sentimentos de raiva da mulher quanto os sentimentos de culpa do homem arrefeceram, e o valor da pensão passou a ser estabelecido mensalmente com base nas despesas reais dos filhos. Lamentavelmente, os juízes de varas de família não costumam ser informados dessas mudanças que ocorrem, extra-oficialmente, depois de algum tempo, sendo obrigados a definir o valor da pensão no momento mais tenso do processo de separação, durante o qual as necessidades da criança, com freqüência, representam uma fachada que encobre uma acirrada briga dos pais. Atualmente, nos Estados Unidos, como a Justiça se inclina no sentido de conceder a guarda conjunta dos filhos, condição em que a mãe também deve contribuir para o sustento deles, as pensões tornaram-se menos elevadas. Em contrapartida, o convívio com os filhos passou a ser cobrado dos pais mais energicamente. Deste modo, a Justiça americana tem procurado evitar o abandono dos filhos e sua utilização como moeda de troca.

Uma dúvida que sempre vem à tona quando se trata de separação de casais é se essa situação impõe mais ou menos sofrimento aos filhos do que um clima permanente de desentendimento dos pais. A experiência mostra que, embora os filhos sempre revelem algum nível de sofrimento emocional quando os pais tomam a decisão de não viverem mais juntos, as dificuldades apresentadas pelas crianças devem-se mais ao conflito parental do que à separação propriamente dita. Não há dúvida de que entre as crianças que apresentam desajustes depois da separação, a maior incidência é daquelas que presenciaram ou participaram das brigas dos pais por um longo período. Em contrapartida, as crianças cujos pais protegeram-nas de seus desentendimentos e agressões antes, durante e depois da separação, tendem a se ajustar à nova vida mais facilmente. Através de um estudo do Instituto Nacional de Saúde Mental, dos Estados Unidos, abrangendo 1.423 crianças, chega-se à conclusão de que as crianças que moram com um genitor divorciado apresentam menos problemas de conduta do que as que moram com pais casados que se encontram em permanente litígio. De acordo com várias pesquisas realizadas, conclui-se que, na maioria dos casos, o problema mais difícil para os filhos de pais separados não é a separação, mas a exposição ao conflito parental crônico. Sendo assim, tendo em vista a segurança e o bem-estar dos filhos, em muitos casos é preferível expô-los à tristeza de uma separação do que à ameaça de destruição e abandono, proporcionada pelas brigas constantes do casal, criando, em alguns casos, uma situação caótica e sem saída que rouba das crianças o prazer infantil de viver.

Assim como o mito do amor materno exerce sua influência nas separações, determinando que os filhos permaneçam com a mãe, independentemente da vontade deles e das condições mais favoráveis para eles, observamos que outro mito, criado neste contexto, leva as pessoas a responsabilizarem a separação dos pais por todos os problemas emocionais e de conduta apresentados pelos filhos. É o que poderíamos chamar de "mito dos filhos de pais separados", cuja conotação é nitidamente preconceituosa. Muitos desses problemas são anteriores à separação dos pais e apenas se tornam mais evidentes neste momento. Outros podem ser desencadeados pela separação dos pais, mas a origem corresponde a uma etapa anterior da vida daquela criança ou daquele adolescente. Ao mesmo tempo, nada impede que o mesmo problema emocional ou de conduta viesse a surgir ainda que não tivesse ocorrido o impacto da separação dos pais. Portanto, trata-se de um mito que estigmatiza os filhos cujos pais se separaram, que passam a ser vistos como diferentes, e que pode levar a diagnósticos psiquiátricos equivocados por vincular todos seus problemas a essa experiência.

Ainda que a maioria das crianças suporte bem a tensão da ruptura matrimonial sem seqüelas psicológicas importantes, não podemos subestimar a realidade de que um número significativo delas fraqueja ao longo do caminho. As causas mais freqüentes de encaminhamento de crianças em idade escolar a tratamentos psicológicos são a separação dos pais e a perda de um deles por morte. O número de adolescentes em tratamento psiquiátrico é expressivamente maior entre filhos de pais separados. A depressão, moderada ou grave, é um sintoma freqüente em crianças e adolescentes cujos pais se separaram, às vezes, persistindo por um período bastante longo. Estudos indicam que o aproveitamento escolar de crianças de pais separados é inferior ao aproveitamento de crianças de lares intactos, assim como é mais elevada a incidência de faltas à aula, suspensão, expulsão e interrupção dos estudos. Principalmente no período inicial da separação, essas crianças consultam o pediatra com uma freqüência bem mais elevada por se tornarem mais vulneráveis às infecções em razão da diminuição das defesas orgânicas e, também, porque sua doença pode mobilizar o pai ausente. Com freqüência, observam os pediatras, a mãe supervaloriza os sintomas da criança para chamar a atenção do ex-cônjuge, procurando fazer com que se sinta culpado e despenda mais dinheiro.

O que não se deve negar é que as crianças e os adolescentes sentem-se chocados com a dissolução da família e a vivenciam com apreensão, angústia e tristeza. Raramente se sentem aliviadas com essa experiência, a não ser que sejam mais velhas e tenham presenciado atos de muita violência no relacionamento dos pais. A tristeza que freqüentemente se observa no semblante das crianças cujos pais acabaram de se separar expressa as diversas perdas infringidas pela realidade do afastamento do pai que sai de casa, do lar desfeito e, eventualmente, da perda de contato com parentes, amigos e colegas de aula. Como decorrência da natural onipotência do pensamento infantil, um número significativo de crianças costuma atribuir-se a responsabilidade da separação dos pais e, quando interrogadas, não hesitam em reconhecer o sentimento de culpa que resulta dessa fantasia. No entanto, quando o casal se esforça em ajudar os filhos neste momento de mudança, às vezes inesperada e surpreendente para eles, a tendência é que encontrem menos razões para se culparem, porque esse esforço demonstra que os pais se sentem responsáveis pela separação. Ao mesmo tempo, é importante que os filhos sintam que os dois pais são igualmente capazes de amá-los e que, com qualquer um dos dois que fiquem, estarão protegidos.

Os mitos não se baseiam na realidade e podem ser trocados de tempos em tempos em uma mesma cultura, como o mito do amor materno que substituiu o mito do amor paterno com o surgimento da sociedade industrial. Contudo, 100 anos de psicanálise sustentam que o desenvolvimento da criança depende tanto do amor materno quanto do paterno, e que a mãe e o pai desempenhem adequadamente suas respectivas funções. Com alguma freqüência, nos deparamos com situações em que um dos pais se afasta dos filhos após a separação, e o outro assume as funções de ambos. Outras vezes, é um avô ou uma avó, um tio ou uma tia que cumpre o papel do pai que se ausenta após a separação. Em uma separação que tive a oportunidade de acompanhar, tanto o pai quanto a mãe de um menino de 4 anos abandonaram integralmente os seus cuidados, os quais passaram a ser exercidos pelos avós paternos de uma forma muito adequada. Procurando mostrar que não existe um instinto materno ou paterno inatos, mas uma maior ou menor capacidade de amar, cito o caso de uma mãe que teve quatro filhos, todos criados por uma empregada da casa. Esta mãe foi capaz de gerar esses filhos, mas lhe faltaram condições de exercer as funções maternas após o parto. Felizmente, para essas quatro crianças, o papel de mãe pode ser desempenhado por outra pessoa, e elas conseguiram desenvolver-se sem grandes problemas. Atualmente, todos adultos e bem-situados profissionalmente, consideram-se como possuidores de duas mães, mas a biológica é mais decorativa.

Como procurei enfatizar em outras partes deste livro, a biologia não é suficiente para estabelecer um vínculo de amor entre a mãe e seu filho, o mesmo valendo para o pai. Da mesma forma, não é o sexo que capacita os pais para exercerem as funções indispensáveis ao desenvolvimento de uma criança. Uma terceira pessoa, independentemente do sexo, poderá substituir os pais nessa tarefa. Os pais, evidentemente, são fundamentais para o desenvolvimento e a formação dos filhos, mas a idéia de que são insubstituíveis constitui outro mito. Insubstituível é o amor, venha de onde vier. Este sim não pode faltar para uma criança sob pena de ela se tornar um corpo desabitado, um ser sem alma. Este é o caso de Marcelo, um adolescente de 18 anos, apático, quase um robô, que não possui amigos nem vida social ou qualquer outro interesse. Ele tinha 6 anos quando o pai decidiu separar-se, ferindo profundamente a auto-estima da mãe que, movida pela raiva, não vacilou em lançar mão de todos os meios para impedir que o ex-marido tivesse acesso ao filho. Como conseqüência, sua permanência com o pai, além de escassa, com alguma freqüência também se tornava tensa devido às brigas promovidas pela mãe. Ela acusava o pai de não pagar a pensão devida, e ele a acusava de pretender explorá-lo. Quando Marcelo tinha 11 anos, o pai se casou com outra mulher. A mãe, indignada, resolveu não mais permitir que o filho passasse os fins de semana com ele. Ela justificou a medida, judicialmente, dizendo que o pai não dava suficiente atenção ao filho quando o tinha aos seus cuidados. O pai queria que Marcelo desmentisse a mãe perante o juiz e, como ele se esquivou, sentiu-se traído pelo filho e nunca mais o procurou.

Visivelmente, os pais de Marcelo, ambos professores universitários, colocaram o seu narcisismo ferido acima das necessidades de proteção e de afeto do filho, não vacilando em usá-lo para atacar e ferir o outro. O exemplo reforça a idéia de que o amor inato dos pais pelos filhos não passa de uma falácia. A capacidade de amar varia de pessoa para pessoa e nem sempre um bom filho é um bom pai ou vice-versa. Além disso, o caso de Marcelo nos coloca diante de outro mito relacionado com a separação que é a crença que a Justiça pode lidar com os problemas dos filhos da mesma forma que encaminha as questões patrimoniais. Na realidade, a liturgia processual carece de sensibilidade para enfrentar grande parte das lides de família, em particular as relacionadas com os filhos nos processos de separação dos pais. Diante dessa dificuldade, alguns magistrados procuram contornar a situação, utilizando-se de sua própria sensibilidade, a qual, muitas vezes, é contaminada por seus preconceitos e suas experiências pessoais, o que pode levá-los a uma interpretação errônea dos fatos. É provável que a mediação, por sua natureza não-adversarial, possa ser mais adequada à solução das divergências que surgem com a separação. Esse procedimento está sendo empregado com sucesso em muitos países e, em alguns lugares, como na Califórnia, ele é obrigatório nas separações e em qualquer questão posterior que envolva guarda dos filhos, pensão ou visita.

A realidade é que precisamos desenvolver meios capazes de mobilizar nos pais a preocupação com o bem-estar dos filhos acima dos seus próprios interesses, em particular quando se encontram em um processo de separação.

Somente dessa forma serão formados homens e mulheres com melhores condições de manterem um relacionamento conjugal mais sólido e, diante da inevitabilidade da separação, priorizarem as necessidades materiais e afetivas dos filhos.

Casamento: é possível manter acesa a chama do amor? 17

Um dos aspectos mais importantes do casamento e também mais difíceis é, sem dúvida, a prevenção do desajuste conjugal que, além de se encontrar na base do sofrimento tanto do casal quanto dos filhos, constitui, na maioria dos casos, o caminho inelutável da separação e do divórcio. Apesar disso, é pequeno o interesse sobre esse assunto pelos que se dedicam ao tema do casamento. Ao mesmo tempo, observo que, de maneira geral, os casais investem muito pouco na construção de um relacionamento que proporcione felicidade a ambos e, muito menos, em manter a chama do amor acesa. Aparentemente, eles se comportam como se a experiência prévia ao casamento fosse suficiente para aparar todas as arestas da relação conjugal e uma força divina os protegesse para sempre. É possível que a sacralização do casamento pela Igreja Católica tenha criado a idéia de que a felicidade e a manutenção do casamento se encontram aos cuidados do Senhor, e que tudo dará certo porque este é o Seu desejo. Como resultado, observa-se que as pessoas se sentem proibidas de agirem deliberadamente no sentido de qualificar seu relacionamento com o cônjuge, como se não podessem eludir o destino que Deus traçou para cada um. Sendo assim, é provável que nos casamentos homossexuais, por não se encontrarem sob o manto protetor da eucaristia, exista uma consciência mais clara da necessidade de investir na prevenção do desajuste conjugal, na conquista da felicidade. Não podemos fugir dessa realidade: a possibilidade de um casal ser feliz é diretamente proporcional aos esforços que realiza nesse sentido. No casamento, é indispensável criar um espaço de paz e harmonia para que o amor possa se fazer sentir. O desajuste conjugal possui a capacidade de dizimar o amor no relacionamento conjugal. Por essa razão, neste capítulo procuro enfocar os elementos que mais interferem na prevenção do desajuste conjugal, iniciando com algumas considerações sobre prevenção em saúde mental, que devemos considerar como um fator decisivo para um casamento feliz.

A prevenção em saúde mental se faz na infância, desde os primeiros contatos da criança com o ambiente, em particular, com a mãe. Ao enfatizar a relação inicial, entre a mãe e seu bebê, na prevenção da doença mental, os estudiosos têm em mente fundamentalmente o período de amamentação, cuja inexistência ou interrupção precoce pode interferir nos relacionamentos do indivíduo na vida adulta. A amamentação promove um sistema de comunicação da criança com o mundo circundante, funcionando como um registro indelével que sofre pequenas modificações com o passar dos anos. Como conseqüência, se o bebê é respeitado em sua individualidade, mais tarde respeitará a individualidade do outro; se, ao contrário, for desrespeitado, mais tarde ele desrespeitará. Sendo assim, podemos dizer que a relação inicial mãe-bebê inscreve na mente da criança um modelo de relação humana que tenderá a se recriar em seus relacionamentos subseqüentes. O que não deve ser esquecido é que o vínculo mais estreito entre a mãe e o filho se estabelece com a amamentação. As sensações fundamentais de felicidade e amor, de frustração e ódio, mantêm irrestritas relações com o seio materno. Nenhuma outra experiência é mais significativa. No entanto, a amamentação não deve ser reduzida a um ato mecânico, que se repete a cada três ou quatro horas, como preconizava a pediatria alemã, juntamente com rígidas regras de educação, nos alvores do nazismo, mas a mais íntima relação afetiva possível entre dois seres humanos. Por esta razão, quando, por algum motivo, a amamentação não é possível, a mamadeira pode substituir o peito materno se for administrada de tal forma que se aproxime muito da alimentação no seio, ou seja, que a própria mãe forneça o alimento ao seu bebê e mantenha com ele, durante este período, um estreito contato físico e uma atitude carinhosa. Na verdade, somente uma parte da satisfação proporcionada pela amamentação resulta do alívio da fome. A outra parte, não menos importante, resulta do prazer que o bebê experimenta ao sugar o mamilo. A gratificação proporcionada por esta experiência é uma parte essencial da sexualidade infantil, na verdade a expressão inicial da sexualidade do ser humano. Na vida adulta, o que mais desejamos é repetir essa experiência amorosa, o que é até certo ponto possível no vínculo conjugal.

Ninguém desconhece a importância dos seios no relacionamento sexual do adulto como fonte de desejo, excitação e prazer entre os parceiros. O comovente relato de um paciente descortina a origem desse fascínio. Ele referiu que, estando em uma boate, sentiu-se particularmente encantado por uma mulher que exibia, pela blusa justa confeccionada com tecido muito fino, "um maravilhoso par de seios duros e ponteagudos". Conseguiu aproximar-se dela, dançar e, no final da noite, levá-la para um motel quando, então, descobriu que a jovem e fascinante mulher era mãe solteira e se encontrava amamentando um bebê de 8 meses, razão pela qual tinha os seios entumecidos que tanto o atraíram. Não deve ser desprezado o fato de que este paciente havia sido abandonado pela esposa que amava, havia alguns meses e, após um período de depressão, esta era a primeira vez que saía para se divertir, voltar a ter prazer, ato que, sem se dar conta, consistiu, literalmente, em um retorno ao seio materno.

Freqüentemente, as mães expressam o sentimento de que seus bebês são o que elas possuem de mais importante, ou mesmo que são tudo para elas. Demonstram que são capazes de todos os esforços imagináveis para protegê-los. A contrapartida não é menos verdadeira: as mães são alvo de um profundo e permanente encantamento por parte de seus bebês, que desejam desfrutar do seu convívio todas as horas do dia. Inevitavelmente, essa vivência, descrita como "oceânica", capaz de despertar uma sensação de eternidade, transforma-se, mais tarde, no anseio mais importante da vida adulta. O casamento, como antes enfatizei, mais do que qualquer outra situação, cria um ambiente propício para resgatar, ainda que parcialmente, a experiência benfazeja da relação inicial mãe-bebê. É por isso que integram o repertório de declarações dos amantes frases como "Você é um ser único em minha vida, é a pessoa que mais quero, é tudo para mim, só tenho você em meu coração, quero lhe ter junto a mim todos os minutos da minha existência". O poeta Vinicius de Moraes, em seu *Soneto de Fidelidade*, fala-nos dessa vivência, guardada no relicário de nossas mais caras lembranças:

De tudo, ao meu amor serei atento
Antes, e com tal zelo, e sempre, e tanto
Que mesmo em face do maior encanto
Dele se encante mais meu pensamento.

Quero vivê-lo em cada vão momento
E em seu louvor hei de espalhar meu canto
e rir meu riso e derramar meu pranto
Ao seu pesar ou seu contentamento

E assim quando mais tarde me procure
Quem sabe a morte, angústia de quem vive
Quem sabe a solidão, fim de quem ama

Eu possa me dizer do amor (que tive):
Que não seja imortal, posto que é chama
Mas que seja infinito enquanto dure.

Um exemplo clínico: André e Luíza, casados há 19 anos, procuraram um terapeuta de casais por se encontrarem em um processo de desajuste conjugal. Iniciado o tratamento, rapidamente se deram conta de que essa situação, embora antiga, havia-se intensificado nos últimos três anos ou, mais precisamente, após o baile de debutante das filhas. André se queixava de que, ultimamente, a mulher vinha comportando-se como uma adolescente, despendendo grande parte do seu tempo em academias de ginástica, tendo como companhia mulheres solteiras ou separadas, com as quais, diariamente, reunia-se nos finais de tarde. Em contrapartida, Luíza se queixava de que passara os melhores anos de sua vida sem sair, cuidando da casa e das filhas, enquanto o marido ia para o clube jogar tênis ou se divertir com os amigos. É evidente a relação entre o rito de passagem das filhas, o baile de debutantes e a mudança do comportamento de Luíza. Contudo, o que desejo enfatizar é a reciprocidade, observada neste casal, no que diz respeito à capacidade, no caso bastante limitada, de estabelecer e manter um vínculo afetivo que levasse em consideração o outro. As experiências infantis eram opostas, mas resultaram em dificuldades idênticas de relacionamento na vida adulta. A mãe de André faleceu quando ele tinha 3 anos, oportunidade em que o pai formou outra família com uma mulher que já tinha filhos, e ele foi entregue aos avós para ser criado. Luíza, diferentemente, foi criada pelos pais, tendo recebido cuidados excessivos da mãe, uma mulher reconhecidamente narcisista. Sabe-se que a superproteção, embora diferente na aparência, no fundo equivale ao abandono, pois o interesse da criança é preterido em detrimento das necessidades dos pais. Por isto, abandono e superproteção, no desenvolvimento emocional da criança, em que pese encontrarem-se em oposição, exercem quase que os mesmos efeitos prejudiciais aos futuros relacionamentos do indivíduo, entre os quais, o incremento do egoísmo, que representa um dos fatores geradores do desajuste conjugal. Contrariamente, o reconhecimento da existência, da importância e também da dependência do outro, resultante de uma experiência emocional na infância suficientemente boa, constitui um dos elementos preventivos mais importantes da insatisfação no casamento, representado pela reciprocidade entre dar e receber no relacionamento conjugal.

No entanto, a relação do casal envolve outras questões, além deste vínculo infantil reeditado. Para que possa ser duradouro e proporcionar satisfações plenas, também exige capacidades que decorrem de um processo de separação/individuação bem-sucedido da relação infantil com os pais que possibilitam ao indivíduo lidar com as inevitáveis sensações afetivas de perda e abandono que ocorrem todos os dias ao longo da vida, sem entrar em estados intensos de depressão e angústia ou, em situações mais graves, de desestruturar a personalidade. Uma paciente, sempre que se sentia ameaçada de abandono pelo marido, entrava em intenso estado de depressão e angústia, não conseguindo comer nem dormir. Além disto, descuidava dos filhos, ingeria grande quantidade de calmantes e, algumas vezes, procurou um serviço de emergências psiquiátricas com o pedido desesperado de que tomassem alguma medida para evitar que enlouquecesse ou de que sua personalidade se desintegrasse. Em que consiste o processo de separação/individuação?

Durante a gravidez e logo após o nascimento, mãe e bebê formam uma unidade indiferenciada, como se fosse um extensão do outro. Do ponto de vista do bebê, essa condição se explica por razões inicialmente biológicas, como decorrência de sua sobrevivência depender dos cuidados maternos. Essa dependência engendra uma relação afetiva essencialmente narcisista, que dispensa e exclui a participação de terceiros. Principalmente o pai, nos primeiros meses, deve tolerar esse afastamento, mas, aos poucos, progressivamente, cabe-lhe a tarefa de, mediante sua presença, marcando suas diferenças com a mãe, dar início ao processo de separação/individuação mãe-bebê. O papel paterno é fundamental nesse processo porque, para haver dois, são necessários três, sendo o pai o terceiro necessário, indispensável para que mãe e bebê, em que pese a dependência, principalmente do bebê, possam reconhecer-se como indivíduos distintos. Sem esse sentimento de individualidade, é impossível enfrentar as vicissitudes da vida conjugal, principalmente, quando vêm os filhos.

De certa forma, o casamento encerra um paradoxo, caracterizado pela simultaneidade de dois contrários: a dependência e a independência. As pessoas excessivamente dependentes, que estabelecem com o parceiro uma relação muito adesiva, podem tornar-se sufocantes para o outro, criando uma condição desfavorável para um relacionamento conjugal satisfatório. Em um tratamento de casal, viu-se que o marido ligava para a mulher diversas vezes por dia, encontrando-se ela no trabalho ou em casa. Esta conduta que, aparentemente, representava um gesto de carinho e interesse, não obstante, produzia na esposa o sentimento de se encontrar sob o mais rigoroso controle do marido. Quando telefonava e não a encontrava, o que acontecia algumas vezes por exigência de sua atividades profissionais, deixava recado para que ligasse, imediatamente, em seu retorno sem mencionar a razão dessa urgência. A esposa ficava com raiva sempre que se encontrava em uma situação desta natureza, mas sentia-se extremamente culpada se não cumprisse a determinação do marido que, em uma sessão do referido tratamento, confessou as fantasias de abandono que se apropriavam de sua mente quando desconhecia seu paradeiro. Foi possível verificar que este homem havia tido diversas experiências de abandono na infância, as quais haviam ficado fortemente marcadas em seu inconsciente. Sua mãe, uma mulher insegura e dependente, desde os primeiros meses de vida costumava deixá-lo aos cuidados de babás, para acompanhar o marido em freqüentes viagens de negócios. Em contrapartida, a esposa, filha única, havia tido pais que, como costumavam dizer, "abriram mão de sua vida por ela", o que fazia com que se sentisse com remorso sempre que recusava sua atenção. Resumindo: este caso ilustra uma relação conjugal em que, nem o marido, nem a esposa conseguiram resolver, adequadamente, seus respectivos processos de separação/individuação por causa das experiências infantis em um caso de abandono e, em outro, de superproteção por parte dos pais, as quais foram reproduzidas no casamento.

A tão almejada liberdade, refiro-me à capacidade de agir de acordo com a própria vontade sem sentimento de culpa, apresenta uma relação muito estreita com as relações familiares, principalmente aquelas estabelecidas na infância, período em que a influência dos adultos sobre a mente da criança é muito forte e marcante. Embora essa experiência infantil, com o tempo, seja reprimida e se torne, em grande parte, inconsciente, portanto esquecida, nem por isso ela deixa de interferir em todas as decisões do adulto. Mesmo o indivíduo que se possa considerar "livre" encontra-se subordinado a uma verdadeira *assembléia de cidadãos*, em permanente atividade em seu mundo interno, fornecendo-lhe pareceres favoráveis ou desfavoráveis, até mesmo em relação à pessoa com quem deseja se casar. Fazem parte desta assembléia pais, irmãos, avós e outros membros importantes da família, que interferem em todos os atos do indivíduo, às vezes, impondo-lhe restrições avassaladoras que superam largamente qualquer imposição da realidade.

Nas famílias, às vezes, em várias gerações sucessivas, é comum a atribuição de mandatos a seus membros e, quando um papel é conferido precocemente a uma criança, dificilmente ela consegue escapar deste desiderato, constituindo uma maneira de viver ou, mais apropriadamente, de sobreviver, tendo em vista que esta é a única forma que se sente aceita e protegida. Mais tarde, ao recusar-se cumprir o papel determinado, além da ameaça de abandono e de solidão, o indivíduo terá de se defrontar com os sentimentos de culpa pelo fracasso ou sofrimento dos familiares.

A vida cotidiana proporciona inúmeras demonstrações desse exercício de poder da família sobre seus membros. Por exemplo, a escolha dos nomes dados aos filhos raramente é aleatória, em geral relaciona-se com um fato de expressivo significado afetivo para os pais. Freqüentemente, o nome determina o papel previamente destinado pelos pais ao filho que nasce. Esse papel poderá ser substituir um irmão mais velho que morreu, como no caso de Van Gogh, ou outros familiares, principalmente, avós e tios. Neste caso, a expectativa dos pais é que o recém-nascido substitua o ente querido, estabelecendo-se desde o início um conflito entre o que o indivíduo é e o que esperam que ele seja.

Também é comum que as famílias escolham para os filhos a profissão que deverão exercer ou o cargo que deverão ocupar e, muitas vezes, este desejo é designado pelo nome. O nome do avô médico pode indicar que a expectativa dos pais é que o filho venha a se formar em medicina, assim como o nome do pai no primeiro filho homem pode indicar que ele deverá ser o seu substituto na direção da empresa. Os nomes podem simbolizar a união dos pais, reunindo pedaços dos dois nomes, assim como o ovo é formado pelo óvulo e o espermatozóide, mas também podem representar a competição dos pais, muitas vezes, dificultando a definição sexual da criança. Esta situação é mais evidente quando são dados aos filhos nomes compostos: um feminino e outro masculino. Alguns pais sentem-se profundamente frustrados e deprimidos com o nascimento de um filho do outro sexo, e a forma que o cônjuge encontra para compensá-lo é dar ao filho o seu nome passado para o feminino ou para o masculino, dependendo do caso.

Na verdade, existe um idioma dentro de cada grupo familiar que estabelece a comunicação intergeracional. Por esse meio, as dificuldades e os anseios dos pais são transmitidos aos filhos. É do conhecimento de qualquer psicólogo, psiquiatra ou psicanalista que os indivíduos, de acordo com o seu sexo, de certa forma, procuram casar com uma pessoa que apresenta algum aspecto importante do pai ou da mãe e têm, estes profissionais, muito claro, as razões dessa tendência inconsciente. No entanto, não são apenas as fantasias incestuosas desses indivíduos que participam de tal escolha, mas também os desejos transmitidos pelos pais. Muitas vezes, os filhos se sentem maus e ameaçados de abandono se não atendem a esses desejos, mesmo não sendo a escolha integralmente do seu agrado. Um exemplo é o caso de Ana, cuja mãe entrava em depressão sempre que ela brigava com o noivo e ameaçava não se casar com ele. A razão era que ela, quando jovem havia fantasiado casar com o pai do noivo da filha e, desta forma, integrar a família mais importante da cidade. Quando ocorre uma situação dessa natureza, é comum que o indivíduo acabe realizando o casamento encomendado pelos pais. Foi o que aconteceu com Márcia, cujo noivo era, evidentemente, desejado sexualmente por sua mãe, uma mulher jovem e bonita que se encontrava divorciada há alguns anos. Márcia era muito imatura e não conseguiu manter por muito tempo seu casamento. Embora a iniciativa da separação tenha sido do marido, a mãe de Márcia jamais a perdoou por não se ter esforçado o suficiente para reverter a situação. Ela não aceitou nenhum dos namorados que Márcia teve depois da separação e se afastou definitivamente dela quando casou novamente, em que pese a filha dar demonstrações de se encontrar mais feliz neste relacionamento do que no primeiro. Tanto quanto as mães, os pais também ambicionam realizar suas fantasias através dos filhos. Cito um exempo: em vários relacionamentos, José pôde observar que o pai procurava "sexualizar" a comunicação com suas namoradas, demonstrando grande satisfação quando se sentia correspondido. Defensivamente, sem se dar conta, José passou a namorar uma mulher que, fora da relação exclusiva com ele, mostrava-se muito fechada, até mesmo com o futuro sogro. Alegando que ela havia virado o rosto quando foi beijá-la, este homem, no dia do casamento do filho, brigou definitivamente com a nora, passando a cumprimentá-la quando era impossível evitar, apenas com bom dia, boa tarde e boa noite.

Um dos mais contundentes e dramáticos casos de subserviência ao mandato familiar de que tomei conhecimento foi protagonizado por Alfredo, um advogado reconhecido profissionalmente, metódico, culto, de gostos artísticos requintados, porte atlético e elegante no vestir. Quando procurou tratamento psicanalítico, tinha 40 anos e se encontrava bastante deprimido e confuso. Fazia pouco tempo que se havia separado da esposa. Contou que nascera e vivera sua infância e adolescência em uma pequena cidade da fronteira, na condição de único filho de um casal de emigrantes que tinha como fonte de ganhos um pequeno estabelecimento comercial que, atrás, servia de moradia para a família. Ele se envergonhava muito de sua posição social e registrou, como fato importante da adolescência, o quanto se sentia rebaixado sempre que era avistado entrando no pequeno e ruidoso portão lateral que dava acesso à parte dos fundos da casa. Essa lembrança permaneceu muito viva em sua memória, representando as situações em que se sente diminuído e humilhado. Alfredo também referiu que desprezava o pai porque não tinha cultura. A única coisa que fazia era trabalhar, andava malvestido e pedia-lhe para pagar contas atrasadas nos bancos. Opostamente, valorizava muito a mãe, que gostava de ler e ouvir música, vestia-se bem e se relacionava com as pessoas importantes da cidade. Ela elogiava muito a beleza do filho e o estimulava para que se tornasse o mais brilhante dos alunos da escola, despertando inveja, principalmente dos mais ricos. Quando ele se mudou para a capital para realizar o curso de Direito, pediu que arrumasse uma moça bem bonita para se casar, que igual não tivesse em sua cidade. Após realizar brilhante carreira universitária e concluir um curso de pós-graduação, considerando-se pronto para retornar à sua cidade e dar início ao trabalho, conheceu a moça com quem, passados alguns meses, veio a se casar. Disse que, ao vê-la pela primeira vez em uma festa requintada, sentiu-se diante de uma verdadeira rainha, de tão bela e tão bem vestida e, antes mesmo de conhecê-la, desejou desposá-la. O relacionamento do casal, fruto das exigências da esposa, nunca foi bom, mas piorou muito, resultando na separação, quando se mudaram para a capital, a fim de proporcionar melhores estudos para os filhos e perderam a posição social e econômica que desfrutavam no interior. Ao longo do tratamento, foi possível descobrir que Alfredo submetera-se ao mandato da mãe pelos temores infantis de perder seus cuidados. Lembrou-se de cenas em que a mãe acusava o pai de não se empenhar o suficiente para obter melhor aparência e ganhar dinheiro suficiente para adquirir uma casa mais elegante e confortável. Às vezes, mostrava-se decepcionada e insinuava a possibilidade de dar fim à vida. Diante dessa ameaça, ele criou na infância a fantasia que permaneceu em seu inconsciente de que, se conseguisse satisfazer os desejos da mãe, ela não se mataria, evitando com este esforço defrontar-se com os dolorosos sentimentos de perda e abandono.

A rigor, todas pessoas, inevitavelmente, um dia, perdem sua família de origem, embora permaneça em suas lembranças e em suas identificações. Antes disso, o indivíduo deve, progressivamente, ir separando-se dela para dar origem a uma nova família. Sendo, assim, quando ajudamos a prole a se independizar, não estamos preparando apenas filhos, mas também pais. Mas isso não se faz com facilidade. Somente pais independentes conseguem ajudar os filhos a se independizarem. Pais fóbicos, por exemplo, estabelecem limites muito exíguos para os filhos porque projetam neles seus temores. Uma mãe com essa característica, enquanto teve os filhos sob sua guarda, evitou, de todas as maneiras, férias na praia, porque temia que eles viessem a se afogar. Ela também evitou que estudassem em um colégio que organizava passeios em grupo com os alunos, porque tinha medo de que não os cuidassem adequadamente e ocorresse uma desgraça. Um dos filhos dessa senhora manteve-se muito preso a ela até se casar, quando, então, passou seus "indispensáveis cuidados" à esposa. O outro que, quando criança, resistia mais ao controle dessa mãe, na adolescência saiu a viajar pelo mundo, de carona e, por muitos anos, não parou de andar. Acabou fixando-se em um país distante. Sua justificativa para se manter solteiro, aos 52 anos, era o receio de ser envolvido pela teia familiar e nunca mais conseguir sair dela.

Ao mesmo tempo, observamos situações em que os pais competem frontalmente com os filhos, não tolerando que se desenvolvam mais do que eles, conquistem o que não conseguiram conquistar e, principalmente, sejam mais felizes em seus relacionamentos do que eles foram. Um pai que se sentia muito insatisfeito com seu casamento costumava desprezar o filho, em público, dizendo que era mandado pela mulher, referindo-se ao fato de manter um relacionamento conjugal em que predominavam o respeito e o espírito de união do casal.

Também não podemos subestimar a influência dos comentários desanimadores dos pais na vida emocional dos filhos, mesmo quando são adultos. Gustavo, 23 anos, pertencente a uma família judaica, muito religiosa, conheceu uma jovem em uma festa e passou a namorá-la; os pais dela, embora não-praticantes, consideravam-se católicos. Ao apresentar a namorada e dar conhecimento à família desse relacionamento, ouviu do pai o seguinte: "Como não vai casar com ela, não é bom que mantenha este namoro por muito tempo". O comentário, pela conhecida rigidez do pai, situou Gustavo diante de uma escolha muito difícil: brigar com a namorada para manter o relacionamento com o pai, ou brigar com o pai para manter o relacionamento com a namorada. Optou pela segunda alternativa, mas, por culpa, identificou-se com o pai, tornando-se muito rígido em relação à esposa e gerando, com esta atitude, uma típica situação de crise conjugal.

Outra situação: o sogro disse ao genro no dia do casamento de sua única filha: "Se, por qualquer motivo, quizer devolvê-la, eu aceito de volta sem nenhuma despesa". No caso, a situação não passou de uma brincadeira, mas não exclui a existência de um fundo de verdade que consiste na dificuldade de muitos casais de desenvolver uma vida própria, independente dos filhos. Alguns pais se dedicam exclusivamente ao cuidado da prole e do trabalho e, quando se aposentam e os filhos se tornam adultos e saem de casa, ficam sozinhos, sem amigos e sem envolvimento afetivo com qualquer atividade criativa. As amizades e a ocupação com a atividade profissional e, depois da aposentadoria, com um trabalho de interesse social que mantenha o vínculo com as pessoas e com a vida fora de casa, promovendo a auto-estima e o reconhecimento, constituem os ingredientes indispensáveis para aceitar a independização dos filhos e enfrentar o envelhecimento. No entanto, o aspecto que, com mais freqüência, encontra-se por detrás das dificuldades de aceitar a saída dos filhos de casa é o relacionamento afetivo dos pais ou, mais precisamente, a impossibilidade de o casal permanecer sozinho, enfrentar o ódio que um nutre pelo o outro ou, simplesmente, a realidade de que não se amam, tendo permanecido juntos apenas para desfrutar, por identificação, as várias etapas do desenvolvimento dos filhos.

No estudo do relacionamento conjugal, certamente a questão sexual ocupa a mais destacada posição. Pensando em prevenção, em particular da separação, vem-me à lembrança uma frase que já ouvi muitas vezes: "Temos muitas dificuldades, mas na cama nos damos bem, por isso continuamos casados", o que, em outras palavras, quer dizer: se não fosse pelo sexo, tudo já teria terminado. Realmente, uma vida sexual plena e satisfatória representa uma das principais bases do relacionamento feliz. Contrariamente, as dificuldades sexuais se encontram entre as causas mais comuns dos desajustes conjugais. A intensidade, a freqüência e a duração das relações sexuais depende da vida imaginativa de cada um dos cônjuges, estimulada pela vida imaginativa do outro, em um processo de retroalimentação. Esta intersubjetividade nas relações amorosas, ou seja, a mútua influência entre os cônjuges na obtenção do prazer, explica o fato de alguns pacientes dizerem, por exemplo, que somente descobriram suas verdadeiras capacidades sexuais quando conheceram uma determinada pessoa. O que não deve ser esquecido é que o casamento constitui uma relação afetiva estável e duradoura de conotação sexual. Se faltar a última condição, não se configura realmente um casamento, tendo em vista que relações afetivas estáveis e duradouras também se estabelecem em outros contextos. Todavia, sem desconhecer as diferenças individuais, a liberdade e a autonomia de cada um, o casamento, fundamentalmente, deve atender às necessidades sexuais dos parceiros e, quando isso não acontece, cria-se um ambiente propício para insatisfação e conseqüente desajuste conjugal. O amor e o desejo são os ingredientes indispensáveis do relacionamento conjugal criativo, prazeroso e enriquecedor. Manter acesa esta dupla chama, em permanente equilíbrio, costuma sustentar a relação do casamento. Quando ocorrem desequilíbrios, ou seja, ama-se sem desejar ou deseja-se sem amar, caímos na idealização, no primeiro caso e, na perversão, no segundo.

Os casamentos também tendem a fracassar naqueles casos em que os esposos não resolveram adequadamente suas naturais tendências infantis homossexuais, porque, nestes casos, a mulher procura atacar a masculinidade do marido, seu prazer ativo, e o homem a feminilidade da mulher, seu prazer passivo. Outro grupo de desajustes conjugais, relacionado com a vida sexual que os pacientes referem aos especialistas, revela conflitos não-resolvidos em etapa mais adiantada da vida, a adolescência, esta quadra tumultuada do desenvolvimento que marca a passagem da infância para a vida adulta. Ela tem uma relação aproximada com a idade cronológica, mas pode ser, mais ou menos, prolongada e, eventualmente, nunca chegar ao seu término, que é a consolidação da identidade sexual. O casamento se oferece como cenário adequado para consolidar esta difícil e ambicionada conquista. Todavia, seu sucesso depende de que as identidades sexuais dos cônjuges estejam estabelecidas como resultado, em grande parte, de um contexto familiar cujos papéis são bem-definidos.

Assim como em outras áreas do casamento, também na vida sexual a complementaridade e a reciprocidade exercem um efeito estabilizador do relacionamento, pois somente quando o indivíduo se aceita incompleto sexualmente é que adquire a verdadeira consciência da necessidade e da importância do outro na obtenção do prazer. A adolescência se caracteriza por ensaios, simulações, vacilações e retrocessos. Por essa razão, são justificadas as preocupações dos pais com os filhos nessa etapa da vida, mas nunca se deve pensar que um casamento possa ser um remédio adequado para pôr fim a uma adolescência turbulenta. Aliás, a experiência ensina que, em relação à saúde mental, deve preocupar mais uma adolescência silenciosa do que uma adolescência barulhenta. A primeira é como um riacho de água turva: nunca se sabe o que se encontra abaixo da superfície. Em contrapartida, a adolescência agitada indica que existe um processo em andamento, portanto; um esforço em resolvê-lo, adequadamente.

Junto e relacionada com a sexualidade, outra questão com que se defronta o adolescente é a competição, em outras palavras, a luta pela vida dentro de princípios éticos e humanos, incluindo-se o cuidado e sustento da prole. Por causa da ansiedade que essas tarefas acarretam principalmente aos indivíduos pressionados por suas limitações ou as do meio, representadas estas últimas na maioria das vezes pelo abandono e a superproteção, podem ocorrer várias medidas defensivas, entre elas:

- suspensão do processo, mediante a renúncia ao prazer sexual e à ambição;
- salto na linha desenvolvimental, mediante a conclusão precipitada do processo de elaboração da adolescência, que costuma emoldurar-se com a realização de uma belíssima cerimônia de casamento, na qual geralmente não falta nenhum detalhe, mas surpreende os convidados com uma separação em pouco tempo.

A opção pelo celibato, eventualmente representado por uma vida religiosa com a exigência de votos de castidade (renúncia ao prazer) e votos de pobreza (renúncia à ambição), constitui um típico exemplo da primeira defesa. Um grande número de exemplos da segunda defesa encontramos nos casamentos concomitantes ao término de cursos, quando geralmente o indivíduo é levado a enfrentar o mercado de trabalho, ou seja, a competição profissional. Em muitos casos, após algum tempo, se ocorre de o indivíduo sentir-se suficientemente seguro nesta área, ele reconhece que a decisão de se casar fora precipitada, movida pela ansiedade diante da necessidade de enfrentar a vida adulta.

Do ponto de vista preventivo, uma pergunta que não pode deixar de ser formulada quando ocorre estar um dos parceiros em tratamento psicoterápico ou psicanalítico é a seguinte: o paciente vai casar-se com alguém ou com uma situação, apesar da existência de alguém? O caso mais típico ocorre quando a pessoa sente-se seduzida por uma situação almejada da infância. Essa situação pode ser um ambiente familiar específico, uma condição socioeconômica favorável ou um determinado lugar. Apresento dois exemplos bem característicos:

> Luiz, filho único, embora se sentisse amado pelos pais, sempre ambicionou mais do que eles foram capazes de lhe oferecer. Desde a infância, fizera um grande esforço para manter a estabilidade de sua vida, freqüentemente abalada por fracassos econômicos dos pais, acarretando mudanças de casa, escola e mesmo de cidade. Durante o período universitário, o físico atlético, a cultura, a maneira adequada de se vestir e se comportar e o sucesso nos estudos proporcionaram-lhe uma considerável projeção social. Quando se encontrava por

concluir o curso de Direito, conheceu a filha única de um destacado magistrado que desfrutava de uma excelente situação econômica, fruto de uma origem familiar abastada. Após um ano e meio de namoro, Luiz resolveu casar-se, contrariando a opinião do pai que achava que devia esperar mais um pouco. Quando procurou um profissional para se analisar, aos 35 anos, achava-se há 12, casado e pensava seriamente em se separar, convencido de que, realmente, não elegera uma mulher para ser sua esposa, mas o ambiente de segurança e estabilidade que a cercava;

❖❖❖

Thomas, 32 anos, é filho de um casal de religiosos ortodoxos que impuseram à prole regras exageradamente rígidas de educação, em particular quanto à sexualidade. Tendo concluído com sucesso um valorizado curso técnico em seu país de origem, foi contratado para trabalhar em uma multinacional, recentemente, instalada no Brasil, onde, pela primeira vez, conseguiu uma namorada e, em seis meses, casou-se com ela. Conforme pôde se dar conta, ao longo de um tratamento analítico, na verdade havia-se sentido seduzido pela família da namorada que, ao contrário da sua, era muito liberal, mas constituída por pessoas pouco sérias que se aproveitaram dele, de diversas maneiras, apressando o casamento para usufruir de sua condição econômica.

Os dois exemplos podem reforçar a idéia incorreta, mas, lamentavelmente, bastante difundida, de que psicoterapias e, particularmente, psicanálise promovem a separação do paciente. Na verdade, um dos casos citados manteve o seu casamento e o outro terminou-o, pelo que tudo indica, acertadamente. Entre as pessoas que não se tratam também é assim quando se defrontam com dificuldades sérias em seu relacionamento conjugal: uma parte consegue sair deste impasse, melhorar a relação e, dessa forma, evitar a separação, enquanto outra parte encontra na separação a única saída possível para uma situação de sofrimento sem perspectivas de solução. Na verdade, os tratamentos psicológicos, principalmente de orientação psicanalítica, incluindo a psicanálise, representam um dos fatores preventivos mais valiosos do desajuste conjugal e a conseqüente separação. É fácil entender porque os tratamentos ajudam a manter os casamentos, se levarmos em consideração a realidade de que no relacionamento conjugal é comum o parceiro ser colocado na posição de depositário de conflitos infantis não-resolvidos. Quando a pessoa toma consciência desta projeção no outro de seus próprios problemas e, com ajuda do terapeuta, consegue encontrar uma solução para eles, a relação conjugal costuma melhorar bastante. Além disso, os tratamentos podem ajudar os indivíduos a realizar escolhas mais adequadas, representando mais uma ação preventiva do desajuste conjugal.

Não obstante, em muitas situações, ocorre de a pessoa procurar um terapeuta para ajudá-la a enfrentar as vicissitudes de uma separação que já se encontra decidida e, ao efetivá-la na vigência do tratamento, às vezes, em pouco tempo, faz crer que foi o tratamento que a induziu a tomar a atitude. Entre estes indivíduos, alguns, o que só desejam, ao procurar um terapeuta, é justamente encontrar alguém que, socialmente, autentique sua decisão. Na maioria das vezes, não desejam se tratar e costumam abandonar o tratamento tão logo efetivem a separação. Nestes casos, é comum que o terapeuta seja responsabilizado pelo término do casamento por parte do cônjuge deixado, amigos e familiares, em que pese, não raro, ter feito apenas uma única coisa: tentar mostrar ao seu objeto o seu objetivo e a necessidade de analisar sua decisão de separar-se, na maioria das vezes para fugir de suas próprias dificuldades, consideradas por ele como pertencentes ao outro. Diferentemente, pessoas há que buscam um terapeuta para examinar profundamente as razões que o levaram a tomar a decisão de se separar e, eventualmente, encontram uma solução mais adequada para o seu desajuste conjugal. Persistindo a decisão, utilizam o tratamento para realizar a separação com menos sofrimento, para elas próprias, para o parceiro e, principalmente, para os filhos. Nestes casos, os terapeutas não costumam, como na situação anterior, ser responsabilizados pela separação. Cito dois exemplos para marcar bem as diferenças:

> Carlos, 41 anos, empresário destacado e conhecido nas rodas sociais pelo charme e beleza, casado há 12 e com dois filhos; há um ano, iniciara um relacionamento com uma mulher bem mais jovem, que trabalhava em sua empresa, pela qual se encontrava apaixonado e desejoso de viver o resto da vida. Apesar disso, tinha dificuldade de efetivar a separação e procurava provocar a esposa, 39 anos, para que ela tomasse a iniciativa. Diante deste quadro, a esposa, com razão, insistiu para que, antes de resolver a situação, procurasse um terapeuta para examinar o que estava se passando com ele, tendo em vista que não conseguia apontar uma razão objetiva para a separação. Carlos acatou a sugestão da esposa, mas não com o objetivo esperado por ela. No mesmo dia em que procurou um terapeuta, mudou-se para um hotel, sob o pretexto de que desejava encontrar-se livre de qualquer influência para realizar seu tratamento. Na primeira consulta, acertou todos os detalhes relativos a horário e pagamento de uma psicoterapia com duas sessões semanais. Compareceu à primeira no horário combinado. Algumas horas antes da segunda, ligou, dizendo que, em razão de compromissos profissionais, não poderia comparecer. Na terceira, fez-se presente, mas comentou encontrar-se com dificuldade para conciliar os horários da psicoterapia com seus compromissos profissionais. Solicitou para trocar o horário da quarta sessão, mas alguns minutos antes ligou, informando ao terapeuta que decidira interromper seu tratamento temporariamente devido a dificuldades de horário e, também, econômicas decorrentes de sua decisão de alugar e mobiliar um apartamento para residir, tendo em vista que não pretendia voltar mais para sua casa.

❖ ❖ ❖

Francisco, 39 anos, odontólogo, bem-sucedido, sem filhos, casado há 14, com Beatriz, 35 anos. Há um ano havia saído de casa e, durante este período, vinha mantendo um tumultuado relacionamento com Paula, uma mãe solteira, de 23 anos, que conhecera na academia de ginástica. Além das dificuldades com Paula, Francisco, assim como Carlos, não conseguia efetivar sua separação com a esposa. Embora morando separado, mantinha com ela contas bancárias conjuntas e, freqüentemente, visitava o condomínio em que Beatriz continuava morando para jogar tênis e participar de festas com seus ex-vizinhos. Preocupava-se quando a esposa se mostrava deprimida e, algumas vezes, dormiram juntos, mantendo relações sexuais que ele considerou muito boas. Diferentemente de Carlos, Francisco iniciou um tratamento analítico, quatro vezes por semana, ao qual se dedicou com muito empenho. Passado um tempo, pôs fim ao seu relacionamento com Paula e reatou seu casamento com Beatriz.

Comentários: Os dois casos ilustram uma típica crise de meia-idade, em que pesem as marcantes diferenças de personalidade e capacidade para enfrentar responsabilidades e, principalmente, sentimentos depressivos. Carlos procurou um terapeuta, em início de formação, portanto sem experiência suficiente para perceber, já na primeira consulta, suas reais intenções: encontrar um subterfúgio para sair de casa sem examinar as razões íntimas, portanto, inconscientes, de sua necessidade de abandonar a esposa e casar-se com a funcionária. Carlos, aparentemente, apresenta marcados traços narcisistas de personalidade. Dificilmente, no referido momento, procuraria um terapeuta mais experiente e, mesmo que o fizesse, o mais provável é que não tivesse passado da primeira consulta, atribuindo ao profissional a responsabilidade pelo fracasso. Francisco gostava o suficiente da esposa para continuar com ela, mas enfrentava a dificuldade de ela não conseguir engravidar, embora não comentasse este assunto, para evitar que ela se sentisse culpada. Não foi difícil para este paciente conscientizar-se de que o que o atraíra em Paula era a sua manifesta capacidade de gerar filhos. Neste caso, diferentemente do anterior, o tratamento operou no sentido de preservar o casamento do paciente.

A capacidade de tolerar a permanente possibilidade de perda que ameaça o casamento, como resultado do surgimento de um terceiro que preenche as inevitáveis frustrações geradas por uma vida projetada para atender necessidades e expectativas de duas pessoas, constitui um dos baluartes da prevenção do desajuste conjugal. Um exemplo: Aloísio é comandante de uma companhia aérea, a mesma em que trabalha Mariana, uma aeromoça jovem e bonita. Ambos gostam muitíssimo do seu trabalho. Quando iniciaram o relacionamento, pertenciam à mesma tripulação, mas, ao se casarem, há seis anos, passaram a voar separados. Referem que, no início, foi difícil, mas estão seguros de que tomaram a melhor decisão, em que pese passarem a metade da semana sem se falar pessoalmente. Sabem muito bem que as peculiaridades de seu ambiente de trabalho propiciam situações favoráveis ao surgimento de relacionamentos extraconjugais, e que os dois se encontram igualmente expostos a trair e a serem traídos. No entanto, consideram que a plena consciência dessa possibilidade contribui para que os ciúmes e as desconfianças, tão comuns nos relacionamentos conjugais, sejam superados pelo anseio de aproveitarem o máximo possível o escasso tempo que podem permanecer juntos. Uma vez me questionaram a respeito da tendência dos casais americanos de dormirem em camas separadas. Eu disse que a única coisa que os casais deviam se empenhar para manter junto era a cama, o contrário do que eu pensava a respeito da mesa de trabalho. Se, na ocasião, já conhecesse Aloísio e Mariana, um casal muito feliz, teria ilustrado minha resposta com um belíssimo exemplo.

Podemos dizer, para finalizar, que a disposição afetiva do indivíduo adulto para manter um casamento por vários anos em grande parte depende de suas capacidades para construir uma relação com um outro, na qual, reciprocamente, podem amar e ser amados, desejar e ser desejados. A vulnerabilidade do relacionamento conjugal decorre da dificuldade em conquistar um nível de amadurecimento psicossexual que possibilite manter o difícil equilíbrio entre o amor e o desejo diariamente exposto a regressões como resultado das exigências do cotidiano. É neste ponto que surge a tolerância, um fator indispensável para enfrentar as vicissitudes de um relacionamento tão intenso por um longo tempo, atravessando diferentes etapas da existência e enfrentando as inevitáveis perdas que a vida impõe. O verdadeiro reconhecimento de que se é incompleto, imperfeito e dependente do outro na obtenção do prazer robustece a tolerância. A jornalista argentina Viviana Gómez Thorpe, autora de um livro de grande sucesso na atualidade, intitulado *Não sou feliz mas tenho marido*, cita, ironicamente, uma frase dita por sua avó: "Como basear algo tão sério como o casamento em algo tão frágil e efêmero como o amor?". Contrariando frontalmente o título deste livro, meu ponto de vista é que o mais importante no casamento não é ter um parceiro, mas ser feliz e, pensando em prevenção do relacionamento conjugal, eu diria exatamente o oposto da avó da autora: "Como basear algo tão sério como o amor em algo tão frágil e efêmero como o casamento?".

Amor e dinheiro 18

As mulheres ingressaram no século XXI com o mérito de terem quebrado, com seu próprio esforço, dois tabus sustentados com mão de ferro pelo sistema patriarcal: o do sexo e o do dinheiro. Neste capítulo, vou referir-me ao último, dentro do marco específico do casamento. Como destaquei em capítulos anteriores, a Revolução Industrial no século XIX e o Capitalismo no século passado abriram as portas para a igualdade de direitos entre homens e mulheres. Apesar disso, representando uma verdadeira contradição, o dinheiro aparentemente entrou no terceiro milênio mantendo-se ainda, em sua maior porção, no bolso do sexo masculino, permitindo aos homens contarem com o recurso que possibilita pleno exercício do poder, principalmente, no mundo capitalista. Em nossa cultura, esta situação põe o homem na posição de dominador, mas quando lhe falta o dinheiro, costuma pagar um elevado preço por essa vantagem representada pela perda da auto-estima, podendo deprimir-se e desenvolver um quadro de impotência sexual. As mulheres, de certa forma, reconhecem a supremacia dos homens que se expressa pelo dinheiro e, por meio da maternidade, encontram uma forma de compensar o poderio masculino. Sendo assim, os filhos, assim como o dinheiro, encontram-se no meio da disputa de poder que se estabelece entre marido e mulher, permanecendo com o lado mais fraco, geralmente o materno. Nos casais em disputa, quando os homens, por qualquer razão, impõem restrições econômicas, as mulheres costumam dificultar seu relacionamento com os filhos. Desta forma, esperam impor sua vontade sobre o outro.

Na relação entre marido e mulher, o dinheiro possui a característica de ser, ao mesmo tempo, muito valorizado e muito desvalorizado, dependendo da situação. Em algumas, uma referência a ele pode representar um gesto de amor, em outras, uma manifestação agressiva. Como um tabu, geralmente ele não é nomeado, mas apenas aludido, interferindo no conjunto do relacionamento conjugal. Por mais difícil que seja aceitar essa realidade, nem por isso ela deve deixar de ser dita: o amor se paga com amor e com dinheiro. O conhecimento da maneira como as pessoas lidam com o dinheiro no casamento permite inferir como elas, provavelmente, amam. O dinheiro é uma das formas de materialização do amor, podendo, em alguns casos, representá-lo e, em outros, substituí-lo. Um marido que guarda em sua lembrança as datas importantes de seu relacionamento conjugal e as comemora presenteando a esposa, utiliza o dinheiro para representar o seu amor. Outro marido cuja secretária tem registrados na agenda os dias comemorativos de seu casamento e compra o presente ou envia flores, utiliza o dinheiro para substituí-lo.

O dinheiro emblema um dos paradoxos do casamento, especialmente em relação com a mulher, que pode ser muito almejada por tê-lo ou, opostamente, por não tê-lo. O dinheiro da mulher pode despertar a voracidade de homens que, por meio dele, procuram satisfazer suas necessidades de grandeza e obturar seus sentimentos de desvalorização. Cito um exemplo: Orestes, formado em Engenharia, casou-se com Madalena, que não chegara a ingressar na universidade. Tinham, na época, 31 e 22 anos, respectivamente. Orestes era filho de pequenos agricultores, a quem ele desvalorizava, e Madalena, filha adotiva e única herdeira de um casal idoso de muitas posses. Orestes, um homem narcisista e ambicioso, utilizou o dinheiro de Madalena, uma mulher insegura e dependente, para realizar o sonho de ser proprietário de uma grande empresa de construção, projetando-se como profissional bem-sucedido. Ele desvalorizava a mulher que, pela condição de adotada, aceitava suas projeções, ao mesmo tempo em que o idealizava pela sua beleza, inteligência e cultura. Nesta relação, quanto mais Orestes brilhava, mais Madalena se apagava. Como conseqüência, aos poucos ela foi deprimindo-se e se desesperando, acabando por adoecer gravemente do ponto de vista psicológico, o que justificou a iniciativa de separação por parte do marido. Embora essa história seja pública e notória, Orestes desfruta de grande prestígio social na cidade em que vive, como se houvesse uma identificação com sua voraz e agressiva conduta com a mulher.

Em outras situações, o dinheiro da mulher pode ameaçar o poder do homem, que escolhe para casar alguém que dele dependa economicamente. Eventualmente, a inferioridade econômica não é suficiente para que o homem se sinta seguro em relação à mulher, exigindo que a condição sociocultural dela não ultrapasse a sua. Movido por esta dificuldade, consciente ou inconscientemente, o marido pode fazer uma tentativa de obstaculizar o crescimento profissional da esposa, como ocorre quando ele propõe trabalharem juntos, representando, em muitos casos, um artifício para garantir sua posição de comando. Menos freqüentemente, por se encontrar em melhor condição profissional, a mulher convida o esposo para trabalhar com ela e, curiosamente, quase sempre ele é colocado na posição que controla o dinheiro do negócio, revelando uma aceitação feminina da subalternidade em relação ao sexo masculino.

A seguir, dois exemplos ilustrativos: Zélia e Marlene são duas profissionais que criaram sua própria empresa e se encontram na faixa etária de 40 a 45 anos. Além de filhos com aproximadamente a mesma idade, essas duas mulheres, que não se conhecem, ainda têm em comum o fato de que se separaram, mas mantiveram os ex-maridos trabalhando em suas firmas, surpreendentemente cuidando das finanças. Em parte, isto ocorre porque, por muito tempo, o interesse da mulher pelo dinheiro foi relacionado com a prostituição e, também, tido como manifestação de masculinidade, sendo, por esta razão, escondido ou renunciado. Até hoje se observam casamentos em que a mulher entrega a totalidade do dinheiro ganho ao marido, recebendo dele uma parte para seus gastos pessoais. Por vezes, marido e mulher ganham aproximadamente a mesma coisa, mas a distribuição dos gastos é bastante distinta: o marido arca com despesas mais expressivas, como, por exemplo, a aquisição de bens imóveis, enquanto a mulher arca com despesas menos valorizadas, como pagamento de empregadas domésticas, supermercado, luz, telefone e outras contas. As aplicações financeiras do casal também costumam encontrar-se a cargo do marido. Não obstante, eventualmente a relação com o dinheiro se apresenta invertida, como no caso de Clarissa, que recebia mensalmente do marido todo o rendimento dele, não tendo ele o menor conhecimento de como ela o administrava. Contudo, essa situação propiciava ao marido a possibilidade de não se preocupar com os gastos da família, que incluía três filhos adolescentes, nem se submeter a alguma forma de limite com seus gastos. Embora o dinheiro resultasse de seus ganhos, este homem procurava satisfazer, em sua relação com a mulher, a fantasia infantil de possuir uma mãe que atendesse a todos seus desejos.

O dinheiro apresenta uma conotação sexual muito marcante tanto para o homem quanto para a mulher. Como resultado, no primeiro caso, ele tende a ser exibido, representando o pênis e a potência masculina e, no segundo, escondido, aludindo os genitais femininos e o caráter misterioso da feminilidade. Ao mesmo tempo, as demonstrações de interesse pelo dinheiro que, nos homens, socialmente, são bem-aceitas, nas mulheres sofrem restrições, remetendo a uma sexualidade pecaminosa e, inconscientemente, proibida, razão pela qual costumam ser inibidas ou disfarçadas. A cultura, que desempenha um papel importante nesse condicionamento psíquico, parece favorecer, no lado da mulher, o desenvolvimento de uma relação infantil com o dinheiro, pavimentando condutas comuns, entre elas retirar dinheiro da carteira do marido, manipular gastos domésticos ou com cartões de crédito e esconder parte dos seus ganhos para adquirir, na maioria das vezes, perfumes, cosméticos, jóias e roupas, principalmente, internas, revelando o caráter sexual destas artimanhas femininas. Os homens são sabedores, mas preferem fazer de conta que não percebem, mantendo com essa atitude a relação tradicional de poder no casamento.

Além disso, alguns maridos preferem manter as esposas em uma posição de dependência econômica porque temem que o dinheiro lhes conceda liberdade de ação, podendo ter relações sexuais com outros homens, fantasia que reforça o caráter sexual do dinheiro. Ivete, uma senhora do interior do Estado, cujas filhas têm idade próxima aos 30 anos, relatou uma experiência muito prazerosa: todos os anos, ela e o marido passam as férias de inverno no Rio de Janeiro, onde possuem um apartamento desde que casaram. Quase sempre, ela vai cerca de uma ou duas semanas antes do esposo com o objetivo de "limpar o apartamento", mas segundo ela mesma diz, trata-se de um despiste, pois a verdadeira razão é comprar roupas, perfumes, cosméticos e adornos para ela e as filhas. Como o dinheiro ela obtém, de alguma forma, "limpando a carteira do marido", de pouco a pouco, ao longo do ano, as compras são remetidas para uma irmã que mora na mesma cidade, antes de o esposo iniciar as férias e, em sua volta para casa, distribuídas entre ela e as filhas. Esta senhora, que tem uma certa cultura e muitos bens herdados de família, costuma estimular as filhas, em suas palavras, a "gastar o dinheiro do marido", sob a alegação de que, se não o fizerem, os maridos "acabam dando para as mulheres na rua".

Embora o dinheiro represente uma forma de o homem impor seu poder, a participação da mulher nem sempre é passiva neste processo, contribuindo para seu estabelecimento e sua manutenção. Em muitos casos, mesmo trabalhando e, conseqüentemente, ganhando dinheiro, a mulher procura encontrar uma forma de não contar com este recurso para manter a relação de dependência do marido. Isto ocorre porque, para muitas mulheres, dispor do dinheiro exige responsabilidade e pode gerar insegurança. Neste sentido, é ilustrativo o exemplo de Jandira, uma executiva talentosa e muito ativa que, apesar de receber um salário equivalente aos ganhos do marido, encontra-se sempre sem dinheiro, às vezes, necessitando pedir a ele algum para pagar o taxi ou colocar gasolina no carro. Não poderia ser diferente, tendo em vista que ela, aos poucos, comprometeu integralmente o seu salário com diversos compromissos domésticos, incluindo o pagamento do empréstimo bancário para comprar a casa. A razão deste arranjo é simples: Jandira teme que o marido a abandone, caso se sinta com menor poder econômico do que ela.

Alguns homens chamam atenção pelo fato de concederem grande importância ao poder econômico dos sogros, aparentemente superando o interesse pela esposa que, em alguns casos, não escondem seu ressentimento. Em razão da evidência dessa relação, os amigos costumam brincar com eles trocando seu nome de família pelo sobrenome do sogro. Esta brincadeira faz lembrar o conto de Julian Green intitulado *Se eu fosse você*, cujo personagem, mediante um acordo com o diabo, troca sua identidade com a de pessoas poderosas e idealizadas que viviam em sua cidade. Assim como neste conto, a maioria apresenta conflitos oriundos do relacionamento com a figura paterna, procurando compensar, por meio do casamento, sentimentos de frustração experimentados na infância. Nesse processo, a mulher que, inicialmente, representa um "objeto de desejo", transforma-se em "objeto de identificação", e, como resultado, o indivíduo também passa a ocupar o lugar de filho do sogro, portanto, irmão da esposa. O resultado dessa "castração consentida" é que, quanto maior é o benefício proporcionado pelo sogro, maior também pode ser o sentimento de impotência do genro. Em casos extremos, não sentindo mais o pênis como próprio, o indivíduo poderá encontrar na relação homossexual a única forma verdadeira de prazer sexual. Contudo, mais freqüentemente, observam-se quadros de depressão, impotência e, também, uso exagerado de álcool e drogas, principalmente na fase da vida conhecida como "meia-idade", quando a pessoa costuma realizar uma avaliação de suas escolhas profissionais e amorosas.

A verdade inevitável é que podemos ser donos de tudo, mas, se quisermos desfrutar o sentimento de possuir uma legítima identidade, ou seja, sermos donos de nós mesmos, não podemos fugir da condição de herdeiros das nossas próprias origens, sejam elas quais forem. Quando um paciente apresenta uma série de razões para justificar a decisão de largar seu ofício para trabalhar com o sogro, deve-se perguntar se faria o mesmo se o abandono de sua atividade profissional representasse uma diminuição significativa de ganhos, tendo em vista que, na maioria das vezes, não concede ao aumento de ingressos qualquer importância, destacando apenas a necessidade de sua colaboração. Geralmente, esta pergunta é recebida de forma persecutória e, em vez de uma resposta objetiva, o paciente procura aumentar sua lista de justificativas, acabando por manter sua decisão. Em alguns casos, ele reconhece que pode não ter feito o melhor, mas acha que não há possibilidade de voltar atrás, tendo em vista já ter assumido compromissos com o sogro, não desejando decepcioná-lo. Mais tarde, se ocorre de se acumularem muitas insatisfações, a pergunta é lembrada e dá margem a uma análise profunda das verdadeiras razões da decisão. Essas insatisfações geralmente não se relacionam com problemas objetivos, mas com acordos nem sempre explícitos, estabelecidos pelo paciente e o sogro, eventualmente com a participação da mulher. Tais acordos estabelecem a contrapartida das vantagens auferidas pelo genro, inapelavelmente cobrada no momento oportuno. Afora isso, com freqüência os acordos também estabelecem as renúncias a que o beneficiado deve se submeter ao longo da vida, sendo a principal sua própria identidade, definindo, desde o início do relacionamento, quem baterá o bastão e quem obedecerá.

Algumas vezes, o homem deixa de lado sua atividade profissional para cuidar dos interesses da mulher, o que pode situá-lo em uma condição de subserviência. Cito um exemplo: um homem jovem, inteligente e de boa aparência cujo pai trabalhava na empresa pertencente à família da mãe, casou-se com uma mulher muito bonita e vaidosa, embora mais velha, que, há vários anos, dirigia com competência seus próprios negócios. Ele havia concluído um curso superior, mas não havia exercido nenhuma atividade profissional de forma mais permanente até se casar, quando se tornou administrador de uma indústria de grande porte da esposa. Ele procurava negar que, embora participasse de todos os negócios de compra e venda da firma, a decisão era sempre da mulher. Em uma dessas negociações, o representante da outra empresa procurou impor uma condição que ele não aceitou. Diante do impasse, esta pessoa aventou a possibilidade de resolver o assunto diretamente com sua mulher, considerando que cabia a ela a última palavra. Neste momento, sentiu-se profundamente deprimido e resolveu procurar tratamento.

Não raro, a questão do dinheiro no relacionamento conjugal envolve os pais dos cônjuges, como dependentes ou supridores. A primeira condição é configurada, geralmente, por aqueles casos em que o filho segue ajudando financeiramente os pais após o casamento. Quando essa situação não é esclarecida previamente, a mulher pode considerar-se prejudicada, constituindo este sentimento uma fonte de distensões do casal. Em um caso, pela Declaração de Rendas, a mulher tomou conhecimento de que o marido havia doado para seu pai uma importância expressiva. Inquirido, explicou que fizera a doação para os pais trocarem de apartamento. Embora essa medida não tivesse imposto qualquer limitação aos gastos da família, aliás, bastante elevados, e fosse oriunda dos ganhos do marido, a mulher considerou que ele havia roubado o dinheiro dela e das filhas. Curiosamente, o marido compartilhava desse sentimento, razão pela qual havia omitido o assunto da mulher.

No entanto, é provável que um maior número de casos e também de desavenças conjugais ocorram na situação inversa, ou seja, quando os pais desempenham o papel de provedor. O mau resultado decorre do fato de esta condição manter o marido, a mulher, ou ambos, em uma posição infantil/dependente. Um exemplo encontramos em Olavo, 40 anos e casado há 12, que sempre foi ajudado economicamente pelos pais, possibilitando-lhe desfrutar uma posição social bem acima da proporcionada por seus ganhos. Em contrapartida, em casa era bastante desvalorizado pela mulher que, seguidamente, chamava-o de "filhinho-de-papai", embora de uma maneira agressiva, ela procurasse provocar o marido para que rompesse com essa situação de dependência da família de origem, o que o faria se sentir mais segura daquela relação.

Por outro lado, muitos pais não toleram a idéia de deixar de exercer sua influência sobre a vida dos filhos e, uma maneira de consegui-lo, é por meio do dinheiro. A razão dessa conduta é evitar a separação e o sentimento de perda que a saída dos filhos de casa acarreta. Sozinhos, mais facilmente se deparam com o envelhecimento e a proximidade do fim da vida. Para evitar essa frustração, procuram manter os filhos, de alguma forma, ligados a eles, em sua própria casa ou em uma extensão dela, representada, em muitos casos, pelos imóveis doados como presente de casamento. Um caso típico é o de Tereza, uma filha única que ainda não saíra de casa e que, aos 28 anos, comunicou que ela e o noivo haviam decidido casar-se. Ele se mostrou satisfeito e ofereceu como presente de casamento um apartamento que ele comprara como investimento. Ela agradeceu o presente, mas esclareceu que iria alugá-lo, pois já se encontrava decidido que morariam no apartamento que o noivo havia adquirido. Ele teve muita dificuldade de entender a preferência por um imóvel menor e mais simples e, diante da recusa da filha, apesar de seus argumentos, incomodado, acabou desistindo do presente. Outro exemplo revela a independência e a autoconfiança de um homem de 27 anos, casado há dois que, constrangido, recusou uma cobertura belíssima que o pai recebera em pagamento de dívida e lhe oferecera como presente. Diferentemente do caso anterior, este pai não chegou a se chatear com a recusa, mas, passado um tempo, em uma situação propícia, questionou o filho sobre o motivo de seu posicionamento, obtendo uma resposta simples e direta, que fez com que sentisse um grande orgulho: "A minha mulher casou com o que eu posso adquirir, não com o que você pode. Este presente iria criar uma confusão na nossa relação, que está tão boa". Uma situação semelhante encontramos em Vasco, 30 anos, cujos pais são muito ricos e sempre proporcionaram-lhe o que havia de melhor, mas que, desde que se casou, há três anos, tem procurado viver exclusivamente dos seus ganhos. No último Natal, os pais presentearam-no e à mulher com uma passagem, em primeira classe, para Europa. Vasco aceitou o presente, mas pediu ao pai para trocar a passagem para a classe econômica, pensando que, dificilmente, poderia pagar a primeira classe em uma viagem que viessem a fazer, nos próximos anos, à sua custa. O que não deve ser esquecido é que, em determinados casos, um pai pode humilhar o filho, ajudando-o mediante a doação de um bem acima de suas posses ou presenteando os netos e a nora mais do que ele pode fazer.

Em certas ocasiões, os pais são solicitados a ajudar os filhos e têm uma dificuldade muito grande de se recusar, em particular quando dispõem de muitos recursos. Mesmo verificando que a negativa poderia ajudar mais os filhos do que a concordância, na dúvida preferem atender à solicitação, temerosos de cometer uma injustiça e se sentirem culpados. Os pais também querem que os filhos aproveitem a vida e que sejam felizes e se sentem inclinados a lhes proporcionar mais facilidades do que tiveram quando eram jovens. Contudo, por mais que se tenha, nunca se deve dar tudo aos filhos e, se não tivermos a capacidade de impor algum limite, corremos o risco de prejudicá-los com nossa generosidade que, muitas vezes, encontra-se a serviço de nossos sentimentos de culpa. A partir de um determinado momento, ajudar um filho se reduz a ficar junto, acompanhar. Mais do que isso pode representar uma interferência no processo natural de desenvolvimento do ser humano, que busca a necessária autonomia para enfrentar as vicissitudes da vida adulta: casamento, sustento da família, filhos, netos, envelhecimento, perdas e morte. Para ilustrar, descreverei uma situação difícil e marcante, experimentada por um pai e um filho que, embora ainda na adolescência, morava sozinho por se encontrar estudando em outra cidade. Em determinado momento, ele informou ao pai que ele e sua namorada, que, assim como ele, recebia uma mesada da família, passariam a morar juntos, dividindo as despesas de moradia. O pai não expressou qualquer sinal de discordância e manteve a mesada sem qualquer alteração. Passado um tempo, o filho e a namorada comunicaram a decisão de terem um filho. O pai procurou persuadi-los da idéia mediante o argumento de que ainda eram muito jovens e precisavam concluir os estudos. Além disso, esclareceu que, a partir daquela decisão, não mais poderia manter a mesada, com a qual, evidentemente, contavam para seu sustento e do nenê. Inicialmente, esta decisão foi tomada como uma represália, ameaça ou castigo. No entanto, o pai explicou ao filho que, embora pensasse que estavam precipitando-se, a medida tinha outra razão: mantendo a mesada, ele o desvalorizaria perante seu próprio filho e, também, sua mulher. Disse que, embora fosse muito difícil tomar aquela atitude, fazia-o por amá-lo e admirá-lo muito, não desejando contribuir para que viesse a se sentir fraco e dependente. Aparentemente, o filho esperava ouvir do pai que teria todo seu apoio e recebeu a notícia com grande frustração. Conhecendo seu pai, sabia que a decisão era irreversível e, diante dessa realidade, resolveu arranjar um emprego, suspendendo temporariamente os estudos. A partir do recebimento do primeiro salário não mais lançou mão da mesada e, um ano mais tarde, nasceu o tão desejado filho. Passados quatro anos, estando muito bem empregado e ocupando um cargo de responsabilidade, retomou seus estudos à noite. Embora se mostre satisfeito com a mulher, o filho e o trabalho, mantendo um bom relacionamento com o pai, este, muitas vezes, ainda se pergunta se não foi excessivamente duro com o filho. O filho pensa que sim, mas confessou que tem dúvida se a manutenção do apoio financeiro do pai não teria estragado o seu relacionamento conjugal.

Geralmente é com dinheiro que costumamos acertar as contas, até mesmo no casamento. Não me refiro somente às contas atuais, mas, também, às contas passadas. As atuais são aquelas geradas pelo próprio casamento, por exemplo, quando o marido desagrada a esposa e, para "acertar as contas", oferece-lhe um dinheiro, em espécie ou representado por uma viagem, jóia ou outra aquisição. O acerto de contas atuais, pela sua objetividade, é mais simples do que de contas passadas, ou seja, anteriores ao casamento, mas cobradas ou pagas ao cônjuge, situado no lugar de representante dos devedores ou credores originais. Três exemplos são relatados a seguir:

Leopoldo, 34 anos, cresceu com o sentimento de a mãe tê-lo abandonado para se dedicar a outro filho, que nasceu antes de ele completar 2 anos. Esta criança apresentou sérios problemas físicos ao longo dos primeiros anos de vida, exigindo cuidados especiais. Leopoldo casou aos 24 anos com uma mulher seis anos mais velha, que havia sido sua supervisora no hospital em que realizou seus estágios práticos, antes de se formar em Medicina. Leopoldo é muito exigente com a mulher, da qual requer cuidados especiais. Recentemente, completou dez anos de casado, mas ainda não tomou a decisão de ter um filho, apesar do desejo da esposa, alegando a necessidade de, antes, "estabilizar a situação econômica". Em seu tratamento, iniciado nesta época, pôde se dar conta de que, mediante esta protelação, na verdade procurava compensar as atenções das quais, na infância, havia sido privado.

❖ ❖ ❖

Cláudio, 42 anos, formado em Economia, encontra-se casado há 6 anos com Ângela, 30 anos, que conheceu em uma academia de ginástica. Trata-se de um homem tido como "batalhador", que conquistou uma confortável situação financeira trabalhando por conta própria. A relação que mantém com a esposa expressa seu excessivo medo de perdê-la, tomando todas as medidas para que não lhe falte absolutamente nada e se sinta feliz. O dinheiro que faz chegar à conta da esposa supera suas necessidades. Esta conduta revela o medo de que a esposa repita a história da mãe, uma mulher muito frágil que, após um longo período de sofrimento, em razão de uma doença grave, veio a falecer quando ele se encontrava no início da adolescência.

❖ ❖ ❖

Anita, 29 anos, é bonita e sedutora, gerando insegurança em Raimundo, um jovem empresário com quem vive há dois anos. Anita impõe ao companheiro um gasto elevadíssimo de dinheiro em carros, viagens e roupas caríssimas, como forma de compensar a perda precoce de um pai, muito idealizado pela família que, até sua morte, tinha um elevado padrão econômico.

Provavelmente, as próximas décadas testemunharão o desfecho da revolução que se processou ao longo do século passado no campo das relações com o dinheiro dentro do casamento, resultado de mudanças psicológicas, sociais, econômicas e culturais. Na organização da cena conjugal que imagino, homem e mulher não se defrontarão em uma luta acirrada pelo poder, mas cada um terá, simbolicamente falando, seu lugar reservado no qual a interferência do outro é mínima, representando um espaço de reflexão, resgate da individualidade e também trabalho, produção e criatividade, em que maneja seu próprio dinheiro. As exigências da vida moderna levaram maciçamente a mulher ao mercado de trabalho, destacando-se em setores, até há poucos anos, ocupados quase que exclusivamente pelo sexo masculino. É verdade que os ganhos, dentro das mesmas funções, ainda são inferiores, mas na medida em que as mulheres passam a ocupar os cargos de chefia e direção, este diferencial tende a diminuir, como se observam em algumas áreas. Podendo usufruir de seu próprio dinheiro, a mulher ganha mais autonomia e conseqüentemente mais segurança no relacionamento conjugal. Com profissão e dinheiro certo no final do mês, a mulher não irá se casar para garantir o sustento financeiro e, tendo como sobreviver com seus próprios ganhos, não permanecerá presa a um casamento infeliz. Quando a mulher conquista sua independência econômica, mesmo que os ingressos sejam inferiores ao do marido, a relação de poder tende a se equilibrar, salientando as individualidades no relacionamento do casal e na relação com os filhos. Em outras palavras, assim como os papéis sexuais, a maternidade e a paternidade se tornam equivalentes, complementares e indispensáveis para obtenção do prazer, a construção de uma família e a realização de um projeto de vida compartilhado.

Que é isto chamado amor? 19

De acordo com a mitologia, o Amor (Eros) é fruto da união do imortal Recurso (Poros) com a mortal Pobreza (Pênia). Gerado no dia do nascimento de Afrodite, será para sempre servo da beleza. Da mãe herdou a permanente carência e o destino de andarilho. Do pai, a coragem, a decisão e a energia que o tornam astuto caçador. Com essa dupla herança, tornou-se um ser nem mortal, nem imortal, mas transitando permanentemente entre viver, morrer e ressuscitar. Hesíodo, na *Teogonia* (século VIII a.C.), diz que a origem de tudo é o Caos – espaço aberto – depois surgiu a Terra e o Amor, criador de toda a vida, força universal da atração. A partir desta obra, o Amor assumiu definitivamente o papel de ligação. Seguindo esta linha, Parmênides, o primeiro grande filósofo racionalista da história do pensamento ocidental, concebeu a origem do Universo como resultante da mescla entre os opostos realizada pelo Amor.

Uma idéia parecida sobre o amor vamos encontrar na "teoria das pulsões", com a qual Freud alicerçou o conhecimento psicanalítico sobre a vida anímica. Conforme seu ponto de vista, são duas as pulsões básicas do ser humano: Eros, ou pulsão de vida, e pulsão de destruição. O artigo *Esquema de psicanálise* esclarece que a meta de Eros é produzir unidades cada vez maiores e, desta forma, conservá-las, desempenhando, portanto, a mesma função de ligação do amor, referida por Hesíodo na *Teogonia*. Ao contrário de Eros, a meta da pulsão de destruição é dissolver nexos e, assim, dar fim às coisas do mundo, possuindo como último objetivo fazer com que o vivo retorne ao estado inorgânico, razão pela qual também é chamada de pulsão morte. Nas funções biológicas, as duas pulsões se opõem e se combinam, como por exemplo, no ato de comer, que corresponde a uma destruição do objeto com a finalidade de incorporação, e no ato sexual, uma agressão com o propósito da união mais íntima entre duas pessoas. Essa ação conjugada entre contrários produz toda a variedade de manifestações da vida, determinando comportamentos desajustados, quando existe um predomínio exagerado de um impulso em detrimento do outro. Desta forma, um incremento desmedido da agressão no ato sexual transforma o amante em um estuprador, enquanto um rebaixamento acentuado do fator agressivo pode transformá-lo em um tímido e impotente.

Eros, cuja energia é denominada *libido*, reúne as pulsões de conservação e as pulsões que, em um primeiro momento, Freud chamou *sexuais* e, por último, simplesmente *amor*, compreendendo o amor narcisista e o amor objetal. O amor narcisista é aquele que se volta para o próprio indivíduo, como Narciso que, segundo a mitologia, apaixonou-se pela sua imagem projetada em um lago. Neste caso, só existe o sujeito, falta o objeto de amor. Trata-se de uma forma infantil de amar. No amor objetal, ao contrário, o sujeito reconhece o outro (o objeto de amor) como um indivíduo independente e com vontade própria, caracterizando a forma madura de amar. No início da vida, a libido encontra-se totalmente voltada para o próprio ego, caracterizando um estado de narcisismo primário. Aos poucos, contudo, o ego vai investindo nas pessoas com as quais se relaciona, transformando libido narcisista em libido objetal. Contudo, uma parte da libido narcisista deve permanecer no ego, transformando-se no que identificamos como "amor próprio". No entanto, devemos ter presente o que alertou Freud: "Um forte egoísmo preserva a pessoa de se enfermar, mas no final ela precisa começar a amar para não cair enferma, e forçosamente enfermará se, como conseqüência de uma frustração, não puder amar".

Ao falar em amor, não podemos deixar de lado a paixão, o sentimento típico dos momentos em que nos sentimos enamorados por uma pessoa, os quais se caracterizam pela transferência de uma quantidade de grandes proporções da libido para a pessoa amada. Apesar de configurar uma situação de amor por um outro, devemos considerá-la uma forma narcisista de amar, pois, no caso, o objeto não é mais do que uma extensão do próprio sujeito. Isso costuma acontecer no início dos relacionamentos, mas, com o tempo, uma parte desta libido transferida retorna para o ego do amante. Em sua maior parte, a literatura psicanalítica equipara a paixão (*pathos*) a um estado de enfermidade mental caracterizada pela idealização maciça do objeto de amor e total cegueira da realidade por parte do sujeito. Fazendo uso da metáfora mitológica, é como se o indivíduo apaixonado dissociasse Pobreza e Recurso, as duas divindades que geraram o Amor, permanecendo identificado com a primeira e projetando no objeto o segundo. Seria a forma de apresentação dos relacionamentos amorosos mais comuns na adolescência, sujeitos a grandes decepções e fadados a morrerem em pouco tempo, como o fogo de palha. Aparentemente, na vida adulta, a expectativa é a de que as pessoas não se apaixonem de forma muito intensa nem por muito tempo, substituindo este sentimento lentamente pela amizade e o companheirismo, como uma "crônica de uma morte anunciada". Há ainda quem considere a existência de duas formas de amar: a verdadeira (comedida, responsável, segura, duradoura) e a apaixonada (irrealista, doentia, desmedida, fadada ao fracasso e ao sofrimento), reproduzindo uma visão da dicotomia paraíso/inferno. Contudo, no casamento, quando se prioriza a segurança em detrimento do prazer, geralmente o que se assiste é o progressivo empobrecimento da relação conjugal e, com freqüência, a busca de satisfações substitutivas, quase sempre insatisfatórias. No fundo, o que se observa é um medo de amar de uma forma intensa, seja o que for, em particular outra pessoa. No entanto, os relacionamentos mais criativos, estáveis e duradouros são aqueles em que parceiros são capazes de manter uma boa parcela da paixão e da idealização iniciais.

Abordados os pontos de vista mitológico e psicanalítico, gostaria de percorrer, resumidamente, a interessante trajetória etológica do amor, associando, sempre que possível, as oportunas e profundas considerações de Freud sobre as relações amorosas. A etologia é o ramo do saber que se ocupa dos comportamentos inatos e de suas mudanças em interação com o ambiente. Morin, ao estudar a evolução da espécie *Homo*, concluiu que um dos principais fatores que contribuíram para que ela alcançasse à etapa *Sapiens* foi a verticalização de sua postura. Quem sabe também possamos situar na verticalização do hominídeo o ponto de partida do amor no relacionamento entre humanos, em particular na relação sexual face a face que, com ela, teve início. Essa mudança permitiu que, durante a cópula, uma grande área do corpo do homem fosse mantida em contato direto com a mulher, conferindo à relação sexual o caráter de entrega que até hoje se mantém. A cópula também passou a representar um ato de confiança, pois a abertura da parte anterior do corpo, determinada pela bipedestação, fez com que os órgãos da caixa toráxica, principalmente o coração, ficassem mais vulneráveis. Não estaria aí a razão de o coração ter-se tornado o órgão que sedia e representa o amor?

A aproximação possibilitada pelo coito frente a frente ainda contribuiu para a valorização do rosto, da boca e dos olhos que, como toda superfície corpórea, foram erotizados neste contato físico. Com isso, as características sexuais, pessoais e familiares puderam ser identificadas, levando a uma maior diferenciação e, com ela, a escolha, a preferência, a atração, a intimidade e a cumplicidade. A expressão facial e, principalmente, o olhar adquiriram uma dimensão semântica, ampliando-se a comunicação com o surgimento da linguagem. A partir deste momento, não é mais uma demanda fisiológica com vistas à reprodução que leva os indivíduos a copularem, mas o desejo. Relacionar-se sexualmente tornou-se "fazer amor", alcançar um estado de integração e plenitude no qual a pessoa se sente maior ao desfrutar a dimensão do nós, um "terceiro" criado pelo amor. No entanto, este desenvolvimento propiciado pelo amor cobra um preço bastante elevado ao ser humano, que é a dependência, o medo de perder e a solidão. Por isso, sublinhou Freud: "Nunca estamos tão malprotegidos contra o sofrimento como quando amamos, nunca mais irremediavelmente infelizes como quando perdemos a pessoa amada ou seu amor".

O bipedantismo também modificou a relação mãe-bebê, que se tornou física e afetivamente mais próxima, contribuindo para a formação dos laços familiares com a permanência do pai, a partir de então identificado. Este cuidado mais carinhoso com a prole acarretou uma maior fragilidade e dependência do ser humano, compensada por um vínculo afetivo bem mais forte. Como conseqüência, os cuidados maternos tornaram-se não somente o meio indispensável de sobrevivência do recém-nascido, como também o relicário das nossas primeiras e mais caras experiências de amor, as quais nos empurram para novos relacionamentos na expectativa de recriar essas vivências de satisfação. Acentuou Freud: "A criança no seio da mãe é o protótipo de toda a relação amorosa. Encontrar o objeto sexual é, em suma, apenas reencontrá-lo"; acrescentando: "Quando se vê a criança saciada abandonar o seio, voltar a cair nos braços da mãe e, as faces vermelhas, sorrindo, feliz adormecer, não se pode deixar de identificar nesta imagem o modelo e a expressão da satisfação sexual que conhecerá mais tarde".

Nos últimos anos, o amor também passou a ser estudado pelos neurofisiologistas, os quais verificaram que as reações orgásticas mais freqüentes, intensas e espamódicas, relacionadas com a evolução da espécie humana, elevaram os níveis de endorfinas e outros opiácios na corrente sangüínea. Essas substâncias seriam responsáveis pela sensação de prazer e de relaxamento experimentada na relação sexual, contribuindo para a tendência a permanecer com o mesmo parceiro. Além disso, esses pesquisadores também constataram uma maior atividade da hipófise na liberação de um peptídeo denominado ocitocina na mulher, e vasopressina no homem, durante a excitação sexual e o orgasmo, produzindo o bem-estar comumente experimentado nessas situações. Por sua relação com o ato sexual, esta substância passou a ser chamada de "hormônio do amor". Isto não é gratuito. Estudos com animais, muito bem documentados, mostram que a distribuição de receptores de ocitocina, em fêmeas, e de vasopressina, em machos, está intimamente relacionada à capacidade de formar vínculos afetivos. Um experimento da natureza, manipulável cientificamente, foi fundamental para o entendimento do papel destes dois peptídeos no que se poderia chamar de fisiologia do amor. Uma espécie de roedores selvagens da América do Norte divide-se entre os que vivem nas planícies e os que vivem nas montanhas. Interessantemente, o primeiro grupo apresenta um comportamento sexual monogâmico, ou seja, seus representantes demonstram uma nítida preferência de passar a maior parte do tempo junto com o parceiro com o qual copularam. Opostamente, os roedores da subespécie que vive nas montanhas, quando colocados em um ambiente compartilhado pelo parceiro com o qual copularam e um estranho, procuram dividir o seu tempo com os dois e, freqüentemente, preferem o último. O estudo do cérebro desses animais mostrou dados bastante instigantes. Nos roedores monogâmicos, que vivem nas planícies, foi encontrada uma altíssima concentração de receptores para ocitocina nas fêmeas e vasopressina nos machos em regiões ligadas ao sistema cerebral de recompensa e prazer. Por outro lado, nos roedores das montanhas, que não formam vínculos monogâmicos, notou-se uma absoluta pobreza desses receptores nas mesmas regiões cerebrais. Este experimento sugere fortemente que a formação de vínculos amorosos encontra-se relacionada com a ativação do sistema de peptídeos ocitocina – vasopressina – e do sistema cerebral de recompensa – prazer. A falta ou escassez desses receptores impede a relação entre vínculo amoroso monogâmico e prazer, pavimentando o terreno para um funcionamento mais descomprometido e vínculos mais fracos. A possibilidade de que estes achados possam ser extrapolados para os seres humanos desperta curiosidade, mas, ao mesmo tempo, é preocupante, uma vez que poderia identificar indivíduos com maior facilidade ou dificuldade de formarem relações amorosas duradouras.

Nossas paixões, muito freqüentemente, encontram-se ligadas a uma determinada música e através dela são lembradas. Cientistas americanos e canadenses descobriram que as mesmas áreas do cérebro são ativadas quando ouvimos uma música ou nos sentimos apaixonados. Por essa relação, ao abordar o tema do amor, pensei em dar a este capítulo o mesmo título de uma conhecida canção de Cole Porter: *What is this thing called love?* A pergunta do autor se justifica, tendo em vista ele nunca ter conseguido amar uma mulher, aparentemente porque esse sentimento encontrava-se enclausurado pelo amor materno. Sim, o amor materno, fundamental no início da vida, pode enclausurar a mente de uma criança se não tiver um pai que estabeleça a interdição libertadora. A presença da figura paterna permite que a mãe, inicialmente objeto de identificação, transforme-se em objeto de desejo no caso do menino, enquanto, no caso da menina, acontece o contrário: a mãe, inicialmente objeto de desejo, transforma-se em objeto de identificação.

Porter escreveu a música em 1929, mas a pergunta até hoje se mantém: Que é isto chamado amor? A resposta, à primeira vista, parece simples, mas logo se complica, obrigando-nos a ir e vir várias vezes até nos aproximarmos de uma conclusão. Por essa razão, dei a este livro o título de *O amor e seus labirintos*, procurando indicar a complexidade do significado da palavra que, depois de mãe, com a qual se encontra relacionada em sua origem, deve ser a mais pronunciada pelo ser humano, em todos os idiomas. Grande parte da dificuldade para definir o amor é que ele se desenvolve a partir do impulso sexual, cuja meta é atenuada na ternura, o amor que mantemos pelos nossos pais, ou dessexualizada na sublimação, o amor que sentimos pelos amigos ou investimos na atividade criativa. Esta relação do amor com a sexualidade foi poeticamente descrita por Octavio Paz: "A chama é a parte mais sutil do fogo, e se eleva em figura piramidal. O fogo original e primordial, a sexualidade, levanta a chama vermelha do erotismo e esta, por sua vez, sustenta outra chama, azul e trêmula: a do amor".

O casamento tem futuro? 20

A concepção contemporânea do casamento, que prioriza a igualdade e o respeito à mútua individualidade, estabeleceu uma ordem diferente na questão da fidelidade, representando uma conquista do amor maduro dentro dos limites da condição humana. Ao mesmo tempo, encontra-se bem-definido na atualidade que não são os aspectos formais da relação dos pais que conferem aos filhos a segurança necessária para seu desenvolvimento, mas a estabilidade do vínculo afetivo, especialmente dos pais em relação aos filhos, independentemente de o casal se encontrar junto ou separado. Outra conquista do casamento moderno é uma diferenciação mais clara entre casal e família, que podem estar juntos, mas que possuem espaços próprios e atribuições específicas, gerando satisfações e insatisfações distintas. Desta forma, dependendo do caso, podemos nos defrontar com as seguintes combinações: casal unido e pais unidos; casal separado e pais unidos; casal unido e pais separados e, por último, casal separado e pais separados. A grande dificuldade é observada nas duas últimas condições, quando o casal não consegue desenvolver suas funções paterna e materna de forma colaborativa e integrada em benefício dos filhos.

Grande parte dos indivíduos que se casaram recentemente ou estão por se casar enfrentou a separação dos pais em sua infância ou adolescência. A expectativa era que essa experiência pudesse acarretar uma desvalorização do casamento, mas na prática o que se tem observado é uma progressiva conscientização do verdadeiro significado da relação conjugal. Prova disso é que tem crescido o número de registros civis de casamentos no Brasil: em 2000, foram 730.272 e, em 2004, 806.968, correspondendo a um aumento de 9% em quatro anos. Afora isso, chama a atenção o fato de que 86,4% das uniões em 2004 se fizeram entre indivíduos solteiros com a média de idade de 25 anos para as mulheres e de 28 para os homens. A idade dos que casam pela primeira vez tem aumentado nos últimos anos, relacionando-se com o término dos estudos, a profissionalização e a estabilidade no emprego.

Esses dados se referem exclusivamente à nupcialidade legal, numericamente inferior à coabitação que, segundo estudos recentes, apresenta um crescimento vertiginoso, justificando as baixas taxas de casamento observadas no mundo ocidental como um todo, mas em particular em grande parte do continente europeu. Quando o novo século abriu suas portas, os casais coabitantes correspondiam a um terço na Suécia e entre um quarto e um quinto na Dinamarca e na Grã-Bretanha. No Brasil, entre as uniões realizadas até 1950, a coabitação representava apenas 2%, mas este percentual começou a crescer de uma forma bastante rápida principalmente após 1970. Em 2000, a coabitação tornou-se a forma preferida das mulheres com até 24 anos, atingindo 51% entre aquelas com idade entre 20 e 24 anos. Devemos considerar esta inovação revolucionária ou apenas uma volta do casamento à sua origem consensual, plenamente aceito até mesmo pela Igreja Católica medieval, permanecendo em várias partes do mundo até há menos de um século? Pelo que nos dizem os livros de História, o casamento puramente consensual é uma antiga prática cristã da Europa Ocidental que perdeu sua legitimidade no início da modernidade, passando a predominar os interesses religiosos e do Estado. Alerta o conhecido sociólogo sueco Göran Therborn que por trás das estatísticas de nupcialidade há vários processos sociodemográficos em funcionamento, dentro os quais destaca três: o adiamento do casamento, a coabitação informal e a preferência por viver sozinho, que tanto pode ser uma opção definitiva como uma medida temporária de adiamento ou um estado de pós-divórcio ou separação.

No passado, namoro, noivado e casamento compunham as etapas de um rito de passagem para a genitalidade, concretizada na lua-de-mel. Hoje essas etapas perderam seu caráter simbólico, passando a representar o aprofundamento de um relacionamento amoroso. O casamento não é mais um meio de obtenção de satisfações afetivas e sexuais, mas a consolidação desta experiência. Ao mesmo tempo, o amor deixou de ser apenas um símbolo do casamento para representar, com o prazer proporcionado pelo sexo, uma condição indispensável para o estabelecimento e a manutenção do vínculo conjugal, correspondendo a uma evolução da cultura no sentido da integração, em especial dos aspectos sexuais e maternos da mulher. O prazer proporcionado pelo sexo não deve constituir um ganho a mais do casamento, mas representar a fonte da qual emana a força que consolida o laço afetivo e garante sua qualidade. A vulnerabilidade do relacionamento conjugal decorre, em boa medida, da dificuldade de o ser humano atingir um nível de amadurecimento que o capacite a manter, em seu relacionamento conjugal, o difícil equilíbrio entre o amor e o desejo permanentemente ameaçado pelas vicissitudes do cotidiano. Para enfrentar essa dificuldade, os casais contam com a tolerância, um dos principais instrumentos de prevenção do desajuste conjugal.

No entanto, o caráter incompleto do ser humano estabelece a dependência permanente do outro, tornando o casamento um meio propício ao conflito que, na maioria das vezes, surge de expectativas não-correspondidas em relação ao cônjuge. Quando essas expectativas podem ser atendidas ou, ao contrário, reconhecidas pelo casal como absurdas, inadequadas ou inoportunas, o casamento volta a restabelecer seu anterior estado de equilíbrio, proporcionando aos cônjuges maior conhecimento do outro e mais confiança na própria capacidade de enfrentar e resolver situações difíceis, engendradas pela própria natureza do relacionamento conjugal. O casamento ainda se defronta com a competição, que existe naturalmente entre homem e mulher. No contexto específico do casamento, as disputas geralmente envolvem as questões relacionadas com os filhos e o dinheiro, acirrando-se quando o casal se encontra em processo de separação. Neste momento é que constatamos a inoperância dos contratos matrimoniais, apesar de sua existência há mais de 20 séculos. A prática mostra que esses contratos são rapidamente esquecidos, assim como as promessas feitas no altar, passando a vigorar um estatuto secreto, não-escrito, próprio de cada casal, que constituirá a verdadeira aliança do casamento. Tratam-se de contratos de aprovação tácita que se baseiam, em grande parte, nos conflitos infantis não-resolvidos e nas fantasias, anseios e necessidades de cada um. Ainda que nunca formulado explicitamente, na maioria das vezes, os cônjuges esperam que este conjunto de expectativas em relação ao outro seja satisfeito, comprometendo-se, da mesma forma, a fazer o mesmo. Essa característica sustenta a tese de que apontar o responsável pelo sucesso ou insucesso de um casamento costuma resultar da negação dos inúmeros conluios inconscientes que se estabelecem no relacionamento do casal e expõe a inadequação, na maior parte dos casos, do procedimento jurídico nas lides de família, salientando a importância da mediação na resolução dos problemas gerados pela separação.

É provável que a maior parte dos indivíduos casados não viva bem, que um percentual elevado deles seja infiel e que poucos mantenham um desejo sexual elevado pelo seu parceiro após 15 ou 20 anos de casamento. Por essa razão, a maioria dos pacientes chega aos consultórios dos psicoterapeutas apresentando problemas no relacionamento conjugal. Contudo, este não é um fato novo, nem representa que, na atualidade, os casais se amem menos. Como é fácil constatar, o amor e o sexo nunca estiveram tão juntos no casamento, representando um amadurecimento da relação homem/mulher, para a qual os conhecimentos proporcionados pela psicanálise, ao longo dos últimos 100 anos, contribuíram significativamente. A verdade é que a felicidade se transformou na grande meta do mundo ocidental contemporâneo, em particular nos relacionamentos amorosos. No entanto, em razão da multiplicidade de aspectos envolvidos, não constitui uma tarefa fácil estabelecer as bases da felicidade conjugal, por mais que se estude este assunto e se adquira experiência no atendimento de casais. Contudo, temos observado que algumas características são comuns aos casamentos, formais ou informais, que mantêm um relacionamento estável e gratificante por um tempo prolongado. Nessas uniões constatamos que, juntamente com o encantamento inicial, a paixão representa um aspecto permanente, mantendo a intensidade da excitação sexual e contribuindo para o nível de satisfação total do relacionamento e para a sua constante renovação. Vejo nesta forma de amar o casamento do futuro, para a qual são indispensáveis algumas premissas, descritas a seguir.

A primeira, provavelmente a mais importante e da qual se desprendem as demais, é uma clara e bem definida separação da família de origem. A verdade que nem sempre queremos ver é que a maioria dos desajustes conjugais decorre de problemas de dependência e envolvimento em conflitos relacionados com a família de origem. Eventualmente, é apenas um que não conseguiu independizar-se dos pais, mas, geralmente, são os dois. Nestes casos, não raro, as dificuldades são projetadas na família do outro, estabelecendo-se conflitos cruzados. É preciso ter presente que o casamento constitui uma mudança radical da vida do ser humano, por meio da qual o indivíduo deixa sua família para estabelecer uma ligação afetiva com uma pessoa estranha ao seu grupo de origem e formar com ela o núcleo de uma nova família, passando da posição de filho, de cuidado/provido, para a posição de pai/mãe, cuidador/provedor. O casamento é muito mais do que uma cerimônia, mas muitos pensam que todos os problemas do casamento se encontram antes, na preparação da festa e da futura residência do casal. Entre estes, alguns, após se casarem, costumam passar o dia na casa da família de origem e, somente à noite, encontram-se em seu apartamento, às vezes, adquirido e decorado pelos pais. Nestes casos, o casamento representa apenas uma autorização familiar para os cônjuges manterem relações sexuais e o traço predominante do casal é a dependência, que pode se encontrar associada a conflitos infantis não-resolvidos que acabam sendo levados para o leito conjugal. Dificilmente um casal poderá estabelecer uma relação afetiva e sexualmente feliz se não tiver conseguido uma boa independização dos pais, a qual deve ser consolidada nos primeiros anos de relacionamento conjugal. Todavia, como se sabe que ninguém se separa totalmente de sua família de origem, por mais independente que seja, tanto emocional quanto economicamente, a atitude madura é caracterizada pela capacidade de evitar que suas famílias se cruzem em conflitos, preservando o bom relacionamento entre ambas.

Além disso, é fundamental que exista um verdadeiro respeito pela família do outro. À rigor, as origens são o maior patrimônio do indivíduo, e, ao desvalorizarmos sua família, também o estamos desvalorizando. O que não pode ser esquecido é que são necessárias duas famílias para constituir uma terceira. Por isso, quando alguém abandona sua família de origem e passa a fazer parte da família do cônjuge, por melhor que seja, não chega a constituir uma terceira família. Cito um exemplo: as dificuldades de relacionamento entre Manoel e Antônia, bastante jovens e imaturos, iniciaram nos preparativos do casamento e não pararam até se separarem, dois anos depois. As famílias, pertencentes à classe média alta, citadas com freqüência nas colunas sociais, queriam o melhor para os filhos, mas cada uma a seu modo, resultando em desentendimentos que repercutiam no relacionamento do casal. Manoel se formara em Agronomia e trabalhava com o pai nas duas fazendas que ele possuía. Ele não tinha um salário definido. De acordo com suas necessidades financeiras, solicitava ao pai autorização para retirar do banco, mas quando os valores eram elevados, a mãe influía na decisão. Antônia se formara em Arquitetura, mas não trabalhava. Os pais se antecipavam em atender todas as suas necessidades materiais, bastante elevadas, mesmo depois de casada. Devido, principalmente, às conflitantes influências das mães, às quais Manoel e Antônia se encontravam submetidos, acabaram brigando na compra do apartamento, em sua decoração e, até mesmo, nos preparativos da festa de casamento. As desavenças continuaram depois do casamento nos domingos, no Natal, no Ano Novo e nas férias, ocasiões em que precisavam definir com quais dos pais passariam.

A segunda premissa para estabelecer um relacionamento conjugal feliz consiste na possibilidade de compatibilizar adequadamente vida em comum e autonomia. Nos casais que estabelecem uma relação que eles mesmos consideram feliz, costuma-se constatar que, embora os cônjuges compartilhem de atividades e interesses comuns, são capazes de manter outros afazeres que lhes são próprios, mostrando que alguns "limites geográficos" são indispensáveis à vida do casal. Cada cônjuge deve ter um "canto" próprio no qual o outro, espontaneamente, evita interferir. Conclui-se, pois, que, não obstante em uma relação conjugal marido e mulher compartilhem grande parte do seu tempo, afeto e interesses, a individualidade é indispensável para uma boa estruturação do casamento e para que cada um possa ser o complemento, e não uma extensão do outro. Faz parte desta regra aceitar a história do cônjuge e o desconhecimento dos fatos que, por alguma razão, o outro deseja manter preservado. Entre estes fatos incluem-se as experiências sexuais prévias ao casamento. Alguns indivíduos não toleram que o outro guarde boas lembranças e demonstre admiração e respeito por pessoas com as quais se relacionaram no passado, eventualmente, pai ou mãe de seus filhos. Não valorizam o fato de se encontrarem com alguém capaz de também tratá-los com consideração.

A terceira e fundamental premissa de um casamento feliz é uma vida sexual satisfatória para ambos. O relacionamento sexual influi, marcadamente, sobre o curso da vida, representando a parte mais vulnerável da relação conjugal. Ademais, a relação sexual é particularmente suscetível às pressões internas e externas a que os cônjuges encontram-se submetidos. A experiência clínica revela que muitos casais mantêm seu relacionamento apenas porque na cama se dão muito bem, costumando dizer que, se não fosse pelo sexo, o casamento já teria terminado. Na verdade, as chamadas "dificuldades sexuais" se encontram entre as causas mais freqüentes de desajustes conjugais. A razão é que o casamento, embora não exclusivamente, constitui uma relação fundamentalmente sexual, e sua importância decorre da possibilidade de proporcionar união da satisfação afetiva e física em um único ato: o prazer sexual. Não se deve subestimar a realidade de que o amor sexual representa um dos aspectos mais valorizados, ambicionados e enriquecedores do relacionamento adulto. O ápice da relação conjugal é atingido por uma vida sexual ativa, desinibida, criativa e prazerosa, com iniciativa de ambos os parceiros que, desta forma, estabelecem um pacto de cumplicidade em relação às fantasias sexuais de cada um.

A quarta premissa reside no reconhecimento, desde o princípio, de que o casamento não é um "mar de rosas" e que os conflitos são inevitáveis, podendo, até mesmo, determinar a separação do casal. Somente quando existe esse reconhecimento é que a pessoa pode ter um certo distanciamento que lhe possibilite tornar-se, além de participante, também um observador do seu próprio relacionamento e procurar corrigir as inúmeras dificuldades geradas pelo casamento. Além disso, para ser mantido, o casamento necessita realizar mudanças, as quais permitem manter a relação sempre atualizada, evitando a conhecida e repetida acusação de que, após alguns anos, o relacionamento conjugal torna-se repetitivo e perde o encanto.

A quinta premissa é constituída pela manutenção da idealização inicial do relacionamento. De fato, nas relações duradouras e felizes, ao lado da aceitação de inevitáveis conflitos e decepções, que se revelam a cada dia de um vínculo tão íntimo quanto o casamento, observa-se a permanência do desejo e do encantamento mesmo em idade avançada. Para que isso seja possível, é indispensável o reconhecimento, por parte dos dois, da necessidade de uma permanente dose de idealização no relacionamento conjugal, ao lado de um suficiente nível de atração e interesse. Em outras palavras, cada um deve esforçar-se para conservar o desejo e a admiração do outro e, também, ajudar o outro a manter a sua auto-estima, com base no reconhecimento da realidade de que o envelhecimento é progressivo e inexorável.

A sexta premissa reside no predomínio do uso da palavra como forma de expressão de expectativas e insatisfações. Sabemos que existe uma comunicação inconsciente entre os cônjuges e que ela é um fator decisivo no casamento. No entanto, não pode ser esquecido que a relação não-verbal segue o modelo da primitiva relação mãe-bebê, em que uma das partes, a mãe, sabe tudo sobre as necessidades do bebê que, por essa razão, não necessita manifestá-las verbalmente. Em muitos casamentos, tanto o homem quanto a mulher não chegam a expor em palavras seus sentimentos em relação ao outro, mas esperam ser compreendidos, zangando-se quando isto não ocorre. Inevitavelmente, um relacionamento com esta característica faz com que os parceiros vivam, com freqüência, situações de frustração, as quais acabam gerando insatisfação e desajuste conjugal. Nos casamentos felizes, a tendência é os cônjuges expressarem seus anseios, necessidades e, também, ressentimentos por meio da comunicação verbal, de forma clara e objetiva.

O casamento deve ser definido como área de segurança e abastecimento afetivo. Em outras palavras, um lugar seguro para o amor, o ódio, o conflito, a dependência, a regressão, o brincar, o "prazer proibido", o fracasso, o sucesso, a inveja, a decepção, a alegria, a tristeza e, principalmente, o envelhecimento. Todas essas características configuram a enaltecida cumplicidade conjugal, correspondendo à sétima premissa do relacionamento feliz. Faz parte desta premissa estimular o parceiro a crescer e a ter sucesso. Observamos que as pessoas que se dizem felizes em seu casamento costumam referir que se sentem aceitas e ajudadas pelo cônjuge em vários aspectos importantes de sua vida.

A oitava premissa corresponde à capacidade de criar um espaço psicológico que possibilite a interação dos cônjuges com o entorno social, do qual devem participar as amizades anteriores ao casamento e as adquiridas posteriormente. Embora a preservação da privacidade do casal constitua um dos fatores principais para um bom relacionamento conjugal, os amigos contribuem, de várias maneiras para este estado favorável. Além de funcionarem como parâmetros do processo de avaliação do casamento, eles participam da área de distribuição de afetos, contribuindo para o equilíbrio da relação conjugal. O desejável é que o casal possa passar parte do tempo sozinho e parte do tempo acompanhado, em casa e em outros ambientes sociais.

A nona premissa se estabelece quando o casal consegue alargar a relação para incluir os filhos. Alguns casamentos se caracterizam pela ausência de espaço para os filhos, porque o casal mantém uma relação de exclusividade absoluta, constituindo um modelo bastante infantil de vínculo afetivo. No entanto, assim como os amigos, os filhos não devem comprometer a intimidade do casal. Existem casamentos em que o nascimento de um filho põe fim à privacidade do casal, e a criança passa a dominar a família, impedindo a intimidade física e emocional dos pais. Quando isto ocorre, o casamento tende a se esvaziar afetivamente e a perder seus atrativos, resumindo-se às tarefas de maternidade e paternidade.

Embora o casamento envolva compromissos, privações e renúncias, ao mesmo tempo ele deve ser capaz de proporcionar aos cônjuges diversão e alegria, consistindo esta possibilidade a décima premissa do relacionamento conjugal feliz.

Contudo, cabe destacar que um bom casamento não é sinônimo de permanente estado de serenidade, mais freqüentemente observado nas relações de dominação. Um certo nível de tensão entre os cônjuges, decorrente das diferenças, do caráter incompleto do ser humano e da interdependência entre eles, é inevitável e necessário, não a ponto de gerar angústia excessiva, mas para evitar o tédio, o pior inimigo do casamento feliz.

Aparentemente, a nossa cultura, aos poucos, está conseguindo libertar-se da idéia de que o casamento é uma união indissolúvel e considerá-lo como uma fonte de satisfação afetiva e sexual, podendo os cônjuges decidirem livremente se terão ou não filhos. Embora não constitua a única causa – o aspecto econômico joga um importante papel – essa desobrigação tem contribuído para uma progressiva diminuição de número médio de filhos por casal na maioria dos países europeus, nos Estados Unidos e também no Brasil. Esta dissociação entre casamento e reprodução se estende às uniões informais e aos casos de mulheres que decidem ter filhos sem se casarem, as chamadas "produções independentes". Ao valorizar a felicidade nos relacionamentos conjugais, as separações se tornaram cada vez mais freqüentes, impondo aos filhos um série de dificuldades, principalmente afetivas. Contudo, temos observado que essas dificuldades se relacionam mais com a maneira como o casal se separa do que com a separação propriamente dita, equiparando-se aos problemas emocionais gerados nos filhos em decorrência das desavenças conjugais graves.

Tudo o que foi referido aponta para um futuro promissor para o casamento, embora com outras características, aparentemente mais verdadeiras. O mesmo podemos dizer da família, enriquecida com a convivência de novos modelos de avós, muito diferentes daquelas figuras conservadoras, autoritárias e repressivas do passado. Essas pessoas, de alguma maneira, estão avaliando as grandes mudanças que observamos atualmente tanto no casamento quanto na família. Digo isso porque foram elas que promoveram a liberação sexual das décadas de 1960 e 1970, diferenciando o prazer sexual da procriação; tiveram relações sexuais antes do casamento; quebraram tabus e preconceitos; viajaram com os namorados; foram morar juntos sem casar; rebelaram-se contra as rígidas normas sociais; insurgiram-se contra a educação repressiva dos lares e das escolas; priorizaram o prazer nos relacionamentos; estabeleceram princípios de igualdade entre homens e mulheres; tiveram filhos independentemente de estarem legalmente casados; separaram-se e voltaram a se casar apesar das pressões sociais, familiares e religiosas. Por essas experiências, devem ser considerados os pioneiros das novas configurações familiares, estabelecendo relações de parentesco até há pouco tempo desconhecidas. Não interessa se ainda não sabemos como nomear "o filho da nova mulher do meu irmão, fruto de seu casamento anterior", ou como considerar "o filho da atual mulher do meu pai com outro homem", o que importa é que todas essas pessoas estão tendo a oportunidade de se enriquecerem com novos relacionamentos e aprendendo a viver de uma maneira menos egoísta, porque todos são importantes e merecem os mesmos direitos. Apesar da freqüente duplicação das figuras parentais nas famílias reconstituídas, as diferenças de sexos e gerações foram mantidas, e as individualidades se tornaram mais respeitadas.